10

杨美洲 ☀ 著

绝境中的史诗
马拉多纳传奇一战

百花洲文艺出版社
BAIHUAZHOU LITERATURE AND ART PRESS

图书在版编目（CIP）数据

绝境中的史诗：马拉多纳传奇一战 / 杨美洲著.
--南昌：百花洲文艺出版社，2021.11
　ISBN 978-7-5500-4420-3

　Ⅰ.①绝… Ⅱ.①杨… Ⅲ.①足球运动－世界杯－介
绍－1990 Ⅳ.①G843.732

中国版本图书馆CIP数据核字(2021)第199998号

绝境中的史诗：马拉多纳传奇一战

杨美洲　著

出　版　人	章华荣	
责任编辑	余　茁	
书籍设计	黄敏俊	
内文排版	黄敏俊	
出版发行	百花洲文艺出版社	
社　　址	南昌市红谷滩区世贸路898号博能中心Ⅰ期A座20楼	
邮　　编	330038	
经　　销	全国新华书店	
印　　刷	江西千叶彩印有限公司	
开　　本	710mm×1000mm 1/16　　印张 16.25	
版　　次	2021年12月第1版第1次印刷	
字　　数	250千字	
书　　号	ISBN 978-7-5500-4420-3	
定　　价	68.00元	

赣版权登字 05-2021-365

邮购联系　0791-86895108
网　　址　http://www.bhzwy.com
图书若有印装错误，影响阅读，可向承印厂联系调换。

献给　孙世洲　金美香

我的父亲母亲

Diego Armando

MARADONA

目录

CONTENTS

Diego Armando

MARADONA

引言

我是一场比赛的球迷。

当年是中央电视台历史上第一次全程实况转播世界杯。那时学校宿舍没有电视。每临赛事晚上，年轻的我和同学们挤在悬挂着十几台大方块电视机的电教楼教室，暂时忘记期末考试的临近和其他烦恼，让身心随着赛况起伏。不少同学有支持的球队，狂热地喝彩或为对手喝倒彩（日后一届世界杯转播，解说员黄老兄声嘶力竭地为他支持的球队加油，一时传为奇谈，而我一点也不觉得奇怪，地道的球迷才能是好解说员啊）。其中一场比赛让我实实在在成了马拉多纳的球迷，虽然上中学时，我们就知道他是这个世界最著名的球员。

我记得那一天是周日，有同学一早嚷嚷要看场"火星撞地球"的比赛。老戈，一个外系的球迷哥们儿，过来告诉我，学生会的人说都协调好了，管理电教楼的师傅为了我们来加班，几间电视教室破例在非考试时期通宵开放，我们可以去那里上自习先占上座儿，只等半夜时分那场大赛……第二天和同学聊起来，才知道老戈多么英明。我们8点多到电教上自习，一楼戴老师讲电影读解的教室已经快坐满了，我们就去了楼上锡瑾老师讲歌剧艺术的那间。不久，电教楼人满为患，大门就关了。不少人在开赛前一小时才赶到，都被关在外面，齐声抗议也没用……在那个高考本科录取率不到20％的时代，有人称我们为"天之骄子"——被天下人娇惯的骄傲的孩子，我们没有意识到自己轻易享受到的，是很多同龄人眼里的奢侈。足球对于我来说，大概和青春有关。

最近几年，每当感觉需要放松一下的时候，我便想着看场球，喜欢看的基本上都是老赛事，有时也会想起这场比赛。现在，网络上有这场比赛的一个完美的视频。不管在你心目中它是不是那么有趣，来吧，一起回顾一下，和我，和老马，还有其他人……

今天，2020年4月1日，新冠病毒在全球流行，意大利尤其严重。前几日梅西和巴萨队到达那不勒斯备赛，当地还特地用我当年对阵米兰的照片，合成了一幅让我感动的海报，题为"历史的缩影"。上面是那时的我和现在的梅西，两人面对面在绿茵场俯身置放同一只球。现在他们全队在那里隔离了。阿根廷的感染者也开始多了起来。两周前我声明支持取消俱乐部今年剩余的比赛。今天我给球队的老板发了短信，然后简短地通了话。我告诉他们作为主教练我要求主动减一部分薪水，来帮助队里更需要的人——队员，服务和管理人员。因为自愿隔离，我今天没有外出，而是和外甥在拉普拉塔的住所，用电话视频与在外地的家人叙了叙。

然后，我翻出以前一场比赛的光盘，坐下来看看。

【马拉多纳：

那不勒斯是我第二个家，我曾在那里生活了7年（24岁到31岁，生命中最好的年华），那里有我爱的人们和爱我的人们。意大利是我生命的一部分。现在那里疫情严重，我要发声支持他们。我希望阿根廷也及时行动。有的人不在乎，前个周六的比赛上大家都还拥抱亲吻，体育场里坐满了人。希望大家采取最佳的方式应对未来。我知道不可能用15分钟来教导整个国家付诸行动，这需要指导，服从和尊重。祝每个人好运。2020.3.13】

1990 年老图片

比赛当天，巴西绿城电视台新闻报道，里约热内卢某小区居民提前聚集在巷口小饭馆，一台 14 寸日立彩色电视前面，等待观看巴西对阿根廷的 1/8 决赛。另据该台报道，平日里拥挤不堪的里约各处海滩当天全都空无一人。

记者恩里克随机采访了饭馆里的一些人，都相信巴西会获胜，能赢阿根廷 3∶0，唯有图中接受采访的这位先生是个例外：

——您预料比赛结果会如何？

——阿根廷会赢。

——您这么悲观吗？

——不，不是悲观，我觉得他们会赢。

——您认为巴西在哪些方面比他们弱呢？

——不，我们一点儿不弱，不是这个，我说的是足球。

阿根廷"足球观察"电视台记者报道，出发赴赛地前，阿根廷队在驻地用自助午餐，菜谱是意大利面条、烤牛肉和水果沙拉。

意大利都灵市的洛伦索一家，当天全体放假休息，准备下午看球。他们的塑料工艺作坊首创的观赛道具泡沫塑料巨型手掌，在几天前全部赶工完成，已经销售一空。商贩们订货的电话头天夜里还在打来。为了巴西球迷现场加油，商贩们订的产品只要黄和绿两种，黄色大巴掌上印"巴西加油"，绿的巴掌上写"再见阿根廷"。

中午，离启闸入场还有一个小时，离比赛开始还有四个半小时，阿尔卑体育场外已是人山人海，黄绿旗帜到处飘扬。巴西球迷披挂各异，载歌载舞，与其说是准备看比赛，不如说是迎接一次众望所归，即将升出地平线的胜利。

上半场

阿根廷 vs 巴西

1990 年 6 月 23 日，下午 5:30

意大利都灵市

德拉 – 阿尔卑体育场

1 | 开赛／嘘声

El inicio/Los silbidos

比赛由巴西开球，球先回到后场左侧，再横推到右路，巴西2号尤尔金霍得球，阿根廷16号奥拉蒂科查迎面倒地从他脚下断球，转身进攻，刚过中线被对方两名球员包夹绊倒，裁判哨响。比赛进行了40秒，阿根廷队获得第一个任意球。

从中线跑到前场左路的10号马拉多纳主罚，他触球的一刻，看台上霎时响起一阵巨大的嘘声。阿根廷队8号卡尼吉亚冲到巴西禁区左前方，迭戈快速和他打配合，但两步之内就遭三人夹击，巴西2号尤尔金霍迎面断球后回传，5号阿莱芒未停顿，一脚贴地长传，球穿越4名对手和巴西队15号穆勒，传到巴西队9号卡雷卡面前。场上延绵的嘘声顿时转为一片欢呼。

嘘声

在都灵的比赛，在尤文图斯的主场，我总是收获很多嘘声。刚才"遛鳄鱼"时，我还看到主看台上伸展着巨幅的巴西国旗，下面悬挂着意大利语的标语："今日在此，只为巴西"，四周一片黄绿的海洋。

（注：球员们呈两个松散纵队跟随裁判入场，从高处看，好似一只巨鳄爬入草地，南美人因而戏称球队入场为"遛鳄鱼"。）

1980年代末，我在意大利南方的那不勒斯俱乐部踢球。巡回赛每每北上，在那些骄傲的时尚城市，米兰，都灵，热那亚……总是遇到大批兴奋的球迷，不断翻新侮辱南方乡下人的花样。他们总会在赛场挂出巨大的横幅：欢迎来到意大利！ 那不勒斯，意大利的下水道，等等。他们不像有传统民谣之风的那不勒斯，不怎么唱歌，就是满场大叫：那不勒斯，洗一洗，洗干净再进场！ 或者：遭霍乱的！ 遭地震的！ ——这些过去那不勒斯受过的灾，

| 国歌奏响被嘘时
（阿根廷 La Nación 日报提供）

让球迷中的"简单历史主义者"们用上了。各种疯狂的，充满敌意的口号伴着那不勒斯队不断进步。这支原本在意甲垫底快要坠入乙级的队伍，在我来后的第一年升至第八，第二年升至第三，仅次于尤文图斯和国米，1987/ 88 赛季，我们夺取了首个意甲冠军。

如果没有足协的"斩首"措施，我们进客场就可能被打得头破血流 ——意大利足协苦于各地球迷普遍有向客队投掷物品的恶习，严格规定，不管扔什么，只要打中客队球员，就判客队 3：0 获胜。即使这样，还是有那不勒斯的队友，就是现在场上的巴西队 5 号阿莱芒，中了招，他被一枚大面值硬币打破额角，帮那不勒斯在意甲的名次跃升了三位，这让 AC 米兰的范·巴斯滕很不满，他认为我们靠这个钢镚换走了他们的意甲冠军。

'90 世界杯开始前几个月，在意大利甲级联赛上，我率领的那不勒斯队再度在都灵的嘘声中，战胜了尤文图斯，第二次夺得意甲冠军。尤文球迷需要回击，所以世界杯上碰到我，全都摆出一副要置我于死地而后快的架势。

同样的事情也发生在米兰。两周前的世界杯揭幕战，我们这个上届冠军，在国际米兰的主场梅阿查体育场爆冷输给喀麦隆队。当时全场球迷欣喜若狂，阿根廷败阵成了他们巨大的欢乐源泉。

赛后例行的记者会上，所有人都等着看我是否会出席，都想看我的反应。我的肩头在比赛中挨了重重一脚，差点脱臼，队医让我直接去治疗，但是我怎么能不出席呢？不过我知道，要把伤痛和沮丧先冷藏一会儿。一坐下来，记者们就问我对比赛的看法，我轻松地告诉他们：

> 今天唯一一件让我非常高兴的事，就是我发现，由于我的缘故，米兰的球迷们第一次战胜了自己的种族主义顽疾，史无前例地为一支非洲球队助威加油了。

没等到第二天，这段话迅速占领了全世界的体育媒体版面。

后来，我们淘汰了东道主意大利队，进入决赛，打脸阿维兰热，也让每个意大利球迷心中都有个被破坏的马蜂窝……

> 在罗马奥林匹克体育场举行的决赛开场仪式上，全场球迷用巨大的嘘声、口哨声和下流的手势，迎接奏响的阿根廷国歌。场上好几个阿根廷球员都在竭力大声唱，但是在极度嘈杂的体育场，他们看起来更像是在无声地对口型，也有人显得不知所措——有的队员没有多少国际比赛经验，迭戈身边的守门员戈耶戈切亚先是扫视了两边看台，然后挺直身体昂头瞪着前方，眼神里满是不服和蔑视。替补席上，教练比拉尔多侧目望向全场，震怒又难以置信眼前发生的一切。负责全球电视转播的导演不得已把镜头紧急切换成直升机高空的角度，以图靠距离维持一点决赛

仪式的美感和体面。

随着直升机的不断升高，奥林匹克运动场在电视画面上越来越小，像极了这个城市另一端的古罗马斗兽场。古代罗马的公民们在观看完两方角斗士的厮杀后，会把大拇指冲上或冲下亮出，来决定战败者的生死。不知千年前在这里是否也有过类似的闹剧——他们并不期待观看一场公平的角斗，而是乱哄哄上来就朝下亮翻大拇指聒噪，要求直接"斩杀"其中一方。

【老马：

意大利的球迷毫不怀疑我单挑他们的勇气，我也早已料到我出场他们会如何反应。我从来不指望球迷们有多少理性，在客场我其实等着听口哨声，而且可以无视观众席上任何的举动——那是比赛的组成部分，让人家热闹呗。真正让我恼火的是他们嘘我们的国歌，把对那不勒斯队长的怨气撒在阿根廷和队友们身上。这是侮辱，是我不能接受的。

决赛仪式上，我没有开口唱国歌，当时感觉那种环境没法唱，后来我还庆幸没让歌词和污言秽语搅到一起。我平静地等待着，等着为每个球员作特写的电视摄像机摇到我面前，然后，我仰头朝向看台上黑压压的人群，一字一顿地回敬道：你们这帮狗娘养的！这句话在西班牙语和意大利语中是一样的，不会有人不懂，看台上起哄的大批德国球迷也是我回敬的对象。我骂了两次，我是故意为之。全世界的人都看到了。

几万观众跳脚失态，如果这种事发生在阿根廷，人们会说当地就是这样野蛮、混乱，丢脸。但这事发生在"高大上"的欧洲，事实上告诉我们，"野蛮"是不分国界的，区别只在于谁是规则的制定者。我那次被全球直播的怒骂也许触动了规则的制定者，你不仁，我就可以不义；所以他们日后修改了规则，球迷如果嘘国歌，当地足协是要受罚的，如有再犯，下一场球队将被禁止在主场比赛；当然也早有规定，球员要是不尊重观众，也要受重罚。这是本届杯赛之后，因阿根廷而起的几个国际足联规则变更之一。

当时没想到的是，我们日后进入互联网时代，这段视频被放到了不同的网站上，直到现在，它在网上依然有不少观众。只要有人想看阿根廷的笑话，就会看到我的回击。实际上，他们不是要回顾那个嘘我们国歌的时刻，而是要看我的回击，看阿根廷国家队队长没有放过成千上万人的恶意挑衅。比嘘声更容易记住的，是我昭之于众的态度和阿根廷的国歌。】

　　这个图表是根据比赛实况录像的解说记录制作的，两队摆出的都是 442 演变的防守阵形。

巴西	主教练：拉扎罗尼 Lazaroni	阿根廷	主教练：比拉尔多 Bilardo
守门员	1 塔法雷尔 Taffarel	守门员	12 戈耶戈切亚（昵称戈耶戈） Goycochea
后卫	6 布兰科 Branco	后卫	15 蒙松 Monzon
	2 尤尔金霍 Jorginho		16 奥拉蒂科查（昵称奥拉蒂） Olarticoechea
	21 加尔旺 Galvâo		19 鲁杰里 Ruggeri
	3 戈麦斯（队长） Gomes		20 西蒙 Simon
	19 罗查 Rocha	中场	4 巴苏阿尔多 Basualdo
中场	5 阿莱芒 Alemâo		7 布鲁查加（昵称布鲁） Burruchaga
	4 邓加 Dunga		14 朱斯蒂 Giusti
	8 巴尔多 Valdo		10 马拉多纳（队长） Maradona
前锋	9 卡雷卡 Careca		21 特罗格里奥 Troglio
	15 穆勒 Müller	前锋	8 卡尼吉亚（昵称卡尼） Caniggia

　　阿根廷体育作家巴伯罗·阿隆索（Pablo Alonso）认为两队的阵型呈现蝶式对应，从对阵的效果上看，不会有一方特别突出，除非两队的配合速度和个人技术差别显著。

| 阿根廷队赛前合影

队员及所属职业俱乐部

前排左起：布鲁查加（法国南特），卡尼吉亚（意大利维罗纳），奥拉蒂科查（阿根廷竞技），巴苏阿尔多（西德斯图加特），特罗格里奥（意大利维罗纳）

后排左起：朱斯蒂（阿根廷独立），戈耶戈切亚（哥伦比亚百万富翁），蒙松（阿根廷独立），西蒙（阿根廷博卡青年），鲁杰里（西班牙皇家马德里），马拉多纳（意大利那不勒斯）

2 | 教练

El D.T.

卡雷卡近射开场惊险　阿莱芒远攻阿队告急

第 51 秒，卡雷卡接过阿莱芒传球，中圈左侧启动，单刀直入，阿根廷队后卫 20 号西蒙去拉他的右臂失手，卡雷卡已跃进罚球弧内，唯一及时回防的 15 号蒙松扑上飞铲，也被晃过，但他迫使卡雷卡向右躲避，西蒙杀到，侧身铲球，恰好封堵在卡雷卡和突入禁区右方的阿莱芒之间，挡在门区线外的 12 号门将戈耶戈切亚果断加速，扑向卡雷卡。

第 57 秒，西蒙倒地铲球的瞬间，卡雷卡起脚，戈耶戈切亚飞身横挡，球击中他的右腿，改变了方向。另一名回防队员扑到戈耶戈切亚背后，目送巴西第一次射门弹出左侧底线。观众席的喧哗声降低了分贝。

开赛一分钟，巴西获得第一次角球。

1 分 39 秒，负伤的西蒙起身调整。巴西队开出角球，被阿队后卫顶出左边线，巴西 6 号布兰科掷界外球到禁区内，卡雷卡得球回传，球从防守者两腿之间传到禁区前方，阿莱芒正面赶到拔脚劲射。

巴西队的第二次射门又偏又高，从大门右侧飞出底线。

西蒙回忆，主教练带他单独训练时曾嘱咐，如果对手前面只剩守门员了，就不要管球，只管把人留住（放倒）。西蒙觉得这和自己的竞技理念有点不符，所以第 50 秒面对卡雷卡的单刀，他片刻犹豫，没有下铲，再出手一切就迟了，最终靠门将救险。

全场呼啸声稍有停顿，又迅速响起三拍节奏的呐喊。巴西观众的声浪盖住了急冲到场边的阿队主教练比拉尔多的声音，人们只能从他挥舞的手臂和手势猜测他在重新布置防守。

教练

——你们如今只有两个选择，要么打进决赛，要么统统跟我死在回家路上，反正丢脸不能丢回阿根廷！

这是我们狼狈输掉 '90 世界杯的揭幕战后，主教练回到更衣室说的第一句话。世界杯开始前 30 天，我们刚抵达意大利营地时，他曾乐呵呵地鼓励我们：咱们是第一个来的，要最后一个离开，像上次（世界杯）一样！没想到，杯赛第一天我们就面临小组出局的窘况。

外号大鼻子的卡洛斯·比拉尔多年轻时打中锋。早年，他就读于布宜诺斯艾利斯大学医疗系，曾经每日多管齐下：早晨，帮家里运农产品到市场，帮爷爷叫卖蔬果和鲜花，然后去上课，下午或晚上去踢球，半夜再温习功课。他当学生时，常常凌晨 3 点才休息，养成了夜里思考的习惯。毕业之际，导师告诫他在行医和踢球二者间选一，还应该考虑经济因素，比较一下职业收入前景。当了 5 年医生后，他最终从了足球。在甲级队打中锋多次夺冠的同时，又修读了传媒专业，拿到了体育记者资格。他的名言："赢球，不顾一切"！

'86 世界杯以来，他对我们的后防一直不满意。本届揭幕战对喀麦隆，我和队友们估计最坏的结果也就是平局，但他也许早已预感到什么。世界杯开始前一年多，他就独自一人去非洲观看当地的联赛，还费周折雇人翻录了赞比亚和喀麦隆队决赛的录像带，带到那不勒斯，约我一起看。那些年，他积攒了两千五百多盘赛事录像带，后来还得意地告诉来访者，他是唯一全看过的人。喀麦隆确实踢得很好。教练提醒我，'82 世界杯喀麦隆虽然小组赛就被淘汰，但一场未输，全是平局，甚至平了那一届冠军意大利。但我没留意，直到自己体会了喀麦隆的下马威。

以后的世界杯，上届冠军翻车于小组赛的事时有发生，最近的一次，是 2018 世界杯德国被韩国打掉了。不过，大多数爆冷的球队并没有持续良好表现，'94 世界杯，喀麦隆小组赛惨遭淘汰，被上届师出不利的俄罗斯灌进 6 个球。'90 世界杯功臣守门员贝尔回国，发现老家的房子居然让愤怒的球迷给烧了……

赛前预备会上，有人说正常的话可以赢喀麦隆 2 比 0。教练也比较乐观，说比赛应该不难。只有不怎么说话的卡尼冷不丁问，要是咱们没打好怎么办？大家都没在意这个小家伙的话。当我们在场上真的攻势无功，还频有疏漏的时候，比拉尔多起身走向替补席上的卡尼。卡尼后来开玩笑说当时吓得心里发毛，以为教练为了那天的乌鸦嘴要给自己一脚。比拉尔多说：你准备好，打下半场。卡尼从此一跃成为主力。

输给喀麦隆那天，回到驻地已近半夜。比拉尔多找我们老队员开会，助理教练则把年轻队员召到另一处。我们刚坐下，主教练劈头就说：你们几个罪魁祸首！我急了：你凭什么！他怒指门外：不是你们难道要怪那帮小的吗！我起身朝他怒吼：那好！不干了！我退队！几个队友按住我，比拉尔多见状摇头走了，我们几个才又围坐一处。片刻之后比拉尔多回来，接着开会，他告诫说，比赛有输赢，有意外，有判罚不公，都正常，他都能接受。他不能接受的，是心不在焉的行为，是不执行事先的计划，是比赛没结束就自我放弃。第二天，大家接近正午才起床，因为昨晚我们一帮老队员复盘比赛，讨论教训，早晨快5点才去休息。年轻队员们也开了会，都睡得晚。午饭后，教练召集大家去会议室，没一个人耽搁。

比拉尔多身着意大利朋友帮他新买的高档笔挺的意大利西装，打着颜色鲜艳的领带，喷了香水，光亮整洁，甚至有点喜气洋洋地进来了。他微笑着开口道："我们并没有死"。口气轻松自信，好像在说"昨天赢得不错"似的。他接着激励大家："我们只是后面有6场决赛要打而已！再度捧杯要靠你们每个人的努力"！

是的，接下来的每一场对我们来说都是决赛。16强淘汰赛和巴西相遇是谁都不乐见的，但是硬仗不是你怕就不来的，不是你不想打就可以不打的。和巴西比赛前，中场主力布鲁训练时意外受伤，加上我的踝伤和大脚趾的伤势，让比拉尔多一整夜睡不着觉。

对巴西的比赛，我按照队医的叮嘱，尽量用右脚支撑身体，给左踝减轻压力。右脚大拇指指甲内长的问题一直困扰我，世界杯前去以色列打友谊赛又被踩裂，不得不做个小手术去掉甲盖，用一种特殊材料封上。开场不久，我还是感到有些不适。我双手下意识地在腰部支撑了一下又放开了——比拉尔多禁止我们在场上双手叉腰，他认为那会让对手觉得你疲劳松懈，从而增强信心。

……30年过去，今年3月，比拉尔多过82岁生日，我给他发了一段视频祝寿，其中有个镜头是'90世界杯决赛后，我泪流满面，当时他跑来站在我前面，试图为我挡住蜂拥而来的摄像机镜头。

【老马：

阿根廷出了很多优秀的球员，一显山露水基本就都去欧洲踢了。阿根廷教练也一样优秀，但他们的任务更复杂些。比拉尔多带国家队，常常是一边指导在国内的球员，一边协调在国外的人同步训练。这很不容易。"不要追求金钱，要追求光荣，这样人们不会忘记你们"。这是比拉尔多当了国家队主教练后对全队说的。当时我就知道，我们应该回报他一座金杯。

1983 年他接手国家队之初，脑子里就有一整套备战 '86 世界杯的计划。他尝试用一些非传统阵型，吃了不少败仗，引发普遍疑虑。1985 年，他突然更换国家队队长，用未满 25 岁且远在意大利的我，取代了 '78 世界杯冠军队长帕萨雷拉。有球员透露，他说除了马拉多纳，其他人都要竞争上岗国家队，更招来骂声一片，说他丢弃了国宝而起用 '82 世界杯就发挥不佳吃红牌的愣小子。

有记者问比拉尔多为什么执意做全国 3000 万人民难以理解的事，他说：我只要我的 20 个队员理解我，不需要 3000 万阿根廷人理解（阿根廷现在人口 4000 万了）。这下好，他没考虑这 3000 万人里可包括所有的领导专家和重量级球迷呀，大量报刊呼吁换教练，听说总统都过问了，幸好足协保了他；我也公开声称，如果换教练我就退队。这之后他说话小心了。报刊骂得再狠，他也只不过做剪报收在一个夹子里，不多回应。其实阿根廷人没怎么理解他，只不过赢球是硬道理。我们捧回世界杯后，主教练才接受邀请上电视，坦然地抱着一堆剪报，回顾自己的策略，还说他感到最难的任务就是给广大人民群众解释策略。节目播出后，不少懂行的球迷纷纷抱怨，说虽然身后挂着布阵演示板，主教练却根本没讲什么策略，光是翻着剪报向媒体"算旧账"。

'86 世界杯颁奖仪式后，我们回营地就围在一起，就着一首球迷歌的调子挥拳高唱："阿根廷已成为了冠军"，只有主教练坐着不动，双手撑在膝盖上，一脸愤懑地自语: 连着俩角球！怎么能让人连着俩角球！他回来的第一件事就是取消了晚间庆祝活动，因为决赛我们 2：0 领先，却在最后十几分钟让西德队利用两次角球追平。尽管最后 5 分钟布鲁突袭打进决胜一球，但对于比拉尔多，在角球上如此溃败是不可接受的。那晚，虽然庆祝活动取消，足协的人也已离开，我们还是忍不住又唱又跳，而教练一直默默呆坐一边。

比拉尔多对细节要求严谨，甚至安排过大家演练进球后如何在场上庆祝。他允许我们跑到就近的边线欢呼雀跃一下，但是禁止队友们从后场跑到前场拥抱进球者，横穿球场也不行。

1990年春季国家队集训的头几天，他让人在楼上的高处录像，跟踪训练场上的每个球员，然后逐一点拨。他把我的录像放给我看，说：老毛病，你叉腰的样子，显得很疲劳，不要给人留这样的印象。对卡尼则说，你看你，两次用手拨头发，这太分心。要么剪短，要么扎个尾巴。卡尼似乎都不愿意，他后来一直拿队里扎冰袋用的大橡皮筋勒在头上，也管用。

集训中间有两天休息，队友奥拉蒂准备开车带家人出去玩，教练电话打来，说有个技术配合要改。他倒也没耽误人家玩，告诉奥拉蒂在最近的高速路口等他，他开车过来，捡了块碎砖头，在路旁一栋房子的外墙角写写画画，给奥拉蒂补完了课。

对于迷信，比拉尔多看似嗤之以鼻。'86世界杯时，我们在赛前一个月到达墨西哥城。鸡，在墨西哥俗语里是胆小鬼的意思，队里后勤曾有意不让餐厅把鸡肉排到我们的菜单上，教练说那太荒唐，鸡肉照吃。不过，'90世界杯前，他不惜挪动日程计划，坚持腾出几天让我们去以色列打场友谊赛，因为'86世界杯之前我们就是去以色列打了一场友谊赛，最后夺冠。他内心还是希望沾些好运气的，只是这次和以色列的比赛中，对方踩伤我的大脚趾，让他有点着急。

'90世界杯，我们一到驻地，他就嘱咐，大行李包一律放在房间不要往外拿，外出比赛背个小包就行。运载全队球鞋的大铝皮箱子也放在固定地方。他总怕动了行李就有提前打包回家的危险。此外，他坚持全队一日三餐固定时间开饭，我们大伙儿猜那些可能都是他掐算好的良辰吉时。那一年，他些微秃顶了，不如1986年那么精神抖擞。对巴西赛前几天他曾失眠，安眠药也不起作用，加上夜里查房，很劳累，给我们讲战术时，竟然说着说着就歪头睡着了。大家稳坐不动，过了10分钟才纷纷冲我瞪眼努嘴，要我叫他。没办法，我用脚磕了磕地板，他惊醒，居然马上接着前面的话头继续布阵。

如今回想，他并不是我经历过的教练中最有雄才大略的，但他对细节有着可怕到极致的追求，而且他最会让人"服"，说话能上你的头，能进你的脑子，能把你"按"下来。

'86世界杯颁奖仪式上，大家都太兴奋了，谁都没注意到，主教练没有挤上前去抚摸金杯。直到20年后，阿根廷一个体育频道为新一届世界杯作专题，对他进行采访，在节目末尾给了他一个惊喜,特意借来金杯让他一捧。他的眼眶当时就湿润了。

2018 俄罗斯世界杯期间,国际足联安排我的专访。我对他们回忆了捧起世界杯的感觉,我说你们知道吗,世界上成千上万的球员,我有幸成为其中的万分之一,得以亲手掂到杯的分量,我知道它有多重!他们彼时突然戴上白手套捧出世界杯的真身,让我再一次掂量。我的反应和比拉尔多当年几乎一样,眼睛也湿润了。我捧着金杯,过了好一会儿才开口说:多漂亮啊。】

比拉尔多:

'86 世界杯决赛后,我们返回驻地。虽然需要收拾行李准备第二天回国,迭戈和他的同屋帕斯库里(Pasculli)等人还在高唱,依然沉浸在难以置信的成就带来的快乐中。

我坐在旅馆的院子里,望着不远处的小球场。过去两个月里,我们主要就是在那里练习、备战。世界杯开始前几个月,我来到墨西哥城,看了好几个驻地都不满意,所以我决定上城外高地看看,就选了这个设施简陋的小镇旅馆。每个房间有两张窄床,铺着软床垫,腰不好的巴蒂斯塔就选择睡地铺,内墙没粉刷,是裸砖的。队员们两人一间,膳食全包,每人每天只要 25 美元。条件很简朴,但环境让我满意。

我们开赛前 30 天进驻。旅馆的服务人员和当地居民时不时会来围观,都非常友善,还把球队的照片供在教堂里的圣母像前,祈祷镇子风调雨顺的同时,也顺便祈祷阿根廷取得胜利。他们大都只认得迭戈。迭戈开朗随和,那些大婶大伯常常像对自家大侄子般和他打招呼,他都礼貌地笑着回应。

迭戈跑过来拉我,说:来吧,大鼻子,别装蒜了,来!一起跳一会儿,把这段时间的辛苦压力都释放掉!我转过头看向他,眼里饱含泪水。我低声告诉他:迭戈,让我一个人在这里待会儿,我等待这一天已经好久了。我在怀念一个人,苏贝尔迪亚(Osvaldo Zubeldía)。迭戈一听,原先轻松的神情顿时变得严肃,扭头默默离开了。他知道这个人,我的师父,前阿根廷国脚,多年前我的领路人。在 1960 年代,作为他率领的冠军俱乐部的球员,我就体验了他如何细致入微地研究对手。他赛前就会知己知彼地制订好技术犯规和战术罚球等应对措施,指导我们如何"冻结"关键对手。他是防守反击的鼻祖,如今大家熟悉的造越位战术也是由他开始的。那时很多人都批评他,说他提前算计对手,还设计犯规花样，搞阴谋，是小人。但是逐渐地，他的执教理念被全球各地的教练很好地接受了。我率队拿到世界杯，也算是对英年早逝的他最好的回报和慰藉。

　　2008 年，迭戈被任命为国家队主教练，邀我作主管，协助他备战世界杯。那支队伍和以往几届一样，有起有伏。2010 世界杯我们输给德国，止步八强之后，雄心不减的迭戈被解除了职务。我当时没有强力捍卫他，迭戈对于我的态度有些不高兴，但是我觉得他能理解，他知道我的执教之路的传承，和我心目中理想的教练。

3 | 士气

Moral

巴西队两射门造险　戈耶戈四远球纾困

2分37秒，阿队门将戈耶戈切亚大脚开球到前场左侧，巴西队两度争顶得手，球到阿莱芒脚下。他向前传给4号邓加，邓加过中场后，被阿队19号鲁杰里铲倒犯规。阿莱芒得到允许，跑到场边整理护腿板。

3分21秒，阿莱芒任意球开向后场，卡尼吉亚跟踪而至，巴西队3号戈麦斯左路接球，转交8号巴尔多，后者冲过中线对角长传，打向右侧，穆勒冲到点球点附近接应，与阿队后卫一路拼抢，球出右侧底线。观众呼声稍降，穆勒看到没有角球，遗憾地挥舞双臂。

4分8秒，戈耶戈切亚缓慢推球向禁区外沿，大脚开到前场左路，卡尼吉亚边线接应，尤尔金霍从左后方冲出，抢先踢出左边线。奥拉蒂科查边线球掷向中圈处，7号布鲁查加传给14号朱斯蒂后，跑入前场策应。朱斯蒂向中路传出，巴西从左侧横冲挡下，进入反攻，遭朱斯蒂抱摔犯规。迭戈随即退守后场。

巴西任意球从中圈外沿发到左路，巴尔多送往边线处，队友沉底后拨球回身，晃过阿队的铲断，传向禁区前沿。球反弹飞向外沿，阿队回身

| 1990, 圣母像随阿根廷队旅行

未能抢到。

4分41秒，球落入半月弧区弹起的瞬间，中路赶上的阿莱芒凌空起脚怒射，喧哗声中，球既高且偏，飞越球门右侧底线。

5分05秒，戈耶戈切亚第三度大脚开到中场左侧，阿队未能停住，被戈麦斯抢下，递给身后，尤尔金霍越过铲断，禁区前方横敲，15号穆勒接球，顶着贴身防守，右路突入，离门五六米处猛然起脚，球斜贯阿队门区上空飞出左侧底线，又带走看台上一片喧哗。

5分50秒，戈耶戈切亚第四次大脚开到前场左侧，周围嘘声不断。阿莱芒从卡尼吉亚身后争得头球，传给左前方邓加，布鲁查加背后拉人犯规，法国主裁奎尼乌判巴西队任意球。

> 开场5分钟，4次射门，一次角球，逼得对手不得不屡开远球舒缓节奏，这是世界杯少见的开局表现。巴西像持有了场上的单程票，阿根廷像被一道无形的神秘绳索羁绊，攻不过中场，而迭戈在场上仿佛不存在。电教室里，我和同学们看得有些愣了。巴西也太狂了吧，阿根廷怎么还不如打喀麦隆那阵呢！是故意的吗？不像。到底是淘汰赛，气氛一下子就和小组赛不一样了。坐在我旁边的老戈说：我要是阿根廷，得拿个水平仪来测测，是不是场子往我大门这儿歪过来了。

士气

对巴西比赛的头天晚上，我偶然听说管理人员已经给全队订好了后天回国的机票，而且阿根廷航空居然出票了。巴西是那时的夺冠热门，南美冠军全明星队，队员都在欧洲或巴西一流俱乐部打主力。包括阿根廷在内的几乎所有媒体都预测，我们会输给他们。有报纸大标题写着："阿根廷夹着尾巴来，巴西跳着桑巴来"。都灵城早已装扮得跟里约和圣保罗似的，充满黄绿色的欢庆气氛。公园广场和酒店四周，随处可见成群结队，笑语欢歌的巴西球迷。我气急败坏地去和队务核实，质问他们为什么这么做。他们辩称这是足协一贯的做法，淘汰赛阶段都先订上票，不是对自己的队伍没有信心。我姑且相信了他们。但是队友们呢，怎么激励他们的士气？骂人吗？虽然我是队长，但我没这么做过，这不是我的风格。

小组赛最后一役对罗马尼亚，全队拼死进攻，下半场过半时先得一分，本以为可以赢球，排名靠前，下一轮避开巴西，谁知后防疏忽，不久就被追平。我们都急着想再度得分，但是教练听到了苏联 4∶0 击败喀麦隆的消息，那意味着如果我们输罗马尼亚，就会出局。于是他命令我们放缓节奏保平局。大伙儿不愿罢休，他就追到场边冲我们破口大骂，最终我们 1∶1 平罗马尼亚，淘汰赛将遭遇巴西。

我心中失望，但是没说任何抱怨的话。按老习惯，赛后回驻地大家都到我的房间吃比萨饼。我揽住两个情绪低落的队友，让他们和我一起拿饼给大家。分发饮料的队友也把水递过来给我们。我不会因为失利去骂队友，而是希望他们尽快摆脱沮丧或自责。大家彼此都这样，没有人会被特殊对待。该说的话，教练自然会说。 结果教练最先找我谈话，他解释为什么不让我们在赛末继续强攻：首先，想投机避开强队或挑个"合适"对手的做法常常没有好下场；其次，队员们已有不少带伤，他不想冒损兵折将的险。

揭幕战输给喀麦隆，感觉那么窝囊，几个队友不在状态，我也只不过是默不作声。在比我弱的人面前，我从来没办法表现得强势，而是着急想帮他们。这是我的秉性，天生的。在那不勒斯队也是这样，队友们尊重我，虽然嘴上不说，我知道这是原因之一。倒是主教练过来说要是进不了决赛，就一起惨死在回家路上，我冲他还嘴，飙脏话了，说一定会进决赛的。嚷完静了一会儿，反而心情轻松了。返回驻地途中，大家在座位上默不作声。我后来回忆说，那时车里死一般的寂静，是大伙羞愧得要死。但我有了一种重新开始的感觉。在这种感觉下，我们第二场 2∶0 赢了苏联。

那时谁都没想到，这是苏联队的最后一届世界杯。在欧洲一直表现出色，事先被十分看好的他们，随后又输给了罗马尼亚，小组垫底出局。这届杯赛后一年，苏联解体了，变成了"独立国家联合体"，苏联队，这个曾经强大的称呼，成了历史。由苏联教练涅波姆尼亚奇执教的喀麦隆队，则表现得史无前例，成为非洲第一支打入世界杯八强的队伍。球队回国那天，涌向机场欢迎的人群甚至把跑道两旁都挤满了，载着球队的飞机降临时，不得不复飞备降。他们的成功成为当年非洲大陆的第二大新闻，在媒体上的热度仅次于从长达 27 年的监禁中获释的南非黑人领袖曼德拉。

【老马：

我没有鼓舞队友士气的绝招，我也是他们中的一员，也有低迷的时候，并不比他们强多少。但是，我也不是什么时候都不吭声。如果对场上的形势有不同判断，我会和大伙说明白的。

'86世界杯小组赛对保加利亚，我们上半场就2∶0领先，然后攻势就拉不起来了。对方一进攻，我们全队人马，包括锋线上的人，就都跑回后场阻击，要"赖"球了。中场休息时，眼看教练没说什么，我着急了，对大家说：不管我们打什么战术，要向前打呀，不能朝后打。当然，大家还都听从了我的意思。

世界杯赛上，当国歌奏罢，队列散开的时候，我通常会握拳高喊：来吧！加油干吧！但对巴西的这场比赛，我注意到我的喊声中，有几个队友低头注视地面，没有直面满场起哄的观众。开球前的几秒钟，我在胸前画十字祈祷，我祈祷上帝与我一同赴赛，助力我们；祈祷大家齐心决战。面对信心的缺失，我唯有祈祷。

巴西打得非常好，比赛开始以来我无法振作。我看不到他们防守的破绽，看不到。他们这种风格被称为华丽足球（jogo bonito），配合迅速又无缝隙，都说年轻的拉扎罗尼教练——当年他还不到40岁——带的是巴西史上最强的球队，前锋卡雷卡，中场阿莱芒都是我的那不勒斯队友，都是一流强手。我们能做的就是防守，防守，直到慢慢适应他们的节奏。

赛前准备会上，比拉尔多对我们说，他把最强阵容用上了，包括带伤未愈的，比如鲁杰里，头球出色，禁区得有他；朱斯蒂，防守对方中场自由人巴尔多还是靠他。布鲁和迭戈更不用提了。他说祝你们好运，如果你们谁半道不支了，就只能怪自己运气差。我们前半程要比任何时候都重防守，阿根廷的国家队可能还没有出现过这种强度的防守。

随后，教练组加我又愁云惨雾地开了个小会，都感觉要进巴西的屠场了，感觉以前没有任何一支阿根廷国家队会担心到这个份儿上。当时就想队员们起码不要乖乖受宰，输也要输得有尊严。我知道主教练的压力，和年轻球员不同，他是"过来人"，1974、1982两届世界杯和巴西遭遇，阿根廷都被淘汰。这回人家实力明明摆在那儿，而对所有阿根廷人来说，世界杯再次输巴西的确是难以接受的。助理教练帕切梅（Pachemé）谈到卡尼的速度，觉得也许还有点儿希望。比拉尔多叹道：要是能打掉巴西，他们后面哪怕稀里哗啦地输，不管输给谁，我都不在乎！然后又想起来问：给卡尼分析了可能盯他的那几个对手了吗？

助理教练犹豫了一下，照实说：他不想听，他说只要自己打得好，不需要知道谁来盯防。

我一愣，这家伙，我们一众86老兵都乖乖听队里分析对手，他居然不听！

比拉尔多紧着问：怎么不需要？

—— 他说不想往脑子里塞一大堆信息。

比拉尔多怒道：这小子知不知道在打世界杯！

—— 唉，他说打世界杯头脑需要简单些。

大伙儿哭笑不得，要知道教练们为了比赛脑汁绞尽，每日搜肠刮肚，捋遍细节，弄得几乎失眠，卡尼倒好，居然对着杠上了。

主教练瞪起眼：还说啥了？

——他说我们不想碰上巴西，其实巴西也不想碰上我们。

比拉尔多没再说什么，结束了小会。我忽然觉得卡尼也有他的道理。】

卡尼：

我打比赛很少关注场上防守我的人，我一般也不认识他们，除非是大家都熟悉的那些球星。

对巴西的准备会开过后，鲁杰里和朱斯蒂来找我，让我回房间等着，说主教练要和我谈话，还要他俩作旁证。我不知道怎么回事，马上回去等。教练拿着个大本子进来，鲁杰里和朱斯蒂跟在他身后，咧嘴冲我无声地坏笑。比拉尔多回头告诉他们也坐下，两人立马换了副严肃神情，过后又咧开了笑嘴，气得我不知如何是好。教练严肃地摊开本子：听我分析一下可能盯防你的巴西人……。

这下轮到鲁杰里和朱斯蒂生气了，他们原以为能听到点儿隐私什么的。教练一走，他俩就挥拳威胁说，要是以后我再不听分析，害他们陪绑，就要我好看。我笑着保证：以后不会了，不是怕你俩，是念教练的苦心。

和巴西比赛前一天，我们驻地酒店有一场婚宴。鲁杰里激动不已，拉着几个队友就去恭贺新人。意大利不少人笃信，接触新娘子会带来好运气，所以他觉得这场婚宴来得太及时了。本来他只叫了几个队友，但是听他一吆喝，呼啦啦去了一堆人，和新人合影，据说把办喜事的高兴坏了。好像教练还收到了新娘子赠送的几枝花，大伙都说是好运气，小心留着。

戈耶戈有一枚幸运徽章，是他老家里马市的市徽（里马城不大，人口大概两万，几乎每个街区都有个小球场）。戈伊戈的足球生涯从里马少年队守门开始，读高一时曾被博卡选中。身为足球教练的父亲要他高中毕业再踢职业，所以他一直在里马读书踢球，18岁去了河床。世界杯期间，他一直把这枚徽章秘密带进赛场，作"压场之宝"。迭戈两只腕上戴着他妈妈和太太编的幸运手环，教练组的人都打着带赭红色圆点的领带，他们认定这是好运的象征。驻地还挂着从阿根廷一路小心带来的庇佑圣母像……我没带什么别的东西，手边就一新一旧两个任天堂游戏机。反正能给我们带来好运气的东西很多啊。

对巴西一开局，大伙儿都说被打蒙了，谁还顾得上想什么好运气。锋线上的我孤立无援。只和迭戈打出过一次配合，身边就冒出三个巴西人围着打，顷刻间人球两失。

我和迭戈在场上有时会互递个话，互相鼓励一下或交流一下打法，但是对巴西一场，我俩几乎没有交流，一是不知说啥好，二是连说话的机会都没有，准确地演示了"疲于奔命"。

我们原本定的防守范围是到迭戈为止，我不需要时时回防后场。但是开赛没几分钟教练就跑到场边比画着指示，要我也回防盯人。我当然听从了。不过，只要感觉到一点反攻的可能，我还是会跑过中线待球。后场打成一团，我则孤单得像条狗，无奈地眼巴巴等待飞来一只球。真的，后来回忆这场比赛，我就是这么说的。

90世界杯前，巴西阿根廷国家队交手72次，阿根廷赢了28场，巴西27场，其余场次都是平局。这次比赛后，两队再也没有在世界杯淘汰赛阶段遭遇过。巴西近几年一直表现出色，到2019年，包括友谊赛在内，赢球记录已改写成巴西42场，阿根廷40场，还算是旗鼓相当的。

4 | 犯规

👤 Las faltas

巴西急攻阿队缓随　迭戈控球首遭犯规

6分12秒，巴西后场任意球，右路传至左路，戈麦斯高球斜吊前场中路，穆勒转身凌空打给左侧卡雷卡，阿队断球，卡雷卡追上夺回，尤尔金霍右后方接球传中，巴西三人几乎同时闯入禁区，但穆勒越位。

6分50秒，阿队开球，特罗格里奥沿左路冲向前场，过中线时被穆勒阻挡出界。奥拉蒂科查掷边线球给后场西蒙。西蒙缓慢趟了三脚，推给特罗格里奥，后者带了两步就被铲倒。

7分16秒，巴西中路直逼禁区，阿队疾速收防。右路尤尔金霍得球，传向左路的巴尔多，阿队头球顶向边线，被巴尔多追到，吊回罚球弧内，特罗格里奥头球解围，球飞向回防的迭戈和卡尼吉亚。

7分33秒，迭戈本场第二次拿球，躲过一次铲断后，顶着骤起的嘘声和罗查的拼抢，向中圈突进，分球给右路疾进的巴苏阿尔多，后者遭夹击，转身闪过几名防守队员，传给赶上的迭戈，迭戈停球之际被邓加从右侧拖住铲倒。观众一阵欢呼。

这是本场第一次，也是本届杯赛开始以来，第29次针对迭戈的犯规。

犯规

前3场比赛28次犯规，算多吗？'82世界杯对意大利一场比赛，詹蒂莱在80分钟内就对我有23次犯规。我不是世界杯进球或助攻最多的球员，不是获奖最多的，但有一项记录是我的，就是被犯规的次数。除了'94世界杯，其他我参加的每一届，我都是被犯规最多的球员：'82西班牙36次，'86墨西哥53次，'90意大利50次。网上有人专门制作了马拉多纳被犯规的视频集锦，题目诸如"金刚身马拉多纳""还有谁能扛住这些"等等。

摆脱詹蒂莱

如今的年轻人看我当年的比赛录像，从巴萨到那不勒斯到美洲杯，世界杯，都惊讶于当年球风的剽悍。有的开玩笑说如果是他们，也会这样做，因为这样日后可以对子孙说"嗨，我当年放倒过马拉多纳"。

巴萨时期，我曾被一名毕尔巴鄂球员背铲踢裂踝骨。那时我在后场，正回身拨球准备组织进攻，他飞身冲至，不是冲着球，而是直接对着毫无防备的我猛铲。当时我就听到了木裂般"咔"的一声，我就知道是骨折了。后来，他把当时穿的球鞋放进玻璃匣，保存在卧室永志纪念。有人说他道德有问题，我猜是因为很多人说他那种行为是犯罪，所以他要摆个姿态，自我捍卫而已。我从来没有纠结过任何对我犯规的个人。

1984 年，我在巴萨的最后一场比赛，国王杯决赛，对阵毕尔巴鄂竞技。客场观众似乎把我当成了一头斗牛。频繁的犯规下，每次我被击倒或铲倒，就有一阵喝彩从看台传来。比赛走了样，对方球员似乎受了鼓舞，越来越肆无忌惮，铲倒我后居然颠颠儿小跑，仿佛在迎合着满场的欢呼。观众可以不理智，但一个球员——大家都是赛场上的人——怎么可以不尊重另一个球员！这也是我被激怒的原因。当然，我还是等到赛后才和他们算账。买了那场球票的人们应该很满意，因为除了看球，还看到马拉多纳表演踢打术，那是我唯一一次在场上"加节目"。是的，在赛后的冲突中，在王室眼前，我和几个队友踢了他们大半个球队的人。他们知道我为什么生气，裁判估计也明白我为什么要"自行执法"。

1982 年我首次打世界杯，被媒体戏称为"足球美学天敌"的意大利人詹蒂莱像影子一样对我贴身犯规。他身高力壮，惯于从身后搂住我一只胳膊，甩都甩不开，甩急了他就在我拿球之前先把我撂倒在地上。最过分的是在边线一次争抢，他从身后把我拽倒，压在了他腿上，他竟然把我横拽起，扔到了边线外。21 岁的我气坏了，冲裁判大喊：你没看到这么多犯规吗！这还是比赛吗！你到底管是不管！裁判一听，先管你！亮了我一张黄牌，理由是过度抱怨。

当时有一张比赛照片，是我刚摆脱詹蒂莱的羁绊，从地上跃起逐球，姿势矫健但球衣领口大开，露着胸口。那不是正常的衣着，是被詹蒂莱扯成那样的。FIFA 后来居然好意思用它做赛事 DVD 的封面（他们把照片上詹蒂莱那一半剪掉了）。他对巴西的济科也一样，济科的球衣背后被他扯下一片，露着被抓红的后腰止步半决赛。意大利那次得了冠军，詹蒂莱成了他们的英雄。他对记者们得意地宣称：马拉多纳应该明白，球场不是跳芭蕾的地方……赛前我连着两天看马拉多纳比赛的录像，最终得出结论，只能在他拿球前就把他踢开！

国际足联日后制定了更严格的法规，来保障比赛的顺畅和专业性，那都是当年球员们挨踢受绊换来的。我的那个年代足球更野蛮些，詹蒂莱后来跟我承认，要是遇到个稍微认真执法的裁判，他当年在场上待不过 20 分钟。

【老马：

上面有一段你想的有点儿多了，扯球衣并不算什么犯规，虽然它可能引发真正的犯规；我的好弟兄齐达内就在这上面栽了一回。我是开玩笑说过，只要被人揪住后领，头皮就有点发麻，那是因为他们揪后领通常就会踹我。真正可怕的是故意踢人。你知道卡尼在和喀麦隆的比赛中，曾经被踢得飞起来，在空中翻滚落地，那个犯规者把自己的鞋都踢掉了。那是真正可怕的犯规。观众和媒体会很关注，但球员不会考虑那么多。你看比赛能看到，我们的注意力一直在球上。下了赛场就更没必要想了。

'82 世界杯，我踹了巴西队的巴蒂斯塔，那是我 25 年职业生涯里唯一一次恶意犯规。他先抬腿过高，踢了我队友的头部，我就上去给了他肚子一脚，然后领红牌下场。至今还有很多球迷赞扬我为伙伴出头，其实我当时是憋着一肚子火想教训法尔考的。当时，他们 3 比 1 领先，我拿球时，法尔考在场上不三不四地唱"踢着球玩儿啦，踢着蛋玩儿啦……"我感觉受到侮辱，比赛结束还早，他怎么能这样对待我们！

不尊重对手是比赛大忌。我 17 岁在国家队比赛时，一次进球后狂奔庆祝，不小心跑到了对手替补席旁边，我赛后专门去道了歉。

等发现被我踢倒的是巴蒂斯塔，而法尔考却站在一旁时，我心里说：笨蛋，你干了些什么！踢错人啦！一年后的赛事上，我再遇到巴蒂斯塔，就和他说明了，也和法尔考挑明了，他还跟我解释说巴西人经常不等赛完就会庆祝，不是故意的。我们之间就是这样。没有什么纠缠。运动员对于打架没有兴趣。

（2018 世界杯期间，老马接受 FIFA 电视台专访，记者又放了这段犯规的录像请他评论，老马依然揪心地自责：那真是太可怕了，你说我怎么就踢错人了！）

不过你说的那类视频集锦，各种对我犯规的集锦，最近倒是派上了用场。2019 年我做了膝盖手术， 走路比较迟缓。人们纷纷在我的社交媒体上留言询问原因，我就把一个集锦发上去了，不是抱怨犯规，而是说明现在的伤病都是年轻时积攒的债。】

私下里，迭戈把随意犯规多的人或球队称为鸟辈，把他们的犯规比喻为鸟拉屎，叫作"拉"犯规，让人不悦，有碍观瞻，又频繁。如果哪些人常常犯规，技术又不入他的法眼，他就会说，这帮鸟，"拉"了我一身的"踹"；或者说，这个鸟队，动不动就朝我们"拉"。

迭戈曾回忆起他年轻时随博卡青年队访问科特迪瓦。球队到达时，客队热情迎接，喂糖喂蜜，但是一到比赛，他们就猛"拉"， 满场追着他"拉"。回顾以往世界杯，有三个队被他用过这个比喻：1982 年的意大利队，1986 年的南朝鲜队和 1990 年的喀麦隆队。按照迭戈的说法，这三个队属于比赛里从始"拉"到终，对他从头"拉"到尾的类型。

'90 世界杯每场比赛完，迭戈都饱受损伤和疲劳的折磨，体能恢复明显比 4 年前慢。他倒在床上任由队医和训练师围着翻看，他们一边帮他检查、疗伤，一边淡定交流着：瞧，这回犯规多……嘶 ——比起 86 年，从数量到质量上都高……他们早都习惯了。

5 | 回忆（一）

Recuerdos 1

任意球不敌多路攻势　阿根廷防线初获喘息

8 分 18 秒，迭戈前场任意球打入禁区中部，被巴西顶回左路。巴尔多骤停闪身，疾冲甩开阿队夹击，左路突入前场，他顿足停球的瞬间，阿队急收防线。

卡雷卡杀到，中路接球，传给布兰科，准备闯入禁区打配合。奥拉蒂科查断球，长传右路空当给中路游弋的卡尼吉亚，被巴西半途阻截，又趟回左路，布兰科套边助攻，盯防的巴苏阿尔多截球之时，被布兰科横铲倒地。布兰科俯身拍拍巴苏阿尔多的头，以示歉意。

9 分 10 秒，阿队任意球开到前场中部，经特罗格里奥，布鲁查加等人三次传递，传给左路的迭戈。马拉多纳往中路分球，却打在向前跑位的布鲁查加身后，落入巴西队后防线。

9 分 18 秒，巴西后卫们在空旷的后场一字排开，第一次放慢了节奏，由左至右传球三次，再推给中路的阿莱芒，又回传给后防线。

9 分 50 秒，巴西停止短传，向前推进。这是本场他们第一次让场上的舒缓时间达到半分钟。

当年的电教室里，少数支持阿根廷队的同学也松了一口气，叹息道：×，阿根廷赶快喘口气吧。老那样还怎么打，至少过中场啊。老戈回道：不急，先查查过巴西那边儿交不交关税。

回忆（一）

在巴萨时期，那个背铲踢折我踝骨的毕尔巴鄂队球员叫戈伊科。他惊人的犯规之后，巴萨教练梅诺蒂气坏了，强烈要求罚他终身禁赛。但是毕尔巴鄂队和他们的球迷们坚决维护他，他的教练甚至对采访的记者们扬言，说我是假作重伤，虚张声势。西班牙足协开始罚他 18 个月禁赛，经过多方上诉，最终罚了 7 个月。后来，我其实原谅了他，也没有再纠缠此事，尽管他从未道歉过。但是我心里没有原谅他那个睁着眼瞎说的教练。

1992 年是我职业生涯低谷的一年。我刚刚结束了 15 个月的停赛处罚和那不勒斯合约的麻烦，总算得以离开意大利。我来到西班牙塞维利亚队踢球，一是因为比拉尔多在那里当主教练，一心想帮我，他以辞职相威胁，逼着老板要我；二是我真的想踢球。不踢球我怎么活下去呢？我渴望和队友一起训练，比赛。

当时，世界上没几个俱乐部愿意正眼儿瞧我，而我也动辄脾气心情不佳。有天夜间和队友去个所谓高档酒吧聚会，排到我们进门时，门卫拦住我说：你脚上穿的啥？这里不允许穿运动鞋，回去换了正装再来。我半恼怒半嘲弄地问他：你知道人们愿意出什么价钱来买我脚上这双鞋吗？朋友们也帮我吵了几句。结果大小报上马上宣扬我不守规矩，粗鲁无礼大闹夜店。一次比赛，我右膝损伤，疼痛难忍。中场休息时我问教练是换我下来，还是要我打封闭针坚持，他让我打了封闭。哪知下半时开场不久，他就换我下来了。我气不打一处来，吼着质问他既然如此，为什么还要我打那三只大粗针。我忍不住怒火砸了更衣室，也感觉可能在塞维利亚待不久了，心情极差。

那时的一天，戈伊科突然不期而至，来我住的酒店找我。这是 7 年来我们第一次见面。彼此打量一下，都已经变成"熟男"了。我们在大堂的咖啡厅聊了天。他说很高兴见到我，他就是来看看我。我非常高兴。我没想到他那个时候会来。一见面我们就热情握手。我们聊了各自的生活，各自的女儿们，天南海北……但谁都没提那件事，没提。告别时，我们像老朋友般向对方张开了手臂。

看到老马和当年的罪人拥抱在一起，我想起了大熊，我的初中同学。

我们初三时，功课挺重，但大熊不紧张，他已经决定不考高中，去他父亲单位当工人。他大我们一两岁，长得高，虎背熊腰，喜欢开同学玩笑；至于人品究竟如何，我还真不清楚。课间我喜欢串位子聊天，不时也和大熊斗斗嘴仗，就是男生之间开玩笑的那种。那时港台武打电视剧很流行，什么霍元甲、陈真，万里长城永不倒……我们一帮人也会拙劣地学着比画两下，但楼道和课桌讲台之间地方都小，又需要避开女生，所以我们不会真的碰到对方。

在五六十人的班里，大熊可以说是个另类，即和校外人员有"联络"的那类人。偶尔，会有外面的大孩子到学校找他，要么想揍他，要么邀他一起去揍别人。每当有这种时候，我会紧张一阵，但过后又忘了，还是和他说笑。

初三接近期末的一天，班长张晓斌要我帮忙补一下黑板报上被蹭掉的一条冲刺升学统考的标语。放学后，我在教室后面的黑板上拿着彩色粉笔涂画，大熊来找我麻烦。我不知道为什么。后来想，也许他暗自嫉妒我和张皓坐同桌？皓皓是班上最漂亮的女生。也许不为什么，就是开玩笑。反正他卡住了我的脖子。我几乎喘不过气来，两手拼命扒他的手也扒不动。旁边的同学都愣在那里。我急了，坚决受不了在同学面前受这样的羞辱。我顺手拿起身边课桌上的一把大号削笔刀，声音嘶嘶地冲他叫：放手，我捅你！他不放，笑嘻嘻地说，捅啊。我就一手揽住他的肩膀，一手朝他的后背扎去。他立即松开了我，手朝后背抹了一下，一片血。

班主任赵老师明白事出有因。他严厉地训斥我，告诉我伤口有多深，后果有多严重，据说以前有这样的事就要送工读学校的。同时，他也向学校力保，毕竟削笔刀不是凶器，可以证明是学生一时冲动之过。我父母马上就赶到学校，一方面弄清事由，一方面道歉表态赔偿，大熊的家长也没有闹，所以没有进一步处罚我，只是背了个校内处分。大熊没再来上课。我在班上的好朋友张驰，担心他或者他的"同伙"们会不会在放学后"截"我，所以那段时间在回家的路上，他蹬着辆小"飞鸽"，远远跟着我那辆蓝绿色的"飞蝶"，准备有情况就向路人求救。我当时情绪低落，却并不恐惧，心里已经准备好了，接受大熊的报复，毕竟是我伤了人。但是什么都没发生。几周以后，大家初中毕业，就再没见过他。后来听晓斌说他辞了一个月几十元钱的工厂铁饭碗，去开出租车了。

直到快 10 年后，在一个商业闹市，我和大熊不期而遇。我们看到彼此，一眼认出，立马停步，然后都没来得及想什么就朝对方扑上去。那一刻感到自己是大人了，年少时的心理负担早已在九霄云外。我们紧紧拥抱在了一起。他笑说：哥们儿，我忘不了你。洗澡一摸到那块疤就会想起你……我们热聊了一会儿，他说已经不开出租了，在朋友的公司里干，刚刚结婚。我说我还在读研……

我一直不知道怎么告诉他，我可能永远也不会告诉他，那天他捂着伤口，一言未发，匆匆地离开后，我就后悔了——不论事由，我没想到下手就没有了轻重。

当年，戈伊科看着迭戈被担架抬下场，大概也是这个感觉吧。

6 | 回忆（二）

Recuerdos 2

迭戈突进频多绊阻　罗查攻门近在毫厘

9分51秒，巴西后场推球给中圈的邓加，邓加向左一拨闪过布鲁查加，长传给中路跟进的穆勒，球稍偏，被蒙松抢得。巴西三人跟守，阿队后场两次传给左路，朱斯蒂突入中场，在与巴西迎面撞上之前，推向特罗格里奥，后者抬腿让过，迭戈得球，冲入前场，被迎面铲倒，身体飞过倒地的对手摔落。裁判示意继续比赛。

10分19秒，嘘声中，迭戈皱着眉，按着左腿迟缓地爬起。巴西锋线又一次突进禁区前沿。巴尔多左路急停闪过防守，回传给中路的阿莱芒，自己靠向禁区接应，却被阿队从身后撞倒失球，裁判同样无视。球被阿队顺势抢下，回传门将。

11分整，戈耶戈切亚门球抛左路，左路横敲中路，布鲁查加向前递给朱斯蒂，被突然杀出的邓加挡回右路，加尔旺得球，和邓加从右、中两路冲入阿队禁区，加尔旺右路传中，邓加在罚球弧内射门刹那，蒙松倒地将球挡出底线。

11分15秒，巴西队获得第二个角球。巴尔多右路角球开出，阿根廷队除迭戈和卡尼吉亚，全部回防禁区。球在近门柱一侧被巴西顶到，横穿整个门区，从三名巴西和两名阿队球员面前扫过，离门两米处，罗查飞身推射，球竟贴他脚尖弹起，出左边底线。观众席上一阵巨大的惋惜声。

这里说的观众席是那天晚上学校电教楼的教室，大多数同学都是巴西队的拥趸，哪怕没有偏好的，也都盼望快点儿看到进球。巴西队攻势凌厉，令人目不暇接，刚才连续四次突击，进球看来是早晚的事，所以都把希望寄托在他们身上。对于这次错失得分，大家都说欠点运气！

回忆（二）

2014 年夏天，我出差。在首都机场行李转盘前等待时，一群穿运动服的外国年轻人来到我身边。他们推的车里有个金杯，我好奇地侧目看了看，是鲁能·潍坊杯青少年国际足球邀请赛的冠军杯。真好，我想，现在国内能安排这种青少年交流是有远见的，多多益善。我问他们从哪里来，他们说阿根廷。我高兴地告诉他们我是马拉多纳的球迷，问他们来自国家队还是俱乐部，他们说是青年队（记得是 U18），来自河床俱乐部，我说那可是顶尖的俱乐部，阿根廷国家队不少选手都出自那里。我问他们有没有去泰山或其他一些景点玩儿，他们说没有，时间太紧，在潍坊刚赛完，现在马上要转机去卡塔尔比赛。

我请求合个影，他们大方地把奖杯递到我手里。他们说鲁能·潍坊杯是阿根廷甲级俱乐部的 U 队们很重视参加的赛事，每年都有队伍前来，和来自各大洲的同龄人切磋。这次是河床第一次参赛，就拿了冠军，高兴极了。我又问他们平时是自己上学还是队里安排文化教育，他们介绍阿根廷有高中，大学预校和职高，要上大学就要进高中或预校，要做某些专业工作就去职高，如果高中阶段就去工作或专职踢球，还可以继续上夜校。踢球是另一码事，因而他们寒假——我们的暑假——才有机会做长时间的旅行。

多年前，我上高中时，也就他们这么大年龄。高二开始分文理班，我的班是唯一的文科班，学校把唯一一个带大露台的二楼教室分给了我们。学校的主楼整体像一架飞机，大露台就是机头，露台外有一排高大的杨树，风来时树叶发出细密轻盈的白色噪音，悦而不扰。我给露台取名"听风台"，意在"今日听风渡学海，他年仗剑走天涯"，但又觉得太俗，没敢告诉别人。高二高三是紧张备战高考的两年，住家远的中午都在学校休息。我和几个同学，老芒、胖王晨、许红、新宇等，不愿午休，不时就在露台上踢球玩，每次时间也不长，算是紧张之中的放松。

中午在学校休息的，还有小涵。他是全校理科翘楚，高二结束后决定弃理从文，转到我们班，抱着没学过的地理历史课本恶补俩月，从此稳居总成绩头把交椅。中午会有同学向他请教数学，这是文科班的软肋，他很愿意为同学们解答，没有他不会的题。好几次我们玩球，他在答疑，也不忘应和我们几句玩笑。

班长老芒家住学校隔壁。他是独子，我感觉他把同学们当作兄弟一样。大家对他也不客气，自行车没气了就去他家拿气门芯换上，再不行，就先骑他的车回家，如果是女生，就借他妈妈的那辆。'86 世界杯，只要有实况转播，我们都看，还打赌预测战况。从阿根廷战胜英格兰那天起，老芒就看好他们拿冠军。午饭后他常常过来。有时一起玩球；有时，他会叫出玩球或午休的几人，就是某一科成绩突出的那些同学，和他们商量，在周三下午，每周唯一的自习课上占点儿时间，讲讲各自理解的一些难题。可不是老师不肯讲，而是题海茫茫，讲不过来，他们几个觉得可以帮着抓一抓。那时教育还未成为市场经济的一部分，社会上没有什么补习班。

18 岁的马拉多纳在干什么？那是他进入阿根廷青年人俱乐部一队的第三年，而且已经连续两年是国内职业联赛的最佳射手；狮子头娃娃脸的他被球迷们亲昵地唤作"马拉多"。他问父亲能不能从工厂辞职，别干又脏又累的体力活了。父亲问：怎么？觉得我给你这个球星丢脸了？他说：不，你已经辛苦这么久了，退休吧，我可以养家了。父亲听完说：你先回去吃饭，我在外面坐一会儿。迭戈离开后，他的父亲，像电影里演到的那样，欢喜得眼泪流了下来。很多父母的欢乐其实也就是为一句话，不是非得让孩子养家或怎么样，而是看到孩子长大成人了。

高三春季，高考前功课紧张的学期，偏偏是我最喜欢玩球，又是最需压抑玩心的时候。我还记得有做值日的同学们套着袖套，拿着大竹扫把和大竹筐在楼下的自行车棚旁边扫地，有时会麻烦他们把踢落的球扔上来。一天，我们正要招呼一个同学一块儿来踢几分钟，却听到楼道里传来他嗷嗷的尖叫。知情的人说，是因为他摸底考试成绩不理想，功课压力之下心情差，发泄发泄。我们听了，不约而同，就再也没上露台踢过球。

母校早就进行了现代化扩建，我们上课的老楼连同南面向阳的"听风台"已经消失多年了，现在想到那时踢球的事，它又重新矗立在我的记忆里。

这趟出差回来后，我应了几个大学校友之约，开始在周末和他们找地方踢踢球。我发现自己已经没有了当年的兴奋劲儿，耐力也不足，本来想算了，不拖大家后腿，但我们这个城市，四五十岁爱踢球的寥寥无几，人数时常凑不够；加上几个球友热衷发朋友圈鼓励后进，所以校友老戈一直拉着我。后来，听说有的大学一些老校友球队，从 79 届以后，都搞得红红火火，到处办友谊赛，几个人受到启发，也和另外几个学校的校友队联络上，撺掇着老戈组织个小型联赛。几个热心人去找赞助，找来找去不好找，最终，有个人的哥们儿的太太，是家美容院女老板的朋友，帮了忙。人家女老板慷慨应允全权冠名赞助我们，结果告示就发到队群里了：

> 某年某月某日某时，"盛世美颜"杯风云荡多校校友足球联赛将在 X X 公园开幕，人人必须来。
>
> 按目前人员情况，每队9人，其中一人为守门员，比赛到场少于7人的球队视为弃权。每名球员只能代表一支球队参赛，如有重复参赛者，其归属按第一次参赛的球队算。替换队员次数不受限，可以重复替换上场。须在死球时由中线登场，先下后上。比赛半场35分钟，中场休息10分钟，迟到5分钟以上视为弃权；由于场地条件限制，禁区线，边线和球门线可由标志物来代替……

好几个人在群里问能换个杯名吗，大老爷们儿的。回答说不行，人家连横幅都赞助了，换了就没下次了。

7 | 伤疗

Lesiones y cansancio

双方胶着拼抢中场　迭戈度势转移战线

12分15秒，戈耶戈切亚禁区右角开球到前场，布兰科争得头球，却顶到阿队脚下，特罗格里奥中路传向突进的布鲁查加，被罗查迎面挡回。巴尔多在左路抢下，侧身撩球晃过对手倒地阻截，传给从他身后直扑禁区的布兰科，后者传中给罚球弧前的阿莱芒，阿莱芒挡停，罕见地停给了对手。阿队冲出禁区，带向中圈。卡尼吉亚和迭戈两路包抄，球向右传给迭戈，再被巴西飞身截走。

12分45秒，罗查中路回传后场，分到左路过中场，布兰科斜线长传，试图传给阿根廷禁区右侧的穆勒，鲁杰里头球顶回中路，特罗格里奥接球，向右捅给布鲁查加，在贴身盯防下，布鲁查加回传奥拉蒂科查，再推给中圈内的队友，迭戈和卡尼吉亚在10米开外接应。

巴西和阿根廷各4名队员在中圈内抵力拼抢，最终巴西控球，传到前场右路，卡雷卡跟进，阿莱芒和穆勒两翼包抄，阿根廷立即回收防线，禁区内两后卫奔出迎敌。卡雷卡右路侧身把球漏给转移中路的穆勒，被阿队三人在罚球弧外断下，送到左路。

13分30秒，奥拉蒂科查前进受阻，左路迭戈从前场奔回，接球掠过对手横突到中路，嘘声中，迭戈把球传到无人防守的右路，巴苏阿尔多长传准确找到前场卡尼吉亚，布鲁查加跟进。巴西队多人回防，在戈麦斯盯防下，卡尼吉亚中路传给布鲁查加，遭4人合围，布鲁查加回传巴苏阿尔多。迭戈和朱斯蒂此时已经在左路接应，巴苏阿尔多和布鲁查加在围攻中短传推进，遭阿莱芒阻挡，再回传，被巴西截断，后面队友见状争抢，背铲犯规。

迭戈双手扶在腰上，又迅速放开。

伤疗

迭戈曾感觉这一届国家队的最大问题是青黄不接，新老队员需要磨合。然而，队友们大都认为最大的问题其实正是他马拉多纳。世界杯开赛以来，他在场上一直被对手紧密封锁，施展不开；加上训练中的扭伤、挫伤，喀麦隆、特别是苏联和罗马尼亚队的大力踢踹，使他连和队友一起训练都难以完成，更别提比赛了。阿根廷前国脚博奇尼曾对来访的作家阿隆索说：'86 世界杯其实已经暴露了球队的不足之处，对手打进的球，都是人家协作进攻的结果，角球、包抄、配合，等等，而我们进的球，多是迭戈的个人才华导致的。1986 年是迭戈的巅峰时期，可以说那个时候他在哪个队，哪个队就能夺冠。然而到了 1990 年，迭戈已经没有百分之百的法力了 …… 所幸，他还有英雄胆和甘愿付出的牺牲。

因为 '90 世界杯期间我的左踝一直有伤，还有记者拍到了我穿拖鞋时露出的肿胀的伤处，很多人以为那是我唯一的顽疾，其实不然。我的腰伤从我年少时还在阿根廷青年人俱乐部的梯队踢球时，就开始了。我知道教练不希望我们用手扶腰，我的动作是不自觉的。在伤势最厉害的时候，我的经纪团队不得不找一些特殊的方法来帮助我。

在那不勒斯踢球期间，我买了三台法拉利跑车，休息时我会在意大利的公路上体验高速行驶的快乐，没有绊阻，没有铲断，没有手揽臂挡……那种因自由而产生的快乐。我是巴西传奇车手塞纳的粉丝，塞纳在一级方程赛出事故英年早逝后，我专门去了巴西，由好友卡雷卡带着去他的墓前献花。

我还在朋友介绍下定购了据说是世界上唯一一辆奔驰某型号的"天价极品车"，我的经纪人把德国专人组队运来的车送到我楼下，把我喊下楼，隆重地把钥匙交给我。我高高兴兴坐进去一看，居然是自动挡，给球队老板那类的老家伙设计的。我拒绝开，也不抱怨，当时就把钥匙扔还给经纪人，乐呵呵上楼忙别的去了。有些知道这事儿的朋友笑我。这是他们了解到的，这是他们可以随处说的，当作饭后笑谈的。那么他们没看到的呢？他们不能嘲笑的呢？二十几岁的人一般不会承受的呢？比如，那种针刺疗法 。

在意大利的前四个赛季，我打了两百场比赛，中间没有休假；后来伤痛、打封闭成了常态。

我的意大利医生没办法了，就帮我的团队找了一家提供特殊治疗的诊所，在瑞士。我躺在病床上，感觉像受刑一样，医师拿10厘米长的大粗针刺入我的腹股沟，膝部，脚踝，后腰……一切需要治疗的部位，注射入药物，每次一两个部位，每个疗程感觉都持续了很久。而且，这种针刺不比中国人的针灸，每一针拔出时都是血淋淋的。我的经纪人曾安排摄影师记录过一次腰背部的治疗，有六个下针点，每次下针我都不自觉地紧闭上眼睛。每一针结束时，后背就积了一小摊血。医师在下一针扎下之前要把流在背上的血先拭去。赛场上的90分钟也好，120分钟也好，相比之下根本不算什么。我愿意进行这些痛得让我流出眼泪的疗程吗？当然不。我动感情时常常会流泪，但是疼痛不会让我脆弱，眼泪是不自觉下来的。我必须接受它们吗？当然不。但是我的团队，那些专业人士，他们说这是效果最好的，所以我决定做，多次做，只为了让自己踢好球。

19岁那年，我随阿根廷青年人队到哥伦比亚的佩雷拉比赛，之前一次比赛，我的大脚趾被对手踩中，整个变成了紫黑色。本来队医让我休息，但是主办方跟教练说已经卖出了几万张票，全城远近的人都来了，要是我不出场对观众没法交代，那队友们就全都没有报酬。我一听，当即二话不说就上，打满全场，进了三个球，包括一个让我兴奋不已的绝佳进球。返程时，我的脚肿得穿不进鞋子，只好借了只队友的大尺码鞋套上。

我20岁在博卡当队长，24岁在那不勒斯作队长，25岁当了国家队队长，而且迄今为止，是出场次数最多的国家队队长。如果自己状态不好，怎么面对队友？怎么服人？我生活里出过不少的差错，这我从不否认，但是，从心底对足球从来不敢懈怠。

90世界杯与罗马尼亚队的比赛中，我的左踝又被踢中，划开一道大口子，队医皱着眉担心，要是愈合不好，就没法打封闭针了。和巴西比赛的前一天，伤口结痂，看似基本愈合，但左踝还是肿着，像卡了个高尔夫球。我拜托队医：明天，把封闭针打到骨头里去吧。

　　阿根廷国家队队医马德罗曾说，迭戈是队里的"冰耗子"，是冰块的主要消费者。每次比赛完，他都需要至少24到48小时的完全休息，拿冰块敷在伤处，过后再把热水袋用纱布裹腿上散瘀。和巴西对阵那天，迭戈的情况他认为是没法打针的。他拿着针无法下手，迭戈连声催促，引得经纪人过来查看，医生抬头给经纪人解释的当口，迭戈自己把针硬砸了进去。他打了那么多次封闭，早就学会怎么扎了。

队医非常心痛，他知道那针效果不会很好……

【老马:

疗伤虽然痛苦，但并不让我紧张，伤势也不会让我紧张。年轻时大家都逞能，没人动不动就提伤势。今年《号角报》来采访，我才第一次告诉他们，对阵巴西的场上，我一直感觉有只钳子在猛拧我的左踝，我很少感到那么痛。

比赛场上我并不紧张。紧张的是赶场，不在自己把握中，总害怕赶不上。

有一季我曾经两线作战，意甲和阿根廷国家队的世界杯预选赛。在意大利的俱乐部比赛一结束，我就从赛场直接飙车，时速到了 250 公里，奔到罗马机场。朋友曾建议找警方开道，但是比较之后我觉得还是自己开车快。飞行十几个小时回阿根廷，如果赶上的航班不能直接到阿根廷，而是要转机第三国，就得二十几个小时。夜里到达，胡乱吃点东西就赶紧休息，第二天和国家队的队友们汇合，和乌拉圭比赛，和秘鲁、委内瑞拉……其中"惊险"的一次，我一下比赛就去登机，到达后，从机场直接去体育场，套上新球衣又参赛，球裤都没换。

我记录过，最疯狂的时段里，我 15 天跑了 3 个来回，在意大利和南美共打了 6 场比赛；一边是付给我职业薪水的俱乐部，一边是需要我的国家队，都没得说。大概也正因为如此，我的一些老伤迟迟不能痊愈。

不过，对巴西的这场比赛我倒不记得在赛场上因为伤痛叉腰，有些担心队友倒是真的。我着急时也有叉腰的习惯，似乎我们找不到任何可以突破的缝隙，巴西人防守太严密了。我曾看到个机会，就赶快跑回去，帮助我们后场转移进攻路线到右路的空当，也没有效果。对方回防速度很快，控制了全场的节奏。】

8 | 卡尼

Cani

两队长传攻防兼备　卡尼锋线首亮单刀

14分36秒，巴西后防线从容地自右路向左横推，再次从左路攻击。阿队全面回防，只留迭戈和卡尼吉亚在中场接应。戈麦斯推进到前场，传球送至左路边线空当，穆勒迅速由中路斜插，接球后在禁区前沿被鲁杰里背后铲倒，巴西获得任意球。邓加得球，奔跑中传递失误，打给了禁区左角的对手，球回给门将戈耶戈切亚，后者把球轻敲给本队后卫。

特罗格里奥中路得球，长传过中场，迭戈头胸连停，却被巴西二人围上推撞抢走。从左路换到右路的巴尔多转身反攻，特罗格里奥和队友一挡一接，再次将球断下，随即向左路递给迭戈，迭戈带球两步迅速传出，球掠过罗查身左，找到了唯一冲到前场的卡尼吉亚。

15分22秒，卡尼吉亚冲入禁区形成单刀，面对守门员，无视边裁的摇旗和哨声，从禁区左侧打向远门柱，球钻入大门右下角。

全场喧闹声中，边裁扬手几度指点，裁判再吹卡尼吉亚越位，进球无效。

> 赛后，比拉尔多提醒卡尼，不可以无视裁判。骄傲的卡尼那时觉得他啰唆，没想到后来还就招上裁判了。

卡尼

像很多阿根廷孩子一样，卡尼五六岁就开始玩球，从少年队一路上来。他是我见过的速度最快的球员，身形矫健，笑容璀璨，跑起来一头金色长发飞扬，被媒体美誉为"风之子"，这届杯赛后，他成为明星。

他是个很执拗的小子。1998 年帕萨雷拉当国家队主教练时，整顿风纪，要求全队必须留短发， 他不愿服从，只肯剪掉一厘米，因此丢了一次参加世界杯的机会。到 2002 年国家队换了主教练才又上阵。不然，他和我一样，也会打 4 届世界杯。2010 年他曾经再一次被邀请归队参加世界杯，他当时刚刚退役，犹豫了没接受，时至今日还有些后悔。

刚才这个球虽然被判越位，却和我们 '86 世界杯决赛里布鲁打入的制胜球异曲同工。那时离比赛结束还有 5 分钟，西德队刚刚把比分追成 2：2。我在中圈处接恩里克右路横传，未及停球就向前盲传， 接驳刚跑入前场的布鲁，德国人回防不及，布鲁狂奔 40 码，与西德守门员一对一，从门区右角外把球射入大门左下角。

【老马：

我从来没有那么形容卡尼，也没说过什么"风之子"，那是时尚杂志的口气，是观众的口气。我们只在意踢球，对队友们场外的人和事我们不过问。门将戈耶戈也是模特，但我们不清楚具体的，他也不会在队里炫耀，那是另一份工作。

对于卡尼因为留长发而未能入选 '98 世界杯的国家队，我很不痛快。另外，帕萨雷拉当时还说不要戴耳环的人，那其实就是嘲弄我了，那时队里原本也没别人戴。我公开讥笑当过国家队队长的这位主教练：帕萨雷拉应该明白，阿根廷足球的历史是由留长发的人书写的 ——'78 世界杯的夺冠功臣肯佩斯，'86 世界杯决赛得分的巴尔达诺，'90 世界杯亚军卡尼吉亚……照这样下去，总有一天大家会看到国家队把蛋也要刮一刮，而帕萨雷拉会告诉他们干脆去掉算了。

不知帕萨雷拉是觉得队伍的纪律有问题，需要严格管理，还是像传说的那样，他选人靠关系户。要知道，如果哪个新秀入选国家队，那么第二年他在欧洲足坛的身价就可能翻倍，会牵扯到很多利益。不管怎样，他的严明风纪之举并没带来好运气，那届杯赛阿根廷也止步于 1/4 决赛。

'94 世界杯本来没有我。资格赛阿根廷 0：5 惨败给哥伦比亚后，出线岌岌可危。当时我和父亲正在外面度假钓鱼，突然接到足协的电话和巴西莱主教练的上门征召。为了达到他定下的归队要求，体能教练把我关在一个偏远农场里，切断我和外界的一切联系，节食，投入各种原始的训练，包括每天在大草原上拼体力极限地奔跑。每个训练环节之后，我脱下球衣一拧，汗水就哗哗地砸在地上。一个月我减掉了 13 公斤体重，但这和要求人剪掉头发可不一样。

布鲁和我没有多少私交，然而在赛场上我们是非常好的搭档。'86 世界杯，我们互有助攻。半决赛对比利时一役，我创纪录地拿球九十余次，很多是布鲁传来的，包括我的第一个进球，也是他准确地判定我的跑位，吊传形成对方的防守空当。那年大家的状态都非常好。 而 '90 世界杯上，我和布鲁都是带伤上阵，中场后场也都有伤兵。锋线上的卡尼状态最好。

刚才被判越位的这个球，实际上和 '94 世界杯卡尼对尼日利亚的第二个进球打门的路线相似，只不过那回他接的是我的任意球传球。】

卡尼：

迭戈从来没告诉过我，1990 年我是怎么入选国家队的。他从来没有当面讲过对我的评价。

2000 年我看了一个电视节目，是采访迭戈和鲁杰里的。讲到某个没入选国家队的球员误解迭戈，说他影响教练的选人决定。迭戈提了这事，他说，其实他唯一一次影响教练的决定就是因为我。'90 世界杯最终名单确定之际，有天晚上教练突然找到他，告诉他准备做个紧急变动，把我从名单上拿掉。迭戈毫不犹豫地说：我和卡尼一起。比拉尔多吃惊道：你开玩笑吗？迭戈说：不，要么带上他，要么连我也拿掉，我的直觉信任他。教练最后妥协了，我是名单上最后一个被确认的人。2000 年我在家看电视才得知这回事。

我打比赛非常从容，心情起伏不大。我进球以后没有狂呼乱跳的习惯，队友们会过来抱成一团，甚至把我扛上肩头。'90 世界杯，队里有好几个人夜里睡不好，但是我一直睡得好吃得好。

那届杯赛后，常有人说我如何跟随迭戈，或者迭戈带领着我如何如何。我没有觉得我在跟随他。一个队伍，每个人在场上都有自己的责任，如果都靠迭戈，那要你在场上干什么？我全力完成自己的工作。我打锋线，任务就是进球。我不可能忽略自己的任务去跟随别人。迭戈以及其他队友和我有过多次成功的配合，我认为原因是我们都认真对待自己的工作，不是谁要跟随谁，而是我们对于彼此来说，是靠得住的。

至于 '98 世界杯没能入选国家队，我从来没评论过此事。

……

'90 世界杯对喀麦隆的比赛，上半场我坐替补席，教练下半场让我上场了。我们全队最后真的拼命了。赛后一天，队务告诉我，有记者想就喀麦隆的那次红牌犯规采访我，问我去不去。我摇了头，采访一次犯规多没劲，是要我哭诉个人遭遇？还是控诉弟兄们输得太冤？他们说喀麦隆那个犯规的队员接受采访了，我说那和我无关。说实在的，我在阿根廷打职业比赛那几年，哪回不挨踢？我 20 岁前很瘦，巴拉圭、哥伦比亚那些凶猛的防守队员一脚能让我飞 5 米远。而且他们还不如喀麦隆，他们还揪我头发。

喀麦隆犯规队员（出于尊重隐去名字）

1990 年接受采访：

我当时在中路盯防马拉多纳，但是右路的卡尼吉亚像头猎豹似的挡不住地冲过来了，他刚让前面的队友连绊了两次，没挡住他，他正在一边努力恢复平衡一边追球。我想，要是让他恢复平衡传球出来就太危险了，所以我像一辆卡车一样冲了过去。我知道要是他突破了会很危险的。他一连跨越了我两名队友，这让我感觉很受伤 ……

2013 年接受采访：

……真是爽啊，无论我走到哪里，人们都会认出我来，都会说：啊，这就是当年踹飞了卡尼吉亚的那个人！最近我到赤道几内亚去看非洲国家杯，当地人还是认出我来啦！要是被人认出能带来收入的话，我早就成富翁啦 ……

【马拉多纳：

我想起了这位已故的喀麦隆球员。我们在 '90 世界杯是对手。每个足球运动员背后都是一个男人，还有他的家人，我向这些人致以敬意。 2017】

9 | 孩子

Un pibe

越位战术颇显章法　巴西攻势屡遭犯规

15 分 47 秒，巴西后场重新发球。邓加传向右路，罗查得球，长传到前场，穆勒接球被阿队后卫绊倒，巴西队友带球递向中路，裁判示意继续。阿莱芒在禁区右前方拿球传给右路的尤尔金霍，奥拉蒂科查跟守，尤尔金霍假动作轻晃，球从对手两腿间穿过，但与奥拉蒂科查错身时被肘击，裁判哨响，犯规。

尤尔金霍禁区右角外发任意球，哨响起球之际，分散于门区内外的阿队 7 人防线协作疾步前移，轻草间竹一般，4 名巴西队员顷刻间被造越位。

16 分 55 秒，戈耶戈切亚开球到左路，中路布鲁查加得球，布鲁查加在 3 人围堵下，弧线球长传过中场交给卡尼吉亚。巴西队 3 人在左路成功封堵了孤身陷阵的卡尼，布兰科断球左路插前，卡尼吉亚贴身紧追，迫使布兰科回敲给巴尔多，两人打二过一，布兰科再次接球时已冲近底线，西蒙铲球出界。

巴西获得第三个角球。

巴西队攻势逼人，比拉尔多紧急调整防守布局，追到场边告诉卡尼吉亚使用盯人战术，跟守拿球的进攻者。这样做，是为了让迭戈能向后收缩，加强中场力量。后来，教练承认，那段时间他压根儿没法考虑如何进攻。

看台上的巴西球迷热情高涨，打鼓的，摇旗呐喊的，集体跳舞的，电视转播镜头目不暇接。最终，镜头停在一个孩子身上，他偎依在父亲身边，专注地打量手中的巴西国旗，年轻的父亲则微笑着看向观众，画面温馨。

孩子

那不勒斯的一个队友恳切地来求助：迭戈，有人托我问你能不能帮帮这个孩子，他们觉得这是最好的办法了。接到这个请求时，年轻的老马来那不勒斯队还未满一年。队友代一位焦急的父亲问他能不能施援手搞个义赛，帮年幼的孩子筹集一项手术的费用。迭戈爽快答应了。本以为队友们都很仗义支持，找个空当踢一场应该没问题，谁知球队老板听都不想听，说绝无先例，说比赛要有合约，谁要是为球队之外的一方参赛就是违约，就要扣工资罚违约金。老板有强烈的风险意识，试想，无端加场比赛，队里最贵的"人力资产"负伤怎么办？影响正式比赛的发挥怎么办？而且，也怕以后刹不住这风气。

老狐狸一搭上涉及成本的事就狐惊狐乍的。

看着老板那无情的急样儿，迭戈还偏要干了。他回去仔细研究了合同上的比赛定义，就搞了个"非常"比赛，安排两支业余球队，在孩子所在的那不勒斯郊区找了个不合标准的社区球场，找个尚未拿到裁判资格的朋友执法，每个半场各打 40 分钟，这样避免了和那不勒斯的合约冲突。怕吃亏的"狐老板"又列出各种风险，迭戈最后自己掏钱额外买了份保险才获准参赛。

比赛那天下着小雨，观众都在伞下等待。世界上身价最贵的球员准时来了，在球场旁边居民楼的停车场做了热身，然后玩命般地投入球赛。中场休息时，他和队友一起小跑着到旁边居民区的车棚下躲雨。球场草疏而泥泞，大家都滚了一身。当地警官也主动来维持秩序，负责赛后把迭戈架出人群。虽然那个球场只能容纳五千观众，但他们筹集到了足够的手术费用，那个孩子的手术也很成功。

迭戈离开那不勒斯多年后，人类社会进入网络时代，对他念念不忘的当地人建了一个球迷纪念网站"我看到了马拉多纳"，这个几十年前的义赛录像就挂在上面。

以上这段往事单独拿出来由我叙述，是因为老马说他自己从未将球队老板比作"狐狸"，而且老板也是公事公办，没什么可责怪的。

你是否曾经给过孩子钱？不是你本家的孩子，而是你要帮助的，陌生的孩子？

'90 世界杯全队备战巴西的一天，教练指示加练点球。敌强我弱，点球决战是我们的策略之一。我因为右脚趾有伤，和戈耶戈练了半个钟头就痛得进行不下去了。而且，不知是他水平高超还是我太烂，他几乎封住了我三分之一的射门。我感到有些烦躁。晚上我的经纪人来电话，知道我心绪不宁，就说带我去他熟悉的一家小餐厅吃饭。得到教练允许后，我开车离开了营地。（这其实不太妥当，搞特殊化了。有驻守的记者向比拉尔多问起这事，教练说，他受伤最多，又最累，换你，你不答应让他放松一下吗？）。

餐厅老板在我到达之后，立刻把门关了，留人在外面值守，赶走围观人等。有个小孩子，在外面探头看了一次，被支走后，不久又回来了。是个小孩子，眼巴巴地朝这边望着。我不忍心了，让经纪人去问问他要什么。经纪人去了，手里拿着一张10块钱钞票回来，说孩子是去打酱油时路过，听人说迭戈在这里，想要个签名，但手里只有这张纸钞。他请我在上面签名，然后问能否在下场比赛为他进个球，作为他下周生日的特殊礼物。我展平被小手攥皱的纸币，在上面写道：下个进球和下场比赛都献给你。签了名字和日期后，我又从钱夹里拿出一张大钞，让经纪人一起转交孩子，作为我给他的生日礼物。我当时想都没想为什么这么做 ……吃完饭走出餐厅时，那个孩子居然还等在门口，要向我说声谢谢。我吻了他小脸儿，并祝他好运，他说：你也一样，马拉多纳。

我9岁那年，一起在街头踢球的伙伴科约·加里索告诉我，他入选了阿根廷青年人俱乐部的少儿预备队——小洋葱头队。他要我也去，我说不行，我没钱买汽车票跑那么老远。那时家里9口人，最小的妹妹还没出生，全靠父亲的微薄工资养家，没有一分多余的钱可以给我。几天后，科约又来找我，递给我10个比索，他说科内霍先生给你的，明天下午你和我一起坐车去他那里，因为我告诉他了，你踢得比我好，他要见你。这是我一生中最宝贵的一张纸钞，10个比索（相当于人民币7角钱）。

科内霍是我的第一个教练。作为少儿队的教头，他为俱乐部输送过很多球员，包括我和后来成为皇马主力的雷东多。教练见到我，第一句话就是：马拉多纳？你真的有9岁了吗？那时他觉得我很瘦小。但是上去踢了一场球之后，他看到我带球过人，看到我传球给无人盯防的队友，射门中的，很是高兴。练习结束，他告诉我，和他一起搭朋友的小卡车送我回家，顺便向妈妈要我的出生证明看一下，好录取我。小卡车车主是这个俱乐部的铁杆球迷，义务做助理教练，义务接送小队员们出去比赛，服务了20年。2010年阿根廷青年人俱乐部专门组织了一个向他致敬的纪念活动，把他列入了名人堂。

12岁时，我正式入选俱乐部的U13队之前，我们连赢了136场比赛。在我加入U13队后，每年有几个月需要去城里体育场集训，我每次都要妈妈帮助筹集一张单程车票钱，有时爸爸给，有时姐姐姐夫们给。而每次训练完毕，科内霍教练会给我买回程票的钱。幸运的是，不到16岁，我就正式加入了一线队，从此我得以回报爱我的人们。

科内霍教练：

> 迭戈第一次来"小洋葱头"，看起来就像街头随便哪个孩子，我马上让他上场练球。球飞过来，他抬腿去挡，这是他上场后的第一个动作，一下子吸引了我，因为他没有像其他孩子把球挡在地上再行动，而是直接在空中哒、哒，连续两脚，灵活地将球传出，延续攻势。天才的球不是教的。像迭戈这样的孩子，你主要是要帮他打磨掉一些不必要的边边角角，他自然就会更加闪亮。

【老马：

我从来不知道怎么拒绝孩子的请求。年轻时看到小孩子们，我常常想起小时候搂住弟弟妹妹的感觉，有了自己的孩子以后，更是感觉可亲。在巴萨时，巴塞罗那的医院大，病童多，不时会收到他们的信，应他们的请求去病房看望他们，我一次都没落下。我拥抱亲吻他们，他们会摸我的脸和头发，都高兴。

1996年在北京，从酒店门口上大巴的一路会有球迷拍照和要签名。保安在旁拦着避免碰撞，保证我顺利上车。但是只要看到是小孩子，我就会停下来给他们签。

有一回，我去俱乐部参加活动，很多人挤在门口要签名。我进入大门时，才看见有个孩子在人群后面，拿着一本封面上有我的体育画报一直在等着。我接过画报，告诉他两个小时以后来取。结果一个多小时后活动就结束了。离开时，我没有忘掉这个孩子，签好名，把画报留给门卫，叮嘱他一定注意有个小孩子会来取。后来门卫还专门过来告诉我，那天那个孩子来了，高高兴兴抱着画报跑了。我没把这些写进自传。我把在餐厅遇到那小孩子的事记在自传里了，也不是为了夸自己，而是觉得，在一些情况下，给一个孩子钱，其实是满足一个孩子他自己尚且不知的美愿，是件很有意义的事情。至少我由此得以回报爱我的人们。

我那个笃信神迹的大姐后来听说了这事，掐算了一下说：那天晚上餐厅外的那个孩子其实是天使的化身，是上帝派来试探你的诚意的。天！这么灵验吗！早知如此，和德国队比赛前我应该召集全城的孩子，再发一次愿！】

10 | 戈耶戈

Goyco

阿队进击稍欠配合　邓加头槌再造惊险

17 分 45 秒，巴西队左侧开出角球，戈耶戈切亚凌空揽获，手抛球给中卫发动进攻，阿队又一次中路进军，经奥拉蒂科查，特罗格里奥，传给中场的迭戈，迭戈传给突前的布鲁查加，巴西队三人围堵，布鲁查加跑位有误，球落在他身后的空当，被回防的卡雷卡抢去。

18 分 15 秒，卡雷卡前场中路将球传给左路套边攻击的布兰科，同时奔入禁区接应。布兰科禁区外传向大门正前方，卡雷卡杀到，冲顶未及，邓加和穆勒作为第二波攻击手也冲至门区，正对大门的邓加无人盯守，跃起头攻，球劲中左立柱，猛弹到门区中央，戈耶戈切亚扑挡皆空，不及起身，鲁杰里抢先跟上踢出底线。

18 分 52 秒，巴西第四个角球由右侧开出，禁区内被戈麦斯冲顶出左侧底线。阿队又得以喘息。

> 巴西连续角球加击中立柱引起的喧哗稍落，戈耶戈切亚停球在门区前方，带着他后来变得著名的淡然神情，等待队友就位。

戈耶戈

戈耶戈：

你会如何评价生活所赐？

'90 世界杯开幕的前一晚，我打国际长途到阿根廷小城里马，我的家里。我告诉父亲务必把电视转播的阿根廷队所有比赛一分钟不差全录下来，争取能捕获替补席的镜头，说不定可以照见我，作为我参加世界杯的纪念。那是个"无自拍"时代，很多人只听说过大哥大，全队只有迭戈有一台原始的，单一通话功能的手机。拍照录像基本是记者们的专利，家里

| 教练嘱咐戈耶戈切亚走慢点，先熟悉场地

倒是有 VHS 录像机可以录电视节目。

'90 世界杯国家队的守门员及替补原定的还是 '86 世界杯的两名门将。我那时在哥伦比亚百万富翁队当守门员，和另一名甲级队守门员资历相当——我俩都在最近的赛事中扑住过点球，也都通过集训入选了国家队，比拉尔多教练一时定不下选谁做第三门将。在很多人看来，这其实无足轻重，因为第三门将是无法随队出征的，除非两个正式门将里有一个中途回国——这种事也前所未有。

那天下午，我在国家队基地训练，正做着最后一项练习，反向扑球：右手触右立柱，然后转身冲到左立柱一侧扑挡射来的球，马上再奔回触右立柱……如是往返。主教练走来叫停，告诉我，他把我列为第三替补。我立即向他保证随叫随到，会全力以赴。当时我还丝毫没有为出征世界杯做准备的意识，大家也对我说第三替补没啥用，只不过可以在履历上添一行字罢了。

没想到，世界杯开幕前一个月，我升为二号守门员，进入了出征的名单。（注：有报道说第二候选人中途退出了，因为球队没有把他想要的1号球衣给他，而是给了蓬皮多）替补门将上场机会不多，我原以为这一趟就是来热热板凳吧。

小组赛对苏联，开始10分钟，蓬皮多被冲回禁区倒地救球的奥拉蒂撞在小腿上，他向队友叫了声医生，就痛得在场上蜷身动弹不得。一般我们摔倒，被犯规，只要不叫医生，大家基本不会来查看伤情。如果喊了医生，大家就知道事情严重了。苏联队当时并没有停止进攻，但是看到蓬皮多负伤倒地，明显迟疑了一下，没有乘人之危。队友找准机会把球打出底线，马上跑到蓬皮多身边查看情况，有几人已经在招呼场外。队医上场了。比拉尔多教练先是起身向场内张望了一下，回头对我说：起来，热身。然后朝场上跑去。

我那时并不知道发生了什么，马上开始活动。我和蓬皮多几年前在河床俱乐部当过队友，在那里我也曾是他的替补。准备活动没有做几下，我看到比拉尔多帮着队医等人抬着担架上的蓬皮多送到了球员通道口，然后过来陪我走上边线，同时嘱咐下面有个右侧角球要守。他拍了一下我的后背送我上场，连声说镇静，镇静，别紧张啊，让我感到其实他挺紧张。

尽管教练告诉我走慢一点，熟悉一下四周环境，但是看到队友们已经开始布防角球，我忍不住还是跑到门前。卡尼吉亚守在左门柱前，扭头鼓励我。我冲他竖了下大拇指。

父亲后来告诉我，电视上出现我在替补席边匆匆热身的那一刻，全家都惊叫起来。母亲望着我一边展臂扩胸一边朝球门跑去的背影，激动得热泪盈眶。后面整场赛事她的手都抚在胸口祈祷。这次上场，我其实心里并没惊讶，感觉就像平常训练一样。我的亲人们，我的母亲，应该是最"受惊"的人。

（比拉尔多教练后来回忆，他当时不是凭空紧张和担心，因为那不是一般的换人，上场前就知道自己的位置和责任，那是突然换守门员——在世界杯赛场！没有充分热身，而且一上去就要对付一个角球。不过他也欣慰地说，戈耶戈上场的样子十分"潇洒"，带着一股热情，又有一种震慑人心的平静，让大伙儿感觉吃了一颗定心丸。）

比赛中我封住两个几乎必进的球，包括一个离门 3 米的一对一劲射。上半时结束时，比拉尔多说不错，守好下半时吧。我们赢了比赛以后，教练才告诉我蓬皮多胫骨骨折，我将继续打下面所有的比赛。中场休息期间，他怕影响我的发挥，所以不准大家告诉我。赛后一回到宾馆，教练就火急火燎给足协打电话，要他们火速办手续再派个守门员来。过后又想起什么似的过来叫我，说不要担心，这回世界杯肯定让你一打到底，国内派来的给你当替补。

我盼望打世界杯，机会终于来了，却是以队友严重负伤为代价的。我怎么能感到高兴？我在心里对自己说：你该如何评价生活所赐呢？大概生活就是生活罢了。

【老马：

'90 世界杯上，心怀最大遗憾的人就是内里（蓬皮多），这个 '86 世界杯冠军队友负伤终赛，提前结束了世界杯征程。对阵苏联形势很简单，输了就打道回府。可是谁也没想到开赛 10 分钟就发生意外。我跑到内里身边跪下来，抱着他的头试图安抚。他痛得满头大汗，紧咬着牙关，不想让自己放声叫出来，像我当年在巴萨被踢伤后的情形一样。我知道那种巨痛的滋味。我一直用手抱紧他的头，告诉他，深呼吸，救治马上会来。整个教练组都来了，帮着医护把他抬下场。拿下比赛后，我告诉采访的记者，这场胜利是献给内里的。

1/4 决赛，对阵南斯拉夫，我们 120 分钟战成 0：0，点球大战开始。备战巴西时我们加练了点球，但是对南斯拉夫，剧本里没有排这一幕，一点没有准备。过去几天，很多人的时间都耗在休息疗伤，补充体能上了。

对方守门员伊夫科维奇当年在葡萄牙俱乐部踢球，欧洲一场联赛期间，我的那不勒斯队和他的队有一次点球战。他当时在场下拉住我说：迭戈，打个一百美金的赌吧，我会扑出你的点球。我同意了，那次我打向右边，还真就被他扑住了。不过那场比赛那不勒斯最后赢了。

这次，当我从中场走向罚球点时，伊夫科维奇立即不断高声叫我：嗨，迭戈，再打个赌！不知为什么，我没有抬眼看他，而且自始至终没有和他四目对视，后来他宣称我被他吓住了。我这回选择向左射门，孰料出球乏力，又一次被他扑中了！难以置信。全场陡然爆发的热烈欢呼声中，我几乎要跪倒，但在身体前倾即将倒下的一刻以重拳砸地，重新站直退场。

戈耶戈扑挡皆空

　　我往场边走时，迎面碰上稳步而来的戈耶戈，他平静地对我说： 没事儿，老鬼，我会挡出他们两个！然后抬手和我击掌。我沮丧中居然没想到要鼓励他一句。

　　在我的点球被扑出后，我方接着又打飞一个，南斯拉夫队一球领先。布鲁说他当时感觉已经背包上身要踏上回国的路了。此刻我们仅剩德佐蒂一人，而对方还有两员待发——布尔诺维奇和哈吉贝吉奇，在所有人看来，这两人已披上刽子手的皂衣，阿根廷队即将引颈受戮。

　　　　老后卫塞里苏埃拉 30 年后回忆道：
　　　　助理教练帕切梅负责点球人选。他当场点我第一罚，这是信任，也是责任，作为国家队的老队员我也丝毫不觉奇怪。他问我准备好了没有，我回答好极了。我在俱乐部时就常主罚点球，对于我，还有比世界杯赛场首罚更好的挑战吗？！
　　　　我先发中的，随后对方斯托伊科维奇击中门梁；布鲁的第二罚也中了，形势不错。但是当迭戈和特罗格里奥先后罚失，世界便骤然暗淡下来。我坐在中场那一小块草坪上，如坠浓雾，没有能力作一点反应，只是坐着不动。我在心里默念着：世界杯这么短暂，上帝，请不要让它变得更短。我们不应该现在回家，我们在进步，在变强啊。我坐在那里，开始祈祷……
　　　　此后，我再未去过意大利的佛罗伦萨，那个文艺复兴之都。我倒是真想再回那里，在球场那块草坪上再坐坐。

　　戈耶戈是我们大家的救星。几周前他替补负伤的蓬皮多匆匆上场时，没有人意识到那可是一段神话的开端。

　　对南斯拉夫这场比赛后他告诉我，他最初说要挡出两球只是紧张中临时安慰垂头丧气的我，并没有什么把握。但是感谢上帝，他说到做到了！那场比赛，我们罚进 3 个点球，罚丢一个，被扑出一个。 对方罚进两个，打飞一个，被戈耶戈扑出两个。 南斯拉夫最后那两轮点球全被他挡住！只有奇迹才能解释这件事！ 】

戈耶戈：

大战 120 分钟后，双方都在场边为点球做准备。在佛罗伦萨的烈日下待了两个多钟头，我有了人类和动物都无可避免的正常代谢需求——撒尿。按国际足联规定，120 分钟后，点球战开始前，是不准离场的。我急得不行，当时场上虽然不像现在，但四周也都有记者和摄像机，看台前部还坐着一些女士。我走来走去找地方，场上助理教练已经要提交罚球名单了。最后，我在替补席的支架边停下来，叫住奥拉蒂等队友为我"做个蘑菇"（搭人伞）遮挡，解决了问题。

面对布尔诺维奇我其实没有把握，我们对他不熟悉。我只能按照自己的习惯，等最后一刻看他起脚的形态再来决定朝哪一边扑。我看到他的身位和起跑，知道他不会很用力射门，他冲到球前的瞬间，我的身体下意识地向左轻微移动，重心移到左腿上。他起右脚时我的右脚也本能地腾空，潜意识里感到他要打"交叉"（右脚打向左侧）的刹那，我凭左脚蹬起跃出，一连串的反应都未假思索，启动算及时，而且，他角度虽然打得刁钻偏靠门柱，但球速不快，我伸展身体几乎和地面平行，双手把球扑了出去。

接下来第五轮，大家都为德佐蒂捏着一把汗，我们还有没有希望全靠他的一脚，所幸，他轻松中的！

队友卡尔德隆和最后上来的哈吉贝吉奇都在法国踢球，卡尔德隆在场边告诉我，老哈习惯把点球打向他的右侧。罚点球时，守门员有个优势，就是可以站在门前，给从中场走来的对手心理压力。对手要走上 50 米呢。时常有守门员在这段距离内用言语挑衅对方。我从来不愿这样招人恨，就是不动声色，直直地用眼睛盯着对方的眼睛（吓瘆一个算一个）。老哈平静出场时，我估计了一下形势：这是最后一个点球，必须拿下才可以和我们打平，所以认定他不会冒险，肯定打他习惯的那一边。于是在他起脚前我依旧身体向左偏移了一下，但这次我没有扑向另一侧，而是继续向左跃起，又拿下了他。

赛后，场务领我去做了兴奋剂检测。我是全队最后一个上大巴的。为我"做蘑菇"的奥拉蒂开玩笑说，不得了！戈耶戈一泡尿扑出俩点球！这事儿后来肯定传开了。一年多后我们打美洲杯，又遭遇一场点球决战，那时国家队主教练已经换成巴西莱，他在开战前居然匆匆过来问我：你尿过了吗？

这场比赛也是南斯拉夫这个球队最后一次出征世界杯。南斯拉夫后来也解体了。他们当中分出的塞尔维亚，克罗地亚和斯洛文尼亚后来都打进过世界杯决赛圈。尤其是克罗地亚，五度进决赛圈，2018 俄罗斯世界杯更是让这个格子军团名声大振。

2010 世界杯开始前，有个电视节目组采访了哈吉贝吉奇。年过半百，身形依旧硬朗的老哈当时在波黑做教练，他在萨拉热窝的家中平静地回忆说，他们当年是一支非常棒的队伍，只是纪律差点儿，有些散漫。他们当中有三个塞尔维亚人，六个波斯尼亚人，两个马其顿人，一个斯洛文尼亚人，两个黑山人，八个克罗地亚人。大家在一起踢了五六年球，像个大家庭，不分彼此。

老哈说那次布置点球大战时，教练告诉他第四个出场，但是当他已经走到罚球点前时，却被裁判挡住，指着他们提交的主罚名单，说他列在第五，第四是布尔诺维奇。不知是忙中出错还是教练记错了。他转身回去叫了队友，然后回原地坐下，布尔诺维奇匆匆起来跑步上场……

你知道那是一种什么感觉吗？你要走 50 米，在全场的关注下，从中场到罚球点，四周是一片汪洋——目光的海洋，它想要淹没你。你一步步走上去，仿佛驾着孤舟，要突破无形的巨浪冲入胜利的港湾，每一步你都感到压力，你知道这是必不可失的一脚球，承载着一个国家所有人的期望。最终，从点球点到门线，11 米的距离，在你和荣誉之间，或者，在你和天塌地陷之间。老哈平静地回忆说：球被戈耶戈切亚扑出后，我真的企盼脚下的草地裂开，让我钻进去。

1990 年以后有段时间，哈吉贝吉奇曾经每天都梦见或冥想：他其实打中了那第五个点球，他们其实最终赢了阿根廷……他们进了决赛，从而使全民大众欣喜若狂，上下一心，避免了国家四分五裂遭受战火。他说，不止一个队友,包括他们的主教练,曾伤心自责,认为国家后来的厄运和他们赛场上的失败冥冥中有所关联……

11 | 那不勒斯（麦城）

Napoli （Un fracaso）

攻防激烈巴西叫阵　传递不达迭戈失望

19 分 22 秒，戈耶戈切亚开门球到中场右路，卡尼吉亚中路冲至，压住布兰科顶到第一落点，但球朝后飞出，被巴西截住，传到半月弧地带，唯一在禁区内防守的西蒙冲上，挑高盖过了卡雷卡，带出几步传给特罗格里奥。特罗格里奥中路趟向左前方的奥拉蒂科查，又一次未过中线就被阻截。

巴西队右路反攻，特罗格里奥和蒙松连续阻击，迫使邓加回传后场，罗查推回右路。在阿队紧逼盯防下，尤尔金霍交给邓加，再回传罗查，罗查改传中路，穆勒绕过防守，敲给卡雷卡，后者转身回磕右侧的穆勒，同时冲入禁区接应，穆勒做球时，传递过短，被阿队从卡雷卡身后截到，回传半月弧，西蒙接球上右路给巴苏阿尔多，再传给朱斯蒂，后者过中场踩球错身巧甩跟防，传向开始加速的卡尼吉亚，被盯防卡尼吉亚的戈麦斯飞身铲掉。

巴西两度头球从左路调整到右路，阿莱芒打凌空直挑前场，巴尔多躲过阿队的跟铲，长距离沉底传中，球推入禁区前沿，但落在进攻者身后，阿队将球控住。

20 分 27 秒，阿队出禁区，左路转中路推进。特罗格里奥中场插右路时遭遇 4 号邓加，没有贴身过人就被邓加顶肩推开，球也被顺脚接去，仿佛走这一趟是给巴西送礼。

面对这样的失误，迭戈难以置信地摇晃了头和身体。

邓加得球后横传左路，布兰科向前场对角长传，力量稍大，球出右侧底线。

巴西队的中后场力量坚实，总能以三打一，顺利阻截拿球的对手，阿队尚无对策。
我旁边的老戈同学说：阿根廷好好数数，场上是 11 打 11，咋看着像 21 打 7。
迭戈在中场踱了几步，仿佛在试图摆脱刚才的沮丧失望。

那不勒斯 （麦城）

——我 15 岁的时候，人们在等着我成为世界最佳；我 25 岁的时候，人们在看我证明自己名副其实；我 30 岁的时候，人们在等着看我会怎样落败，而我别无选择。

我说上面的这段话，是在一个特殊的时期。一个拿了世界杯，然后又拿了一届亚军，众人眼里的英雄，突然发现在一些事情来临时，并没有什么准备，一路仓皇。'90 世界杯后，我在意大利成了一只人人喊打的过街老鼠。而且我还不能躲在洞里不出来，必须过街，到各地比赛，接受大家喊打。我表面上不在乎，也没有直面内心的巨大压力。我回避了让我难受的和不能接受的一个现实——我在意大利不再受欢迎，至少这是很多意大利球迷眼里的事实，他们似乎都直观地认为阿根廷把意大利踢出了世界杯决赛，是我这个他们"溺爱的养子"忘恩负义造成的。我说过，球迷是感性的。

导演卡帕地亚在去年发行的纪录片里，描述了我疯狂地参加周末聚会，结识各种愿意接近我的人，包括人们说的黑社会。在采访我的时候，他就有意问过我们之间的交往。其实很简单，他们是我的球迷，请我去他们家里的派对，告诉我我的事就是他们的事，他们愿意随时帮助我。我从来没有要他们帮助，他们给我礼物，我接受之前明确地问他们，你们需要我做什么？我不会无功受禄，而他们也不过要求合个影。后来合影被报纸大幅登出来，我才明白礼物交换的价值。但我拒绝负面评价他们，他们是我的球迷，我们没有做坏事。何况我去得最多的都是队友家的聚会。我没有那么频繁地和他们见面。艺术家也是我的球迷，教授，市政委员都是我的球迷，我不明白为什么卡帕地亚非得把他们单独列出放大。

据信是黑手党的人，从我在那不勒斯的家里偷走了 '86 世界杯我获得的金球奖杯，等警方找到时，它已经被熔成了个金疙瘩（注：多年后，国际足联又复制了一个纪念性的金球奖杯给迭戈）。在那么多球场上被对方球迷狂嘘，吐口水，威胁，加上报刊上铺天盖地的负面报道，还有，他们专门登我的难看照片，称我像魔鬼……不是一次两次那么容易忽略的。卡尼因为 '90 世界杯上几个关键进球，被人赞为明日之星，我就马上被媒体铺天盖地地咒骂：是"魔鬼"鼓捣他进的球！

1990 年底，我被选为意大利最恨的人中的第一名，得票大幅超过第二名——海湾战争中被西方多国喊打的伊拉克总统萨达姆。很多受访者说他们选萨达姆是因为不知道该恨谁，但选我的都咬定就是恨我："这个小矮子给意大利身上投下了长长的阴影"。

后来我明白那是一种精神虐待，我成了人们集体情感发泄中的一道祭品，安在那不勒斯郊外的家也让人砸破了玻璃。起先，我受访时说，一个人要找到内在的力量来对抗满怀敌意的全世界。但是渐渐地，我发现我的内心找不到这种力量了。我不再抵抗，希望提前一年终止合同转会去法国，离开是非之地，法国那边连寓所都替我准备好了，但是球队老板宁死不放……于是我身不由己地让自己变得麻木起来。

在这个尽量寻找归属感，寻找被爱的感觉，却又备感孤独的时期，我铸成大错，我开始服用更多的毒品。有人归罪于我的经纪人，这是冤枉他。我在遇到他之前，在巴萨时期就已经接触毒品了。我当时的经纪人，我的童年伙伴豪尔赫，看到有奇怪的人在我家里过夜，他不认识他们，于是告诉我让我小心，但我恶狠狠地瞪着他大声逼问：小心什么？你他妈说小心什么！把他吓得再也不敢问了。所以，

| 那不勒斯人为迭戈布置的神龛

我从来拒绝任何人把我的过错和为我服务的人挂上钩。另外，团队里的兄弟们不敢管我，而当我遇到麻烦时，他们都还想着要怎样帮我渡过难关。所以他们出差错的时候，我也不会怪他们，要担责就是我担，不会含糊。

我原来信心满满认为自己可以控制毒品，只是玩玩而已，结果越陷越深，终于有一天，我觉得吸毒感觉像拿了冠军，管他明天有什么呢。1991 年我的药检没有通过，因为毒品。我被 FIFA 处罚禁赛 15 个月，一个赛场上的英雄，转眼成了蟊贼。我最大的感触不是羞愧，羞愧是要有人在你身边，你对他们抱愧，而作为球员的我，感到的是绝望。 意大利没有人在我身边，我孤身应对看不见的敌人，无法呼救，也不知向谁呼救。犹如饶舌歌手雷内唱的："我以全身重量腾空重摔……他们看到了我失败……"

我从一个贫困小镇走上了所谓的"世界之巅"，二十几岁开始，就没有人告诉我应该怎么做，一切都要我自行判断，自己做决定。'82 世界杯我们落败而归时，老教练梅诺蒂对我说：迭戈，你会很有前途，也许会登上顶峰；但是，一旦登顶，就只有你一个人了。你上前一步拥有荣誉和光环，再多走一步就可能落进深渊。我那时 21 岁，并不理解他的话，等到有所理解的时候，我已决定逃离意大利。当年我以破纪录的天价转会，来到那不勒斯，有近八万人到体育场欢迎我；而当我离开时，一个送行的都没有。绝境中的我带着家人悄悄返回阿根廷，登机的一刻，我的眼里饱含着泪水。

多年后，那不勒斯大学一位社会学教授专门把我在那里的经历当成一种文化现象研究。他痛心疾首地说：马拉多纳为什么要这样离开？ 他应该受到夹道欢送，铺红地毯的待遇；他当时只需要坦诚地说一句对不起，我做错了，请原谅，那不勒斯人不会怪他，会一直爱他的。可惜当时，我只是媒体上的一个物体或目标，当时没有人对我提什么建议，意甲冠军和欧冠都成了过去，我的禁赛听证会，那不勒斯队的管理层没有一个人参加。人们只是在等着看每一天的消遣新闻——马拉多纳又出什么幺蛾子没有。我在意大利的职业生涯结束了，我的生活也就此变样了。

我一直相信，我的一些遭遇其实不仅和我个人的错误有关，而且和 90 世界杯有关，因为我赢了"不该赢"的比赛。

迭戈以为回到阿根廷会过回安稳的日子，但是没几天，阿根廷警方和意大利警方合作，在留宿他的朋友家里搜到了毒品，警方夜晚突袭搜查他们几人。大批记者事先得到通知，在门外等候。把迭戈带上警车前，一名警官拿给他一件毛衣，体贴地告诉他，外面有很多记者，让他用来遮脸。迭戈拒绝了，说自己没有什么见不得人的，不用遮掩。同时，他也体贴地提醒警官：您的领带打歪了，记者们都在外面，整好再带我出去吧。警官没觉察出他的嘲讽，居然真的整理了领带。迭戈蹲了两周看守所，然后由法官判定，他要完成心理治疗才可以避免再进牢房。迭戈的自传里没有回避这段轰动当时的丑闻。

2005 年，迭戈和 '94 世界杯的队友，梅西之前足坛得分王巴蒂斯图塔一起上阿根廷著名的 C5N 电视访谈节目。他坦率地说：和巴蒂比我很惭愧，我做了不少荒唐事，没有陪伴孩子成长，而巴蒂的四个孩子人生每一步都有父亲在身边。所以我戒毒，现在减体重，重新工作，为的是给孩子们树立一个好形象。他说曾经去看过巴蒂参加的慈善义赛，但那时胖得不行，都没敢上前打招呼，怕被笑话。巴蒂一听，急忙真诚地说：不！怎么会！迭戈其实是带着自嘲的幽默来说这件事，演播室里的其余人只是聆听，没有笑他，气氛恭敬而严肃。

2008 年，阿根廷和意大利合作拍摄了一部根据迭戈的经历改编的故事片《上帝之手》，里面有他面如死灰，躲在角落聚众吸毒等不堪场景。后来剧组来洽谈，要采用迭戈一些比赛的录像来补充情节。看了部分镜头后，迭戈的律师建议他，不妨乘机要求剧组改善一下他的一些负面形象，但是迭戈不肯。他说吸毒是事实，所以没什么可抱怨的，不想掺和剧组的事。他的观点是，我吸毒了，曾经死得要多难看有多难看，然后我悔过了，自新了，没什么可遮掩的，我还要继续生存，一天天过日子。

美国曾有媒体发问：为什么美国人可以唾弃阿姆斯特朗（吃禁药连续多年夺得环法自行车赛总冠军），但阿根廷人却还抱着迭戈不放？有人回答，那是因为他为阿根廷拿世界杯的功劳，远大于他个人的过错。也有人说，迭戈踢球不靠吃药，他吸毒，亏待了自己家人，但本性善良，并没有伤害其他人。其实，重要的是他的态度被众人接受。无论荣耀或耻辱，他能做到坦率直面。可以说他是真英雄，可以骂他真混账，但没人说他是伪君子。一个跌落凡尘可以被大众怜悯认同的他，比高大上的超级英雄似乎更有魅力。

12 | 那不勒斯（故地）

Napoli （El re-encuentro）

任意球远攻皆无效　卡雷卡近射再示警

21分07秒，戈耶戈切亚大脚开球到前场左路，落地后无人跟进，被巴西队员放出了边线。

巴西队发界外球，后场传向左路，过中线时遭阻拦，又传回后场，迭戈和卡尼吉亚跟上，球回传给塔法雷尔（比赛第21分钟他才第一次上电视直播镜头，之前一直在作壁上观）。塔法雷尔球抛左路，再横传中路，布兰科得球，交给前方，队友接上晃过对方防守球员，回传布兰科再中路突进，被绊倒前，分球右路，尤尔金霍沉底打入阿禁区，穆勒和卡雷卡同时杀到。

球在门区前方弹起，戈耶戈切亚冲出接球脱手，卡雷卡在门区右侧两步追上，闪过身旁的防守，在离门约5米处怒射。满场惊呼声中，球打在两名后卫身上，弹向禁区外缘，被顺势踢回中场。巴西两次头球又原路攻回，禁区右侧布兰科被奥拉蒂科查背后推倒，犯规。

22分57秒，巴西获得前场右路任意球。迭戈和卡尼吉亚并肩封堵，其余队员在禁区内外人盯人防守。

尤尔金霍开出任意球，被顶出禁区，阿莱芒跟上远射，蒙松奋勇头球顶出，巴西队中路得球转到左路，再攻至禁区外沿，穆勒向禁区内挑传，被西蒙鱼跃头球顶向中路，卡尼吉亚中场接球被阿莱芒截下，传给尤尔金霍，但卡尼吉亚飞快追到，左脚挡右脚铲，倒地断球，递给左路迭戈。迭戈遭围抢，回给后场奥拉蒂科查，后者中路横敲，特罗格里奥过中线时被巴西人背后撞倒。

如同前几个回合，巴西随机变化进军路线，中场配合熟稔，左右逢源。阿根廷防线被攻击者撕扯得七零八落，和巴西后防的泰然自若形成鲜明对比。

那不勒斯（故地）

那些在大众心底被认可的，真实的价值，时间久了，反而不会被尘封，会历久弥新。作为球迷的我可以想象，当马拉多纳离开那不勒斯，当整个意大利再也没有机会目睹他那些精湛的、挑战物理定律的球技，再也不能目睹他为了取得胜利所做的单纯而喜悦的付出，他对任何普通球迷都不吝与之的幽默和友善，他对孩子球迷们有求必应，对慈善活动风雨无阻的义举，以及他敏锐而大方直言的个性；当一个城市陷入一种不思量自难忘的状态，人们终会意识到失去了什么——一个自己家里的巨星，一个爱朝看台张开双臂，像孩子似的邀功的巨星，一个分享了自己弱点和痛苦的巨星。

没有任何官方参与，人们在那不勒斯不同街口的墙壁上，艺术水准不一地画上迭戈的画像，还有字体巨大的涂鸦：马拉多纳，请再次让我拥有美梦。受访的那不勒斯球迷们曾一口咬定，迭戈是个错生在阿根廷的那不勒斯人——外向，生性快活，贪玩，喜欢他人的关注。相比之下，当年他被塞进警车的一幕已经无足轻重，'90 世界杯的阴影，也已云淡风轻。人们其实非常想再见迭戈。

意大利符号学家艾柯说过，昔日玫瑰仅存于昔日芬芳之中。再次回来的迭戈只能是一个符号了。

1998 年，悄然消失 7 年之后，马拉多纳应邀参加了一个周末电视访谈节目，首次返回意大利。节目开始，主持人卡拉故作神秘地宣布"我们今天邀请到了当今世界上最伟大的球星"，满场观众顿时嘶的集体倒吸一口冷气，激动地屏息而待，当迭戈·阿尔曼多·马拉多纳的名字一出口，全体一片欢声雷动，保安不得不把一些人强制按回座位，让迭戈顺利上台。主持人向迭戈强调那不勒斯有多么爱他，虽然都灵和米兰可能给他留下不快的记忆。然而迭戈成熟而体贴地告诉她：我不只要向那不勒斯问好，我要向整个意大利问好。全场立刻又是掌声欢呼声四起。

通过远程播映，迭戈看到在那不勒斯市中心，球迷们挥舞当年的旗帜横幅，打着胜利的手势，挤满广场，高唱"欧嘞"歌和"我看到了马拉多纳"，只为向临时竖起的大屏幕上出现的他致敬，他摘下眼镜，哭了，泪水流淌不止。他只好向主持人要纸巾。

.

1990世界杯半决赛，那不勒斯球迷打出标语"迭戈在心里，意大利在歌里"。

我看到这一幕也很惊讶，我以前从来没见过马拉多纳戴近视眼镜。他其时身材微微发胖，衣冠楚楚，像当年我校一个刚博士毕业来任教的小老师。我留意查看了一下，在那个年代，他的近视是看书造成的。我们稍后再说马拉多纳爱看些什么书。

这个节目专题是纪念1987年那不勒斯夺得意甲冠军10周年。那回是这座城市七十余年来首次夺冠，球队的胸前缀上了荣耀的三色小盾牌，让这个一向被北方人蔑视的南方老城不仅在体育界，也在政治文化领域扬眉吐气。当时，几乎每条街都挂满了那不勒斯的队旗和印着迭戈头像的条幅，全城游行庆祝，喇叭齐鸣，到处燃放着中国孩子过年时放的那种小焰火，彻夜狂欢。很多家庭的神龛里，迭戈的照片被放在圣母玛利亚画像旁边供奉。这个冠军似乎重新抖擞了那不勒斯的灵魂。

节目主持人告诉迭戈，纪念10年前夺冠，不知道当年的队友会不会来参加，然后揭开谜底：他们全来了，从世界各地。在全场轰动中，身着正装的他们鱼贯入场，震惊的迭戈张嘴唔了一声，继而失语了。队友们中的很多人也发福了，他们一个接一个上前，欣喜地拥抱当年的队长。

2005年，意大利老队友费拉拉邀请迭戈回那不勒斯出席他的退役纪念赛。老马再返故地，一入住酒店，球迷就挤满了周围的街巷。到了人山人海的圣保罗球场，更是焰火四起，欢呼声震天，比赛迟迟不能开哨。老马绕场向狂热的观众致意，大批媒体、保安相随，让他举步维艰。他那晚的最后致辞——"有爱者不相忘"，成为他众多名句之一。

写意大利故事的莎士比亚曾说：玫瑰无论冠以何名，它的芬芳不会被记错。

迭戈为什么这么受队友爱戴？

守门员蓬皮多回忆，当年他在赛场上腿骨骨折，痛苦万分，队友们围着他都不敢动，迭戈从前场奔回，马上跪在他身边，捧住他的脸。蓬皮多说，迭戈像个兄长一样，焦急地抱着他的头，试图分散他的注意力，试图帮他减轻痛苦。

当年欧冠决赛上，20岁小球员费拉拉接到迭戈罕见的头球妙传得分，为全队奠定胜局。赛后他激动得跪地抱着迭戈，把脸蒙在他胸前哭。面对蜂拥而至的摄像机，马拉多纳一边笑着对媒体说，他进球啦，他踢得很精彩，他今天的表现值得他这样；一边把头靠在费拉拉头上，替他遮挡，直到他哭罢自行起身。费拉拉赞道：迭戈从来都是个无私的人，从不显摆自己比别人高超。本来那不勒斯队球员的赛事收入不均，大明星和进球功臣，要高于其他人。马拉多纳来了以后，要求老板对大家一视同仁，而且说到做到，和所有球员一样平分。他说打比赛是一个球队来打，没有哪个人比别人更重要。

他同样的回答也出现在 '86 世界杯的一个新闻采访片段。对英格兰的 1/4 决赛后，独进两球的迭戈冲罢淋浴，搭着浴巾回到更衣室，发现队友们全体等在那里，向他鼓掌。他连忙向摄影镜头摆手说：不是我，是整个队，是所有人。随即，他跑到队友们当中，挥着毛巾，和大家一起唱"阿根廷要拿冠军"，巧妙地转移了话题。

特罗格里奥记得，早年南美洲的赛事里，有迭戈参加的场次，阿根廷队的出场费是 50 万美元，没有他参加，出场费就只有 9 万。迭戈一向坚持和队友平分收入，不肯拿大明星们司空见惯的"身价分红"，那是出于对待队友和朋友的本性，不是特意的慷慨。不过特罗格里奥也强调，迭戈令同伴们尊敬还不单靠这种"让利"，他说：人们都欣赏过迭戈场上精彩的进攻、进球，却很少注意当出现失误和丢球时他的表现——只要没被对手放倒，迭戈总是第一个跟上抢球，而不是袖手等待其他队员拼抢。他总是尽量给队友创造方便，赛场上他是最无私的，所以不管胜负如何，他都是公认的典范。

由于种种原因，迭戈和某些媒体有过激烈的冲突，饱受抨击。卡尼吉亚为他打抱不平：在国家队，不管遇到什么事情，迭戈总是挺胸在前，担当责任。人们批评他的败绩时，从来不管他付出了多少努力，受了多大创伤。在那不勒斯队，大家说实力变强是因为老板遵照迭戈的意愿，签下了他指定的那些球员，可你们知道他亲自去请那些搭档，还让出自己的一部分薪酬让俱乐部签他们吗？不要以为他只会踢球。

卡尼在意大利不同城市参加过为慈善机构募捐的大型义赛，意大利本土的最著名球员们原本都答应到场，结果一个没来，不过大家还是非常高兴，因为迭戈每场都来了。卡尼说，类似的事情很多，因为他是马拉多纳，他愿意为重要的事情做贡献。很多人批评他这呀那的，让他们一项项去完成迭戈的那些义举试试。

1994 年，阿根廷队坐经济舱去美国参加世界杯。13 个小时的飞行，全队分散坐在其他乘客当中，不少队员累得直接躺在地板上睡（好在那时机舱管理不像现在这样严）。中途巴西莱教练从商务舱过来，告诉迭戈他那里还有个空位。迭戈也很疲惫，却说不，我就在这儿和大伙一起。队友们说迭戈这种表现很寻常，这正是他们所认识的迭戈。

蒙松：

我觉得像我这样的球员是足球运动催生的，而迭戈是上帝赐给这项运动的。一天天训练里，我见过他多少精湛的球艺！那些常人想不到，记者们没拍到，连教练都为之鼓掌的技巧。无数人惊叹过迭戈的水平，只在赛场上那一会儿。而在平日，他早已折服了我和队友们。私下里我们都模仿过他，但是谁也做不到他那样精确和稳健。

再讲两件迭戈和我的轶事吧。

'90世界杯小组赛PK罗马尼亚前一天，我找到迭戈说，虽然打后卫，但我很想进球，请帮帮我。迭戈说，如果他开角球，会开在近门柱这边，让我留意。下半场，我们真的得到了这样的机会，他开出的球划着弧线准确回旋到近门柱前方。我先向外几步，避开防守，然后猛地前冲，头球点地破门。那是我在国家队唯一的进球，迭戈和我都高兴疯了。

1997年，我退役后一段时间失业了，也破产了。我住在首都郊外一个单间小公寓，那天独自躺在地上的床垫上，感觉在生病，极度痛苦。那时，我第五个孩子，我的小女儿，在老家出生已经两个月了，可我连回去看她的路费都没有。沮丧中就有了疯狂的想法，想一了百了。不过我其实还是胆怯的，我对自己说：打个电话给迭戈，如果迭戈不爱你了，你再去死。

电话一打即通：

——你好迭戈，我是莫乔。

——莫乔，你好吗？

——不，很不好。想和你说说话。

——你在哪里？ …… 把地址给我，我过来说。

就这样我们挂了电话。地址我只说了一遍，我不知道他能否记住，是不是真的能来。两个小时后，迭戈敲响了我的门。我指着房间里唯一一把椅子请他坐，他却一下子坐在了地上，坐在了我身边。我不记得他待了多久。他问要怎么帮我 …… 我没敢告诉他我想自杀，那样他会敲我的脊梁骨。他没对别人提过此事，他一直不知道当时他救了我一命。那之后，我回老家看了女儿，后来走出了困境，拿了教练员证书，开始执教。

人们会说，我肯定因此爱戴迭戈。其实，谁听说了这事都会敬重他，而我是他的老队友，我是爱戴他，信任他，然后在生死的关头才会向他开口求助。

【老马：

我眼睛近视好久了，但度数不深，比雷东多强。我为什么没说自己看书？人当然要读东西，天天都要，还用说吗？我不是队里最爱看书的，当年的队友巴尔达诺简直书不离身，诗歌小说历史什么都有。'86 世界杯他带了一堆书到墨西哥，有天还四处抱怨看的书少了一页，怀疑有人搞恶作剧，大伙儿让他少来这套，他本来就买的是旧书。巴尔达诺说看书是为了暂忘足球，还说如果光想着踢球，人会出毛病的，这我同意。不过现在我也不看那么多书了，看手机的时候多，没办法。

（注：巴尔达诺 5 岁丧父，寡母辛苦抚养，希冀他一心向学。他从小习惯买旧书看，日后成为足坛罕见的著书立说的大家。）

'90 世界杯半决赛我们对阵东道主意大利，这是一支他们史上最佳国家队。半决赛遇到我们之前，场场皆赢，而且未丢一球，是世界杯一个史无前例的漂亮记录。而我们一路杀来，跌跌撞撞，老将们几乎都有伤，全队一度士气低沉，大多数人都在等着看我们被再次击败。意大利最失算的地方是没有想到半决赛会遇到我们。他们之前的比赛全部安排在罗马奥林匹克体育场，只有半决赛把赛场定在了我的俱乐部主场——那不勒斯圣保罗体育场。他们原计划再回罗马打决赛的。

不少报道说，我天真地、兴高采烈地号召那不勒斯球迷调转枪口支持阿根廷，也有人说我这是狡猾地施展赛前诈术。但那都不是我的本意。我从来没有要求那不勒斯人支持阿根廷队。我接受采访时说，对那不勒斯，一年 364 天意大利都说他们是穷外来户，只有今天才请求他们的支持。这是事实。我脱口而出说这话，只是对媒体嚷嚷要那不勒斯支持意大利队感到不屑，这明显是自己心里不踏实嘛。而且，也有报刊自觉就把那不勒斯划到我这边了，他们的标题写着：亲爱的迭戈，咱们到你窝里见。

我脑子里没有"真话不全说"这根弦儿，把整个意大利气个半死。那不勒斯籍国会议员站出来，号召投他票的选民们拒绝马拉多纳，但是很不幸，他是个"公共"人物，需要到处握手拉选票的那种，而我是大众人物，街头一站就一呼百应。我对他有天然优势。然后，真的，比赛那一天，那不勒斯球迷们在场上打出大幅的标语："迭戈在心里，意大利在歌里"，"迭戈我们爱你，但意大利是我们的祖国"。OK，不矛盾。

我率队走过熟悉的地下通道出现在场上时，听到的是掌声。球迷们没有像别的球场那样嘘我们的国歌，这也是本届世界杯唯一给阿根廷国歌鼓掌的赛场。听着掌声，我心里激动了，对我，这就算一次胜利。

　　赛后，我在场上多停留了一会儿，向那不勒斯球迷鼓掌致谢，他们也有人向我招呼。这是一种相互的尊重。但媒体马上就说我把东道主的场子变成自己的主场了，让我和我的球迷日后成为众矢之的。其实看过比赛的人都知道，场上大多数人是为意大利加油，媒体带着某种目的的渲染把矛盾放大了。

　　……

　　那不勒斯圣保罗体育场，2019 世界大学生运动会开幕式在这里举行。当阿根廷运动员入场时，全场爆发出响亮的欢呼，有好几个阿根廷小伙子不约而同地掏出我的 10 号球衣，高高举起，向四面展示。球衣出现在大屏幕上，全场顿时沸腾。对于我，这是双重的荣誉。一是那不勒斯的人们在几十年后还是把我当成他们的骄傲；二是阿根廷的大学生运动员，他们都出生在我离开意大利之后，却知道这个渊源，以这种方式表达敬意。我很感动，特地把现场照片找来放到我的社交媒体上。

　　我曾经说过，没有人取得过像我在那不勒斯那样的成就，我指的不是奖杯，不是排名，而是那个座无虚席，焰火与旗帜齐飞，充满欢乐与陶醉的，黄金时代的圣保罗体育场。随着时间的推移，那个黄金时代愈发显得珍贵，独一无二。时间也不会抹杀我和那不勒斯的故事。】

13 | 代价

Los precios

两队任意球引攻势 巴西控节奏不放松

24 分 03 秒，阿队中场开出任意球，布鲁查加中路传给卡尼吉亚，力量稍大，球落在巴西门将脚下。塔法雷尔手抛球向左路。

巴西后防线在观众快节奏的呐喊声中由左向右推，右路加尔旺传左路布兰科，直插中场，布兰科长传至禁区外。蒙松跃起，把球顶回中圈附近，两队中场争抢，基于某种不明显的犯规，裁判哨响，巴西又一次获任意球。

24 分 41 秒，邓加中路吊球给左路沉底的巴尔多，后者传中，球飞越禁区落在右边线附近，被阿队踢回中场。卡尼吉亚跃争头球，球越过他，落在罗查脚下，罗查趟回巴西队后场，迭戈上前逼抢。罗查将球传向左路戈麦斯，再传中路加尔旺，后者长传到阿队禁区外沿，穆勒循球回身遭蒙松从背后推倒，两个 15 号对抗下，巴西队再获任意球。

迭戈乘机到场边更换被踩坏的球鞋。巴西人没有等他上场，任意球开了出来。

卡尼吉亚后来回忆当时场上的情景说：带伤的迭戈依旧要受到各种冲撞和犯规。队医曾两次建议他下场，都被他拒绝。每次遭犯规受创后他都很快能挺过来，继续投入比赛，这种强势在任何其他球员身上都是不可能的。所以他能够做到他所做的一切。

代价

除了损伤，我其实经常需要战胜疲乏。我在回忆录里提过，第一次产生退役的念头是在我 21 岁那年。那时我在博卡青年队。为了商业利益，队里安排无休止的比赛，国内到各地打职业循环赛，国际上飞遍各大洲打友谊赛，报酬丰厚，却让我疲惫不堪。令我吃惊的是，当球队到达非洲的科特迪瓦时，那里的大人孩子居然都认识我，叫着迭戈或我妈妈给我取的小名"佩鲁萨"（Pelusa，毛孩），他们居然知道我的小名！当地人那么热爱足球，让我非常感动。

动辄二十多个小时的飞行中间，我忽然不想比赛了，不想争名次了，我就想去和孩子们玩球，教小孩子踢球，给普通人的孩子带去欢乐，做纯粹的运动，而不是作所谓制造娱乐的机器……

我最后一次参加职业比赛是在 1997 年。举办告别赛正式退出运动员生涯是 2001 年，在我第一次萌生退意的 20 年后。在退役赛仪式上，面对看台上的贝利、普拉蒂尼，以及马特乌斯、伊基塔等组成国际明星队的来自几十个国家的老队员、老朋友和几万观众，我公开面对染毒的问题。我说：个人的错误由个人承担。我做错了并为之付出了代价，但是足球不会被玷污，它是世界上最美好的运动。

海啸般的掌声和见证原谅的欢呼声中，我第二次在球场上面对数万观众泪流满面，前一次是 '90 世界杯决赛后。

【老马：

毒品就像吃豆鬼，会一个接一个把你的家人都吞噬掉。染毒的最大受害者是我和我的家人。

2000 年后，我在古巴接受了严格的戒毒强制措施，当时我形只影单，孤独寂寞，也读了更多的我的同胞切·格瓦拉的书。有人说我在古巴被菲德尔·卡斯特罗洗脑，那是他们不知道，我认真读切的书从我在意大利踢球时就开始了，是读了切的书才开始有兴趣了解古巴的。

2006 年，塞尔维亚导演库斯图里卡来采访我，我的很多观点，他认为都来自于切的影响，所以在决定为我拍纪录片时，他说：你叛逆成性，如果你没有成为足球运动员，那你一定会成为一个革命者。

我从小不是个"坏"孩子，不欺负人，不故意破坏东西。小时候父亲打我，几乎都是踢球惹的祸，比如打水时跑去踢球，把水桶放路边丢了，回去扯谎，说那只旧桶被人抢劫了。

伙伴们都信任我，愿意和我玩。

很多人知道意大利足协和国际足联在 1990 年代先后对我有过停赛处罚，其实我的第一次停赛处罚来得更早。那时我进入俱乐部一队没两年。有一回比赛，裁判明显吹偏哨坑我们，赛后队友们都气得没办法，愤愤然退场。我走到裁判面前笑着冲他说：您执裁得真好，这水平搁阿根廷都富余，您怎么不去世界杯试试？结果裁判向足协告状，竟然胡说我骂他是瘪三儿，一辈子也挣不到我一年的工资。没办法，他对事情的理解可能就到这个水平。我讽刺他的代价是停赛三个月。

我刚加入博卡青年队时，队里连着输了几场。当地球迷有帮派组织，就来闹事，可能因为赌球押了博卡青年，破了财，也可能纯粹是恨铁不成钢。他们拿着枪到队里来威胁球员，要我们下一场比赛好好跑起来，不许偷懒。比我大的队员都吓得不敢出声，我可不吃这一套，我告诉他们，我们是在自己家里，你们竟跑来这样胡闹！什么好好跑起来？比赛当然有输赢，你们这样的话，下一场我不打了。他们反而安抚了我几句，就走了，其中岁数大的那个还说，这小子应该当队长。他们走后，有个队友过来抱着我哭了。没想到几周后，队里真的任命我做队长，我那时 20 岁。

在巴萨踢球的时候，有一次经理扣了我的护照，说怕我分心，不让我飞去德国参加一个队友的私人聚会（那个时候还没有欧盟，没有申根协定，在欧洲行走不那么方便）。我急了，当场抄起陈列柜里巴萨以前比赛得的一个大奖杯，限他们 5 分钟把护照还我。5 分钟一到，我就把奖杯摔在地上，摔瘪了；然后又拿起一个……然后，护照就还给我了。球队老板为此和我结了怨。

后来，巴萨这老板阻挠我接受某几个记者的采访，因为他们曾多次公开批评他。他警告我说话要小心，我回敬道：听着，我只是把踢球这个工作卖给你了，我人并没有卖给你，接不接受他们的采访我来决定。我们为此结怨更深了，这也是我离开巴萨的原因之一。离开巴萨时我 23 岁，我接受采访说：巴萨的老板很笨，他不明白，对于一个球队，球员永远比他重要。那几个记者后来都成了西班牙主要媒体的体育记者，即使我离开巴萨多年后，在别的地方失意落败时，他们也没有对我冷言相向。那帮头头一直闹不清楚，我从来不会把我这个人，我内心的自由，卖给任何人。

我们捧得 '86 世界杯后，美国最大的一家调查公司宣布，根据民意调查，我已超过耶稣基督成为世界上最著名的人。他们的代表找来，说如果和他们签约合作，可以让我有上亿美金的收入。我的经纪人兴奋不已，马上去谈，但人家有个先决条件，就是我要加入美国籍。我说这不可能，不用考虑了。我的经纪人对放弃这个大买卖心有不甘，后来告诉我说，美方经过和前国务卿基辛格咨询，答应可以让我有双重国籍。我问他，你能想象马拉多纳不是纯粹的阿根廷人吗？他翻了翻眼，就再也没提这事。他知道，他们可以和我做生意，买我的活动、我的工作，但是不能买我这个人。

有时，不是你想得到什么，你做过什么，才会付出代价。有时，在你拒绝交易的时候就注定要付出代价了。

我不在乎公开挑战一切我感到不公的东西，也曾为此付出代价，明里暗里吃了很多亏。有人认为我骨子里、本质上，是个反叛者，对专制和强权有种天然的，不太好解释的抵触；其实，我不算什么叛逆，是坦率和开诚布公而已，是我"敢"而已，与其说我叛逆，不如说我勇敢。

我和 FIFA 多年来的恩恩怨怨，也多少有我"不服从"的天性在里面。那些头头脑脑觉得我呛他们，因为我不会讲政治语言，我只会讲球员的语言，摆球员的公道。这也让我付出了很多代价。但是从另一方面讲，我如果不是这样的我，世上也不会有马拉多纳了。】

14 | FIFA

阿根廷终获首次射门　巴西队未减多路攻势

25分50秒，巴西队任意球开向禁区中路，被阿队后卫头球顶出禁区左侧。阿莱芒左路接球，巴尔多冲入禁区，球被阿队截下，传给中路，布鲁查加突进到中线，猛然挑空当传给跟进的特罗格里奥，巴西防守第一次出现疏漏，特罗格里奥中场一路带球冲至禁区右角，在巴西后卫围堵前远射。

26分12秒，阿根廷第一次射门，球贴地影响了速度，被塔法雷尔轻松没收。

26分40秒，尤尔金霍得球由右路攻入前场，被奥拉蒂科查从左侧绊倒，巴西队再获任意球，球传向左路，阿莱芒得球，遭卡尼吉亚盯防，传给卡尼吉亚身后的队友，阿队二人跟上围堵，球回到巴西后场，再右路传到前场，穆勒在禁区外接球，被蒙松背后铲倒。

27分20秒，裁判吹罚并出示了黄牌。这是蒙松本届第二张黄牌，将被罚停赛一场。

比拉尔多赛后批评特罗格里奥这次射门唐突，不应该。当时传中给卡尼吉亚或迭戈打配合是最佳选择。不过特罗格里奥回忆，他抓住瞬间机会反攻，出乎所有人意料，迭戈和卡尼吉亚也是匆忙从中路追赶。在巴西球员围拢的最后时刻，助攻的队友尚未赶到，他不得已自行打门。

国际足联（FIFA）

1997年，马拉多纳在巴塞罗那一次众多国际球员出席的记者会上，公开指责 FIFA 缺乏专业精神，赛事安排不合理，无视球员利益。这并不是他第一次挑战国际足联。

'86 世界杯，为了满足欧洲国家的电视直播时段的要求，FIFA 安排比赛在中午 12 点进行，而墨西哥那时正是烈日曝晒，这让很多国家的运动员体力透支，难以适应。迭戈记得自己几次在赛尾时胸口痛得像要爆裂。两场比赛后，马拉多纳决定向 FIFA 提抗议，他想找几个国家队队长联合行动，但没人响应，只有队友巴尔达诺站出来一起公开发声，要求 FIFA 以球员的健康安全为重，不能单纯考虑商业运作。国际足联主席阿维兰热对此不屑地回道：是 FIFA 给了众多球员机会，是 FIFA 造就了足坛的英雄，而不是相反。如果有人不喜欢 FIFA 的赛程，可以不来世界杯呀。迭戈非常气愤，说 FIFA 自以为是老板，把球员们当短工。据说这是迭戈和国际足联矛盾的开始。

后来，老马还联合了所有国家队的队长向 FIFA 交涉，要求把世界杯球员的收入占比从原来总收入的 1% 提高到 3%，阿维兰热更是震怒不已，要求大家向某网球明星学习，打完比赛领奖金走人，不多说一句话。

'90 世界杯，冠军西德和季军意大利的个人收入加奖金有十几二十万美金，而亚军阿根廷队是每人三万。迭戈认为很不公道，到处嚷嚷奖金哪儿去了，还找到 FIFA 那儿。老马

| 国际足联2018世界杯的明星观众

招人烦不在于他不好糊弄，而在于他非要说出来。明白人多的是，咋就他要说出来？还非得说个明白？

对于继任国际足联主席布拉特来说，迭戈真是个不讲情面的刺头。公平地讲，1991年马拉多纳在那不勒斯被禁赛，后来转会去西班牙塞维利亚队，为了不影响迭戈的92-93赛季，FIFA和布拉特还是出了力的。这点老马自己也承认。但帮我归帮我，你腐败是你腐败，他分得很清。

迭戈对国际足联的批评一开始还停留在指责他们欠缺专业精神，赛事和日程安排不合理方面：

> 球员是赛场上的主角，是最重要的，我要誓死捍卫他们的权益。到目前为止，还是拿官员工资的商人布拉特，打水球出身的阿维兰热这些人，决定我在足球场上能做什么……

那时，瓜迪奥拉，劳尔等一众球星坐在下面一脸严肃地倾听。

后来，他的批评就多样化了。

——足球界怎么没有黑手党？不是要你人头的那种，但买几个点球，买几个犯规是可以的。FIFA对此毫不知情吗？（2005）

——压在球员头上的三座大山就是FIFA的资本家，无良的媒体和吹黑哨的裁判。（2006）

——FIFA对足球不感兴趣，他们只对做生意感兴趣，一帮为了钱拼命占着位子的老家伙。（2013）

——过去几十年中，足球发生了变化——并没有变得更好。曾经，这是一项让大家引以为傲的运动，一项将世界团结在一起的运动，但是国际足联已经把它变成了腐败分子的游乐场…… 大多数球迷都知道我要说啥：在布拉特的带领下，对于我们这些热爱足球的人们来说，国际足联已经成为一种耻辱和痛苦的尴尬。（2014）

——为什么是卡塔尔（办世界杯）？ 布拉特害怕呀，他怕丢了他该分的那份蛋糕。足球是世界上最美丽的运动，是最充满热情的运动，可它却被冰柜指导着。

老鼠可以到达世界任何地方，他现在当着国际足联主席…… 布拉特一直在追着香槟酒跑。我们这些球员一直想让足球更好，可是国际足联这个独裁王朝把它搞得落后又腐败。（2015）

2015 年在苏黎世举行的 FIFA 记者会上，发生了抗议者向布拉特撒纸币致使会议终止的事件，8 名官员包括两名副主席被控贪腐洗钱入狱，事件像导火索，导致了布拉特最终下台。老马评论道：我 20 年前就说过有今天。

1986 年曾和他一同抗议过世界杯日程安排的队友巴尔达诺批评得更具体：

除了组织各种赛事，FIFA 偏离了很多社会道义。它每年收入超过 500 亿美元，领导一项具有社会性和教育意义的体育运动，FIFA 本可以做很多事，比如开办很多学校…… 但是他们却搞腐败，让多少孩子失去机会……FIFA 的领导者中没有杰出的工程师，企业家，艺术家，只有一群控制了一个"买卖"的人，带着永不满足的贪欲……布拉特看起来大胆，和蔼可亲，有说服力，实际上是个诱惑者……

事发后，欧洲足坛多数要人保持沉默，贝肯鲍尔为布拉特开脱，说这是"体制坏了"的问题，是制度系统有误，不应把责任放在哪个人身上。巴尔达诺则针锋相对：

布拉特当了 17 年国际足联秘书长，又当了 17 年主席，还未能建立起一套有效的防控措施，官员工资不公开，没有外来审计……他和"体制"已成为一体。即使他本人没有参与那几个副主席的贪腐，也为他们开了绿灯，难辞其咎……

FIFA 新主席因凡蒂诺就任时说：我的父母从小就教导我识别善恶。我希望他领导下的 FIFA 能控制一下自己的病根（从一些国家和地区的足联开始），不要让主席的父母蒙羞。

此后，老马和 FIFA 的关系明显改善，2018 世界杯 FIFA 特邀老马作贵宾观众，为收视率增码，FIFA 电视台还对他做了专访。

当然，也有人指出，布拉特和阿维兰热对足球事业是有贡献的，足球商业化是大势所趋，没有商业加持就不会有今日的 FIFA，也不会有今日的世界足坛。而且，本来世界杯只让 16 支队伍参加，现在是 32 支，让亚洲非洲国家受益了，不能给人家全抹杀了。

2009 年，阿根廷在世界杯资格赛关键一战最后 5 分钟打入一球，1：0 赢了乌拉圭，避免了由他人比赛结果决定自己的命运，拿到 2010 年美洲地区的最后一张世界杯入场券。由于队伍在赛前饱受媒体批评嘲讽，主教练马拉多纳在赛后新闻发布会上展开"报复"：

  （对于媒体之前的攻击）我是有记性的，对于那些不信任我们的人——请女士们原谅，我要说，我是你们大爷！往后还是你们大爷！XXX……我是个非黑即白不讲灰色地带的人。

此话一出，当晚传遍媒体。

随后，有些拉美的文体界名人，也在演出等公开场合借机发泄：

  ——让我引用我的朋友马拉多纳的话……

或者：

  ——让我引用阿根廷伟大的哲学家马拉多纳的话：我永远是你们大爷！XXX！

媒体最后不得不提醒他们：人家马大爷先说的可是"请女士们原谅……"

FIFA 官方几天后在例行新闻发布会上宣布处罚声明：鉴于阿根廷国家队主教练公开在赛事记者会上使用不规范语言，违反条律，禁赛两月，对阿根廷足协依例罚款三万美金。老马一听，马上又开了个新闻发布会，简短声明：话是我说的，罚款我自掏腰包来付。这次，记者们给了他掌声。

本来，FIFA 还想按条例禁老马几场世界杯比赛的，可惜一查，FIFA 相关条例上，列出的要禁赛的不规范语言，全都是针对人的国籍、出生地、肤色、母语和宗教等进行污蔑或歧视的语言，压根没提到涉及亲属和性的脏话。老马因而逃过一劫，没耽误南非之行。

15 | 世纪最佳

Jugador del Siglo

闪晃高挑中场混战　近攻远打巴西主宰

27分56秒，巴西前场右路获得任意球，阿队全员回防。

迭戈挡在开球的阿莱芒身前。阿莱芒向左推给中路加尔旺，后者在特罗格里奥和迭戈跟抢时又回传阿莱芒。阿莱芒遭遇迭戈，向左盘球躲闪，迭戈右腿挡左脚抢，轻易截球，连环假动作晃过两侧对手，跑动中外脚背顺势敲给边线的奥拉蒂科查。

奥拉蒂科查在巴西队夹击下高挑传出，回给迭戈，球却被身后的阿莱芒顶至队友身前，队友迎球外敲给阿莱芒时，特罗格里奥飞身踩球断下，挑传出包围圈。朱斯蒂循球让给中路队友，后者长传到前场给特罗格里奥，罗查迎上头球截过，攻回阿队后场。两队快速攻防，连串炫技，赢得一片掌声。

阿队盯抢下，阿莱芒和加尔旺两度头球回巴西后场。加尔旺换到左路，过了布鲁查加，传到前场边线处，巴尔多停球，被朱斯蒂背铲跌出场外。裁判吹罚，阿根廷收到本场第二张黄牌。

29分15秒，巴西队开出左路任意球。布兰科起高球传向禁区内的穆勒，西蒙跳起顶回，布兰科截在阿队前面，传给左路巴尔多，后者带球急速下底传中，被西蒙挡出底线。

29分43秒，巴西队发出第五个角球。巴尔多战术角球开出，布兰科接球，回传加尔旺，后者顺势传到禁区内，戈耶戈切亚跃向门区左侧击出底线，罗查因冲撞门将犯规。

30分16秒，戈耶戈切亚球门球开到前场左路。巴西队冲顶至阿队后场。阿莱芒横敲右路，穆勒接球脱脚，被特罗格里奥截走，穆勒一冲而上，撞倒特罗格里奥和自己的队友。犯规。

巴西队派阿莱芒盯防迭戈，因为二人在那不勒斯是队友，他熟悉迭戈的打法。当然，迭戈也熟悉他。这个回合虽然门前无险，但激烈的交锋显示了双方坚实的"单兵"

素质，场上瞬息万变中大家传控球依然十拿九稳，短兵相接时反应迅速而从容。

世纪最佳

2000 年，FIFA 总部在官网上举行了全世界球迷投票选举二十世纪最佳球员的活动。马拉多纳拿到 56.6% 的选票，贝利得到 18.5% 的选票，和贝利同时期的葡萄牙人尤西比奥 6%，其余选票流向克鲁伊夫、巴乔、贝肯鲍尔、范巴斯滕、罗纳尔多、普拉蒂尼、加林查、雅辛等十余人。

FIFA 没想到是这样的结果，没想到老马又闹丑闻又沉寂多年，还依然是众人心目中的老大。其官员马上"纠偏"：这次选的不是世纪最佳，而是最近二十年的最佳。此话一出，顿时沦为国际笑柄。FIFA 无奈，再次官宣，的确是世纪最佳，马拉多纳当选。但是国际足联内部有人抗议，说投票的可能都是年轻人，他们没看过贝利的比赛。虽然这种说法无法解释为什么和贝利同时期的尤西比奥拿到第三高票，国际足联还是表示可以有两个世纪最佳。

老马一听随即发话，绝不和他人分享该奖。好在这奖不是地里种出来的，不用等春播秋熟。FIFA 马上又成立了一个由国际足联官员、各国足协和部分媒体代表组成的、名为"足球大家庭"的委员会，小范围评选官方世纪最佳，结果，72% 的票给了贝利。于是 FIFA 又宣布二人双双当选，一个大众最佳，一个"大家庭"最佳。我觉得也有道理，哪有便宜了坏小子还不顾乖孩子的？当领导或老师的人都会有同感。

在发奖仪式上，迭戈把此奖献给全体阿根廷人，献给古巴人民和卡斯特罗，献给自己的偶像切·格瓦拉，献给自己的家人，并最终献给所有的足球运动员。全场热烈的掌声中，他也声明，我不是什么模范，谁也无法成为孩子们的模范，除了他们的父母。我们球员只是在球场上 90 分钟踢得好，为大家带来快乐而已。他感谢成千上万的球迷给了他殊荣，他感到既幸福又骄傲。台上的布拉特既尴尬又无奈，足球，还是和国际政治的某些敏感方面扯上了。

接下来贝利领奖，这老好人刚说请老马也上台共同庆祝，却发现老马已拂袖而去，不沾贝利的光，也不让贝利沾自己的光。

此去经年，FIFA 再也没组织广大球迷投过类似的票，所有的评选都是自己在一定范围里组织评委会来做。后来不评 XX 最佳了，而是评足球皇帝，需要当球员当教练双优。以前在西德媒体上就赢得过这个名号的贝肯鲍尔顺膺其誉，又把亲克鲁伊夫的一众球迷气个半死。

贝肯鲍尔和克鲁伊夫的主要球迷都是欧洲人，不到火烧房，家破产，挤火车，抢优惠券等关键时刻，人家的绅士风度是要一直绷着的，不会闹起来。但是两位拉美球王的粉丝就不一样了，口水战在网上一直打到现在。而且，各地记者们有机会就会就相关话题对马贝二人进行采访。在媒体上形成了一段长长的似虚似实的双雄对抗。

【采访一】

记者：贝利先生，您认为您和马拉多纳谁是世纪最佳呢？

贝利：我来解释一下马拉多纳位居第二的原因。首先，最佳球员应该有全面的技术，就是身体各部位的技巧。你们看马拉多纳，他头球不行。他从来就没有争顶过头球，或头球攻门，当然也没有过头球得分（出于礼貌，我就不提上帝之手那回事了）。另外，你们再看马拉多纳，他的右脚不行，他不怎么会用右脚运球，你们谁见过他用右脚带球？也没见他用右脚射过门，他没有用右脚进过什么球，一辈子左脚，也没有头球。而我，有各种的进球，左脚，右脚（包括倒钩）和头球。

记者：迭戈，您认为您和贝利谁是世纪最佳呢？

马拉多纳：大众选的我。

好了，回到比赛。

攻势交互门将稳守　迭戈闪身亦算犯规

30 分 53 秒，西蒙中场任意球开到巴西禁区左侧，卡尼吉亚头球传向中路的迭戈，迭戈接球时被撞倒。卡尼吉亚争球时推击罗查犯规。

罗查任意球回敲给守门员，由戈麦斯送到左路，再转中路，布兰科盘带 3 步，传至中圈，阿莱芒得球带了 10 米长传给突入禁区的卡雷卡，力量大了一些，被戈耶戈切亚没收。

31 分 31 秒，戈耶戈切亚推球右路，巴苏阿尔多向前传送，布鲁查加穿过两人夹击传出，迭戈接球，再被撞倒。

| 世纪最佳

阿队后场任意球遭邓加追抢，回给戈耶戈切亚。嘘声中球由中路传至左前场，布鲁查加连过两人，被逼到边线，尤尔金霍铲球出界。

32分35秒，阿根廷队边线球掷在迭戈身后。迭戈急撤身拿球，和他顶肩力争的邓加被闪过，失衡跌倒，乍看像是迭戈把他拽倒。裁判吹罚。观众嘘声里，迭戈在场上露出无奈的笑容。

【采访二】

记者：贝利先生，您怎么看待您和马拉多纳之间的世纪最佳之争呢？

贝利：我再来解释一下马拉多纳位居第二的原因。世纪最佳球员应该有全面的技术，我其实可以打球场上的任何一个位置，前中后场的各种位置。包括当守门员都行。你们看马拉多纳，他只能在前面待着，只能打前面那几个位置。他玩得太多，他会跳舞、爱唱歌（还跑去录唱片），迷赛车，能拳击，打乒乓，听说游泳也游得飞快，但是这些能对足球有多大贡献，还有待商榷。总之，我是球场上什么位置都能打，他则是球场外什么都会玩。

记者：迭戈，您会如何了断您和贝利先生之间世纪最佳的话题呢？

马拉多纳：我妈说我最棒，她从不说假话。

阿队攻势稍见起色 巴西严守再送罚球

32分49秒，邓加后场开球，横传中路，阿莱芒交加尔旺，推给戈麦斯，再送左路布兰科。阿队退守，只留迭戈在前场边缘。布兰科传中路，巴尔多吊向右路，罗查穿过阿队合围，传给禁区右边的穆勒，穆勒传球过高，越过禁区中央的卡雷卡，落在左侧，巴苏阿尔多拿球。布鲁查加撤到后场接应，巴西人跟来，布鲁查加转到中路，经鲁杰里传左路，奥拉蒂科查被邓加追上绊倒。阿队获得任意球。

33分58秒，迭戈任意球开到左前场，卡尼吉亚跃起力抗3人围攻，球被巴西截出左边线。奥拉蒂科查界外球回掷中路，朱斯蒂吊向冲到禁区正前方的巴苏阿尔多。

这是阿队首次有多达8人进入巴西的半场。

巴西禁区内配合失误，险些让卡尼吉亚抢得射门良机，后卫一脚解围向中场。巴尔多回传邓加重新进攻。左路加尔旺分球给中场阿莱芒，遭迭戈和卡尼吉亚夹击。邓加接过，吊到后场。戈麦斯递给加尔旺，从中路再传邓加，又传给前场阿莱芒，阿队从其右侧倒地截走，打向左路。特罗格里奥躲避抢断，摔倒前飞身前推，迭戈跟上回敲中路布鲁查加，三角短传利落。卡尼吉亚前方接应，但布鲁查加过中圈就被巴西撞倒。

【采访三】

记者： 贝利先生，怎么判断您和马拉多纳谁是世纪最佳呢？

贝利： 你们知道，我参加过三届半世界杯，共打了 14 场比赛，夺得三届冠军；而马拉多纳也参加了三届半世界杯，打了 21 场，只拿过一届冠军，里面还有一个有争议的手球。虽然他的助攻比我多两个，但我的进球比他多四个。我获得的职业俱乐部各类联赛冠军就更比他多了。还有，我无论是世界杯，还是职业俱乐部正式比赛，官方认可的进球总数，也都比他多。另外，我一辈子主要在祖国巴西踢球……

（注：两人世界杯遭犯规的总数：贝利 29 次，老马 152 次。）

记者： 迭戈，您和贝利谁是……？

马拉多纳： 打住，你上大街随便问去。

……

贝利： 当然啦，马拉多纳还是比梅西要强……

（这里我要批评马拉多纳，你的这个奖是要人家 FIFA 授予的。不管评什么奖，关键看你重不重视。就你这个态度！不过上面这些报道倒让我觉得，如果说贝利可以做统计学家，那马拉多纳应该可以做个太极斯多葛派哲学家。）

特罗格里奥两开攻势　巴西阿莱芒绝地回球

35 分 40 秒，特罗格里奥任意球吊入巴西禁区左侧，蒙松头球顶向禁区中央，迭戈冲上，胸部停球给右侧，巴苏阿尔多接球转身想射门，遭巴西 3 人封堵，被迫回敲身后，特罗格里奥未控制好球，球从其身左滚到巴尔多脚下，巴尔多立即中路反击，与卡雷卡和穆勒突入前场。巴尔多传给右边穆勒，力量过大，被阿队冲出禁区截获，给到回防的特罗格里奥，再传左路布鲁查加，遇巴西夹击又回传后防线。

阿队沉稳片刻，特罗格里奥中路再启攻势。朱斯蒂过中场传左路迭戈，被巴西从身前挡下，尤尔金霍传给巴尔多，自右路突进，巴尔多横传中路，邓加果断长传左路找阿莱芒，球开得过远，滚向边线。阿莱芒全速追赶，压线回球，赢得全场掌声。布兰科左路接球冲击禁区，被阿队正面阻截，回传卡雷卡，转中路的邓加。阿队全线迅即缩回后场。

电教室里，有同学说看到没，跳桑巴的，就是比跳探戈的快几拍。老戈同学回道：探戈也挺快，防线收得哧溜溜地快。

【采访四】

……

贝利：如今看来，内马尔也比梅西强。

范·巴斯滕：任何说梅西不如 C 罗的人都不是真正懂足球。

瓜迪奥拉（拜仁时期）：梅西不是某个教练或某个策略能阻止的。

马拉多纳：他当然可以说内马尔是全球最好的，前提是梅西是外星人。

贝利：梅西看来是赶不上我了。

马拉多纳：他指的是进博物馆这事儿。

……

卡纳瓦罗：马拉多纳是历史最佳，大罗可能和他接近……

比拉尔多：贝利拜将于春秋，迭戈封帅于战国，梅西与 C 罗成就于克己复礼，时可曰先后，势无谓高低。

我：不和稀泥，站队卡纳瓦罗。

36 分 43 秒，邓加向左横拨，躲过铲断后，娴熟带球旋身晃过阿队两人，传到右路。罗查在前场中圈外接球，传给右路尤尔金霍。后者沿边线敲给巴尔多后，自己冲向禁区配合。

巴尔多吊向禁区，被阿队横挡，形成原地凌空，阿队随后头球给中场的迭戈，被巴西抢得二次头球。巴西 3 人在前场右路交互渗透，蜂穿乱叶般轻松化解阿队的几度逼抢，在全场掌声中吊至左路，阿莱芒配合队友在中场突破卡尼吉亚和迭戈的依次阻击，远射禁区外沿，卡雷卡接应时从背后推倒防守者，犯规。

【采访五】

记者：迭戈，贝利先生说您吸毒，给孩子们树立了坏的典型。

马拉多纳：我不知道，什么典型？谁树的？他自己的丑闻那么糟糕（巴西坊间一个多年的传言，贝利坚决否认），我不知道那是好典型还是坏典型。我要是没干糟践自己的那些勾当，他连足坛老二都轮不上。

记者： 迭戈，贝利先生说您出任 2010 年国家队教练是因为没钱了，需要份工作糊口……

马拉多纳： 他还没进博物馆？他误服了昨晚忘吃的安眠药，该考虑换个大夫。

记者： 迭戈，贝利先生说他在考虑竞选巴西总统……

马拉多纳： 告诉他该换药了。

记者： 迭戈，贝利先生说……

马拉多纳： 我不在乎他说啥。

以上这些交锋，都是媒体报道的"空战"。老马说过，他和贝利本来可以一起做很多事情，可惜贝利总怕被他抢了风头，怕老马会夺走他世界第一的封号。老马声明，其实，他从没想夺走什么，何况球员对那些封号是无能为力的，那全凭球迷们个人的感觉。

（其实造成这种局面也不怪贝利。知情的人说，起初二人在足联安排下有过共同活动，是那些球迷不懂事，蜂拥过去都围着老马要签名，把老贝利和足联的人晾在一旁，场面乱糟糟，这谁受得了！）

马拉多纳和贝利之间的直接互动，一直都很友好。'94 世界杯后，老马失意之时，贝利仗义施援，邀请他去自己的老东家巴西桑托斯队当球员兼教练。虽然老马最后还是决定留在阿根廷踢球，但他在传记里讲述这一段时，对贝利表达了十分的感激。

2005 年马拉多纳主持的电视访谈节目 "10 号夜谈"，也邀请贝利当了首位嘉宾。2016 年两人还共同出席国际慈善比赛，拱手抱拳，紧紧拥抱，亲密无间。迭戈对贝利一直称呼"王"。

2019 年，贝利住院疗疾，消息一出，马拉多纳就在社交媒体上发了一张两人 40 年前在贝利家的合影，并写道：……那时我们多么年轻，希望你早日康复，加油，贝利王。

2020 年 4 月，FIFA 发布了抗击新冠疫情的宣传短片，拍的是各国球星在家中为医护工作者鼓掌，马拉多纳和贝利最后出场，还是由贝利压轴。代表中国出场的是女足前国脚韩端。

16 | 球性

La "futbolidad"

巧过人迭戈显老到　踢小腿巴西接黄牌

37 分 45 秒，阿队获得后场任意球，特罗格里奥中路接到，吊向左路，奥拉蒂科查传中给鲁杰里，后者奔过中场，闪过右侧飞铲后出球。迭戈在前场回身接应，被巴西 3 人迅速靠拢身前断下，再次横分左路，布兰科引球反攻，递到角球区附近的空当，罗查接上，遭西蒙争抢出界。

38 分 18 秒，巴西前场左路界外球掷给禁区外沿的巴尔多，再传向中路阿莱芒。布鲁查加跟在二人之间抢断，阿莱芒踢球出左界。阿队掷边线球，巴西再次抢断出界

第二次界外球掷出，朱斯蒂胸部挡了一下，转身高吊向球场另一侧空当，禁区外阿队左路接连前递，交给中线附近的迭戈，迭戈回身，左脚揽右脚推，驱球闪转，斩落巴西 3 人的围网，无停顿推回中路。

特罗格里奥趟过中圈，向前方布鲁查加和卡尼吉亚传球的同时，被回防的罗查迎面踢中小腿倒地，痛得大叫。裁判亮罗查黄牌。阿队召唤队医。

阿根廷队助理带了饮料箱入场，录像显示，布兰科也上前喝了一瓶。

球性

被踢中小腿"迎面骨"是我小时候最害怕的。有时护腿板也不起作用。我 13 岁曾被派到 15 岁组打比赛，16 岁正式进入阿根廷青年人俱乐部一队比赛，得到的一大收益就是在较早的年龄，提前见识了真正有威胁的犯规。我个子小，重心低，很快学会闪转腾挪，躲避攻击，保持平衡和进攻的顺利，当然很多时候是躲不开的。我年轻时候，球员受重伤是常事，那时的球迷们似乎觉得场上要硬碰硬地对抗才有意思，听解说才更带劲，才有"球性"。

【老马:

我那个年代以踢球为职业的,大都是穷孩子。那时有句俗话:有钱的去剧场,没钱的去球场。穷人看球的也多。我们从小在土场上、野地里踢球,什么摔打都有。 卡尼小时候在老家的空地上踢球,地上竟然长着一摊一摊的刺荆,让他几十年后说起来还心有余悸。巴蒂斯图塔那么优秀,可他起初踢球是为了付学费,上得起好学校。15 岁时他曾想弃球读大学预科,幸被贝尔萨教练识中,进入职业队后遇到好教练引领,这才死心塌地踢球。一众球星里,唯有他公开说过不迷恋足球。退役后,他拿到了教练证书却并没有去执教,而是学习运动心理学,研究球员的诸多问题和后遗症,同时开了个建筑公司。

那时富人基本都打网球,打高尔夫,中产阶级的孩子哪怕年少时踢过球,也往往上大学去了,毕业后当了白领, 或年轻时就去欧美留学,他们中间专业踢球的不多。现在不一样了,足球是运动,也是买卖。 "一个穷孩子的游戏,已经变成推动富人事业的机器,像个制造英雄、剥削大众情感的全球化企业了",这是老队友巴尔达诺说的。

今年年初(2020 年), 在疫情暴发之前,我的外孙跟我去看队里的比赛,赛后,他央求说想要得到昆汀的 9 号球衣。我让昆汀把球衣脱下给了他,后来我女儿告诉我他一整夜穿着,睡觉也不肯脱下。

巴尔达诺说:我们年少时,心里只想着球。而现在有多少孩子更惦记着得到一件他们心目中英雄的球衣? 这种对英雄痴迷的心态,使球星的魅力超过了足球本身。问问现在的孩子,球星的球衣和踢球,哪个更重要? 有多少孩子会觉得踢球比攒球衣、球卡、见明星、签球衣更有趣?

巴蒂、卡尼和我前几年曾上了个节目聊天。主持人问到我们当年在意大利踢球的体会,巴蒂说我们那时去欧洲的一帮人,都是从小在野地里、在街头踢出来的,有种自然的临场适应和即兴发挥的能力,也叫 "狡猾",而意大利的球员们都是足球学校出来的,这方面轧不过我们。我听了刚想笑一下,猛然想到现在阿根廷的孩子也基本是在学校里学踢球了,又没法笑了。

我很小的时候,全家都是博卡青年队的球迷。当初比赛没有很多电视转播,家里也没电视,我的父母用小收音机听比赛的实况。我 20 岁那年,河床队想买走我,我的第一反应是,何不去博卡? 那对我们全家该有多美妙。那时博卡不像河床那么财大气粗,他们能提

| 迭戈的小卧室

供给我的，就是城里一套免租金的公寓，而河床则允诺给我球队主力的工资，这是每年几万美金的差距。我最终带着全家搬进了博卡的公寓，因为我觉得博卡会让我的家人快乐。我们全家在这里住到我被巴萨签走。现在，博卡的这套公寓被改成了迭戈博物馆，我住的那个小房间原样未动，窄床，小桌，唱片机，杠铃，全在那里。如今，全球化了的今天，我不太肯定是不是还会有那么多孩子从孩提时代就成为一支球队的忠实球迷，

会伴着一个俱乐部的历史成长。

巴尔达诺说，我们当年比赛，平均每人每场跑动距离有八九公里，而现在，超过11公里。也有人注意到，比起过去，现在的球员拼速度，拼态度，更加积极。我感觉这可能不光是现在大家对自己要求高了，是观众要求也高了，现在大部分观众是电视（网络转播）观众，全球电视观众。作为球员，每次上场都像完成一次自我表白，每次触球都像表白的一个词，一句话。你不可能一直表白，需要在表达中加个逗号、句号、省略号，但是电视，总想着给观众们看惊叹号。现在的球员比我们那一代可能整体技术更好，攻势更频繁更凌厉，赛场更壮观，服装也更讲究，但是我当年可以做得挺漂亮的一点，他们可能不会去做了，就是"暂停"，我们俗称"勒缰"——让头脑的活动驾驭身体的行动，让攻防的节奏有个人的印记，让求快和求准之间有个舒服的过渡。现在的"勒缰"基本都让插播广告做了，没有"球性"了。

曾经有个当了教练的队友问我，什么是体育运动之王，我说，是足球，它还是最受大众关注和参与的。他说不，是电视。这样说来，球性并不太重要，没了电视（网络），才是最要命的。足球再美，抗不过大家对"赢"的要求。电视抓住观众就算赢了，而球员们则要做更多，尽管观众们看不到。

前几年有传言说百米赛神博尔特要踢足球，靠速度取胜，巴尔达诺就提醒他注意，百米赛跑达终线，就算解决问题了，而足球赛，当你追到目标——球，问题才刚开始。

巴尔达诺在皇马训练时，看到场边有队务做例行记录，对每个球员都作，全场跑动多少距离，奔跑最高速度是多少，运球速度如何，都跑到过赛场的哪些方位等等。他问他们，做这些记录干什么用？回答说还不知道，等哪天知道了，数据都摆在这儿，不用现去找。他听了摇摇头想：记录这些大概可以让那些不会分析的人有分析可做，还可以用来标码球员的价格，让不懂球的老板选购时心里踏实点。可是别忘了，速度不等于精确，跑动多不等于配合好。而且，速度有两种，一种是你场上测得出的，另一种，是脑子里的，比如，你拿球之前多快能选出最佳路线和打法，而不是拿球后，让对手逼着才做选择。比速度更重要的是，你能否一次就把球传到位？球从你脚下出来，是否更有利于队友的行动。现在把人测得越来越细，却少了球性了。

也许在今天的孩子心目中，踢球可以使人变成英雄，帅呆，而我当年只知道踢球让我和同伴们快活无比。踢球时，我们眼中是没有自己的；赢了高兴，因为进球了；输了就更盼望明天，大家再来。我这辈子唯一痴迷并且做得好的事情，就是追在球后面跑。对于我，足球是生命里最重要的部分，但不是全部。我说过，要是让我天天练球，我肯定会被撕成两半，早完了。那么对于大多数人呢？意大利教练萨基说过：对大多数人来说，足球可能是最重要的——在世上一切次要的事务里面。如今的足球是一桩关于英雄的买卖，原先轻松逍遥的暑期，已变成众人瞩目的交易战／转会战，继续引观众入胜。也许因此，巴尔达诺感叹：足球现在更像是个没有心脏却消费各种心情的运动。消费也让"球性"弱了。

英雄也好，明星也好，都是要被消费的。2007 年，库斯图里卡制作了那部关于我的纪录片。影片发行前，他邀我观看样片，我半开玩笑半认真地对他叹气道：你看看，我过去把自己糟践成什么样子了。他严肃地盯着我说，迭戈，你从来没有妨害他人，是我们所有的人把你消费得太厉害了。但是你能拒绝被消费吗？ 】

17 | 素质

La amplitud física

阿队终获首次角球　迭戈不敌蓄意犯规

40分25秒，阿队第二次前场任意球。

迭戈中路吊向巴西禁区右侧，阿队两人争顶未果，球被巴西踢出底线。

40分33秒，阿根廷队获得第一次角球。在骤起的嘘声中，迭戈上前主罚。球开出一个小弧度飞向近门柱，蒙松又像打罗马尼亚队一样包抄，但未触到，球落地被巴西后卫挡到禁区前方，外侧的阿根廷队员迅速接应，闪过跟防，传向右侧角球区附近，迭戈和阿莱芒贴身抢夺。迭戈抢球技艺精湛，一秒钟后顺利得手，转身带走，遭阿莱芒猛拽右臂飞铲，他摔倒刹那出球，队友接传至禁区内。

41分13秒，鲁杰里在禁区内右侧跃起头攻，球弹落在门前不到一米处，贴右立柱飞出底线。比赛至此，这是阿队第一次有威胁的射门。

> 迭戈跌伤右肩和肋部，仍倒在角球区附近。队医入场治疗。时间稍长，观众嘘声一片。迭戈起身后，阿莱芒上前致意，两人轻击了下掌。迭戈手扶右肋，神情依然没有放松，缓慢走向中场。
>
> 后来队友透露，这次治疗时间稍长，不只因为迭戈的伤势，也是因为队医试图劝迭戈退场休息，迭戈拒绝了。

素质

天生的身体素质，加上我个人有优秀的训练师和医生，使伤病没有成为大问题。90世界杯，虽然损伤问题影响我的速度，特别是对巴西那场，但没能击垮我。

我从小痴迷于玩球，平时下午 5 点后，周末几乎整天。要不是父亲严令我好好学习，我平日会玩得更多。买杂货的路上颠个橘子，上学路上攥个纸团儿，踢着过桥，也踢着上台阶。我那时就注意到，不光速度，我的耐力也比同伴们强。通常玩几个小时他们就累得停下了，而我还奔腾雀跃。从小我就知道，我的腿很好。

13 岁时，我曾被教练改年龄改名字，参加 15 岁组的比赛，和现在有些俱乐部做的正相反。而且，因为踢得好，有时对方教练即使发现了也不吱声，只是等到赛后，找我的教练旁敲侧击。有的会说：您瞧，我带的这帮小子不少都开始刮胡子了，您队里那个"莫大拿"还得等几年吧？为了跨年龄组比赛，教练给我起了个"艺名"Montaña（ 西语"山峰"的意思）。有的则开门见山：您是不是把那个马拉多纳带来了？

能踢上二十几年职业比赛，无论如何还是幸运的。那个年代很多球星没有我这么幸运，运动损伤迫使很多人早早退役。

现在不能提当年勇了。2018 年，在墨西哥执教时，一次我还像过去一样，想演示如何接头球，年轻人脚力大，一个急高球直旋下来，挺准地砸在我额头上，我居然没作一点反应，保持着准备接球的姿势，直直被击倒在地。去年，我做了膝盖手术，至今不敢走快，尽管我心里还是希望像年轻时一样，几个月内就能恢复。

我的经历，或者道听途说，似乎让如今的年轻球员把我当作了吉祥物。比赛前，不管我的队员还是对方的，他们当中似乎有种迷信，会来教练席拥抱我，并亲吻我的面颊，看似问候，实则求好运，这让我感到很受用。（当活佛是否就是这个感觉？）以前踢球时，队友们的拥抱亲吻肩扛压顶，都能给予彼此动力和归属感，但那是并不遥远但回不去的过去了。

【**老马：**

我的身体素质要感谢我的父亲母亲。

我记事的时候，几个姐姐都到了可以工作的年龄，爸爸坚持让她们读书。我姐弟 8 个，靠他当工人的工资养活。 他的工作时间是早 4 点到晚 6 点。他常常累得回家倒头就睡，因为凌晨还要起床上班。有时他送我去练球，在公共汽车上站着就睡着了。我 13 岁之前，家里的生计一直捉襟见肘，妈妈在月底常会说自己胃痛，那是因为月底食物不够，她就找借

| 和队友们一起去喝咖啡

口远离饭桌，好让我们能多吃一点。13 岁那年，我正式进入俱乐部的 U 队，开始有了补贴，月底食物不再短缺。发觉妈妈不再放弃晚饭时，我终于意识到了这一点，偷偷大哭了好久。妈妈为我们做的牺牲永远让我心痛。几个姐姐有时也让吃的给我。我的身体素质好是因为我从小基本能吃饱饭，虽挨过饿，但不很厉害。而我的很多小伙伴们却不行。

我年少时最幸福的体验就是早晨妈妈用亲吻叫醒我，把早餐端到我床边。还有就是和几个少年队的伙伴们练完球，拿着教练分发的零钱，到店里买两角比萨饼和一大杯汽水，一人一口分完美味。日后踢职业队了，我们外出比赛时，我也不时和队友们一起去喝咖啡吃快餐，我喜欢那种感觉。

我的身体素质好也是因为我从小过得很幸福。我是家里第一个男孩，妈妈和4个姐姐对我非常宠爱，我是在拥抱和呵护中长大的。当我得到机会去城里俱乐部训练而没有路费时，已出嫁的姐姐们还从姐夫们那里拿钱给我。而我同样帮妈妈做家务，常拎着桶走几条街去公共自来水池打水，灌满家门前的大水缸。在我进入俱乐部一队前，家里一直生活贫困，但是对孩子最重要的东西从来不缺——爱和照应。

父亲是个正直的、有责任心的人。他的足球踢得很好，还在菲奥里多（阿根廷首都远郊的贫困小镇）组织了一支名叫"红星"的小球队，周末带领我和伙伴们在土场上踢球。一开始，他不太鼓励我专门踢球，直到我的少年队教练科内霍上门劝他，他还在犹豫，怕踢球会耽误我的功课。他告诉科内霍教练，他一直想让我们得到他未能拥有的东西——教育。那时我在学校里书读得还不错，虽然不太用功，但记性好。后来因为踢球请假多了，我的校长还去找教练交涉，教练就带校长看了一次比赛，说我肯定要走职业道路的，校长才放手。

小时候，遵照父亲的指令，我要做完作业才去踢球。当时爸爸妈妈都叮嘱我下午5点以后再出去玩，妈妈是怕早了太阳曝晒，爸爸是怕我完不成作业。有时我调皮他就会打我，因为沉重的劳作，他没有时间和我讲道理，但是他表现出的责任心和尊严，让我很早就有了长子意识，有了奋斗的意志。

年少时对踢球的痴迷恰巧一直有一种责任感相伴，身体素质的一部分实际是靠意志培养的。

13岁起，我就梦想踢职业足球。那时我的头脑里就清晰地知道自己以后想做什么——给妈妈买一套房子，成家，有孩子，踢世界杯，拿冠军——这些我都想到了，唯一没想到的，就是我竟然会吸毒。

……

另外，年轻队员知道我并不是根据道听途说，而是因为他们都看过很多我的比赛录像。许多录像都是根据球路、配合和进攻战术分别制作的，从中不光可以看到个人的技术，还有组织进攻和制造射门机会的洞察力以及领导者意识。那都不是臆造的资料，是我们这些老球员一场场踢下来的。

人们说迭戈曾经如何如何伟大，但是你能想象一下，就身体素质而言，如果不沾染毒品，我会成为一个什么样的球员吗？】

18 | 中场休息：马岛·慰藉

Entretiempo: Las Malvinas y una gran consolación

阿中场配合迭戈突击　卡雷卡险中巴西角球

42 分 58 秒，巴西门将球开右路，斜传中路时被阿队冲上抢断，打给中圈处的卡尼吉亚，邓加铲球未果，卡尼吉亚转身加速，阿莱芒跟上再铲，左侧特罗格里奥接过，推向中路的布鲁查加，布鲁查加顺势敲给迭戈，迭戈传给特罗格里奥，打了阿莱芒一个踢墙式二过一，突进中路，在禁区弧顶遇戈麦斯和罗查相继铲击后摔倒，阿莱芒跟上回传给守门员。

43 分 29 秒，塔法雷尔再次球抛右路，推到中线处，横传中路，阿莱芒面对卡尼吉亚的盯防迟疑了一下，继而回传，再度分到右路，巴尔多冲入前场接应，被特罗格里奥撞倒。

44 分 17 秒，阿队退守列阵，巴西任意球右路直吊禁区，穆勒抢上传给门前的卡雷卡，朱斯蒂倒地截下，情急中回给戈耶戈切亚，未料卡雷卡从左侧突然杀出，离门两米处飞身推射，戈耶戈切亚接球脱手的一瞬，倒地的卡雷卡滑步再打，球贴右门柱飞出底线。全场惊呼起伏。

巴西队获第六个角球。戈耶戈切亚不满地摊开双手，表示球是巴西人最后碰出底线的。

44 分 50 秒，角球开出，禁区内巴西推人犯规，戈耶戈切亚将球抛给左后卫，鲁杰里带球左路疾进，巴西队铲球出边线，奥拉蒂科查掷球到前场，裁判哨响。

46 分 03 秒，上半场结束。

上半时，两队实力悬殊。巴西完成 188 次传球，阿根廷 101 次；巴西 8 次射门，5 次有威胁，而且多是在阿根廷队员脚下断球后极有力的反击，阿根廷两次射门，1 次有威胁；巴西控球时间 63%，阿根廷 37%；巴西赢得 58% 的个人对抗，阿根廷赢得 42%。

中场休息

阿根廷 vs 巴西

1990 年 6 月 23 日，下午 5:30
意大利都灵市
德拉 – 阿尔卑体育场

马岛·慰藉

今天，2020 年 4 月 2 日，阿根廷马尔维纳斯群岛老兵日和国殇日，新冠疫情依然严重，大家依然在家自我隔离。我在社交媒体上发了一张照片，上面是马岛战争中一队神情肃穆的士兵。我写道："荣光属于你们，马尔维纳斯属于阿根廷"。1982 年那场阿根廷输给英国的战争共阵亡九百多人，其中六百多是阿根廷官兵。双方阵亡比例约 2∶1。

每年 4 月这天，我都会在社交媒体上发纪念马岛的帖子。这场战争在我的生命里，在我的足球生涯里有着很深的印记。

1982 年我第一次参加世界杯，全队在驻地合影时，就打出马岛属于阿根廷的标语。世界杯开幕第二天，阿根廷输掉了马岛战争。几周后，我们止步 16 强。阿根廷国家报在报道我们被淘汰时，用了报道马岛战败同样的标题——"阿根廷输了"。

因为这场战争的缘故，'86 世界杯当我们和英格兰在 1/4 决赛遭遇时，全球瞩目。所有人心目中，这是两国几年来在全世界面前第二次交锋。这一次，双方没有武器优劣之分，拼的是人。

马岛战争爆发时，我在上初中。那两个月，广播、电视和《参考消息》报上几乎每日都有战况报道。据说历史上，马岛先由荷兰人发现，后来成为法国殖民地，西班牙向法国购买，英国也来争夺此地，西班牙占了上风。十九世纪初拉美独立运动胜利，西班牙撤离，阿根廷宣布继承这块离大陆 500 公里的原殖民地领土，而英国也乘虚而入。跟第一次鸦片战争前后脚吧，英国"驱逐"了岛上的阿根廷军人，宣布马岛为英属，岛上居民一直以英籍为多，一直支持英国。

二战后，英阿两国为马岛谈判了好久，无果，直到 1982 年初阿根廷军政府突然出兵占领马岛。据说阿根廷当时以为英国不至于为此大动干戈，并没有真正备战。仓促应战的英国则践行了"虽远必诛"，派出特混舰队，远航万里展开夺岛行动，还把阿根廷最大的一艘巡洋舰击沉了，奠定了阿根廷的败局。

后来，我们大学里开必修的军事理论课，年轻的教员是从军事院校请来的，他提到过马岛，那是伊拉克海湾战争之前最引人关注的国际冲突。我记得他讲阿根廷空军表现很出色，倾力而战，可惜海陆军配合不佳，再加上智利背后捅刀，悄悄和英国分享雷达情报，法国断供军火。阿根廷的朋友说过，当年有很大民意支持军政府的行动。那时候有个电视节目为马岛守军募款——因为糟糕的后勤，前线士兵衣食堪忧。21岁的老马率先捐款，然后带动国家队队友们一起上节目助捐。当然，也不是所有阿根廷人都支持打这一仗，特别是精英阶层并不赞成动武，

| 阿根廷马岛纪念碑，镂空处为失地马岛形状

而且战争爆发于阿根廷经济和内政危机重重之时，此举有转移国内矛盾之嫌。北大西语系丁文林教授来讲座时提过，当时欧美一致站队英国，只有百多年前的宗主国西班牙略表同情，毕竟他们的直布罗陀也让英国占着呢。

赛前，阿根廷全国一片期待之声。后来英格兰队中卫雷德说，他们也相继收到了最高级别的鞭策——女王和首相勉励取胜的加急电报。赛前几日，我们的营地时刻都被记者们围着。教练对我们只强调一句话，专心备战，责无旁贷。

和英格兰的比赛我们轮着穿深色球衣。比赛前两天试衣，我们觉得那些蓝色球衣的圆领太紧，会让脖子根儿不舒服，教练怕这样影响呼吸，就要求换成 V 字领。但供应商说我们提得太晚，来不及。比拉尔多坚持更换，他自己在当地买了 V 领的 T 恤衫，请驻地旅馆的几位厨娘赶工，帮着给胸前缝上队徽，在背面拿熨斗熨上号码，就成了第二天全世界看到的我们身上的球衣。

队友巴尔达诺曾经被媒体"逮到"，询问他对即将到来的阿英对决有何看法，是不是报复英国的好机会，有没有收到什么指令和要求。这个学校里的尖子生，从少年时代起每次训练比赛后都做笔记的足球学者，开口说道：

这场比赛是最容易让白痴们感到困惑的。阿英遭遇战本身就自带诸多元素，本身就已经足够有意义：首先，这是 1/4 决赛，输球的一方会被淘汰；其次，比赛是两种截然不同的足球风格的碰撞。这就足够了。我们不需要再往里添加任何冲突性的元素了。不需要在这道本身足球味道浓厚的佳肴里添任何可笑的佐料了。政治和体育长久以来一直被人们混淆在一起，但是，政治因素如果不被带入球场，会对足球运动更有帮助一些。我们的使命是踢球，不是别的。这是一个绝好的机会，让世人得到一个实实在在的教训，让他们懂得要和一切不明就里的东西保持距离……

这就是出口成章，等于直接给他们口述了一篇社论。那家报纸还真的全篇照登了。

比赛前一天，我在驻地门口被球迷拦住索要签名时，记者突然围上来问明天对阵英格兰会怎么打，我签完名，不急不忙地说：脚踏实地打，用阿根廷惯有的方式打，对阵谁也没例外。

我们这帮二十几岁的球员，当时成了阿根廷的代言人，我们代言着阿根廷的尊严。我当时感到很骄傲。

　　前国脚布朗回忆：
　　尽管教练们对外对内一再强调比赛就是比赛，和别的（马岛）没关系，不要分心，我们每个人一直以来也都没说什么，可是，比赛的前一天，我脑子里意识明晰起来。比赛当天，几乎人人都比集合时间提前半小时到达。当我们即将列队走入通道，和英格兰队汇合的时刻，迭戈自行对我们做了新的动员：记清楚，比赛和马岛有一切关系！我们为那些阵亡的人和他们的家人报仇的时候到了！干这帮XXXX，干掉他们！…… 他公然违背了教练的意思，挑明了大家的心思。他是场上队长。我听得热血沸腾，对于我，这就是决赛了，恨不能马上冲上场去……

这场比赛的两个进球都被载入足坛史册，没有任何球员在几分钟内打入过这样两个球："上帝之手" 和 "世纪进球"。它们于我本人也是可遇而不可求的。英格兰守门员希尔顿一直对我饱含幽怨，因为有评论说，我的第一个入球侮辱了他的智商，他没想到比他矮一头的我会和他争头球，而且抢先起跳，占了制高点；第二个进球挑战了他的情商，我连过5人攻到他面前震住了他，他竟对我的射门没作什么反应。

【老马：

布朗外号"大大"，长我4岁，打后卫，是比拉尔多教练的 "爱子"。他少年时曾在比拉尔多麾下受训，16岁被选进俱乐部一队，在阿根廷青年队，国家队，也一直都是比拉尔多带他。

他头球很强。他在国家队最著名的进球就是'86世界杯决赛对阵西德，利用角球机会头攻第一个破门。他在决赛场上撞坏了肩膀，仍忍痛坚持到终场。你看录像能看到他用手紧揪住球衣的情景，他把球衣抓破了一个洞，那是他在对付肩膀的剧痛。这伤后来成了顽疾。

'90 世界杯，已是老将的布朗和巴尔达诺也随队到了意大利，两人刻苦训练，却在最后一刻被拿出正式名单。当时他们哀叹： 我们就像奋力横渡了大洋，却淹死在岸边。对苏联的比赛， 守门员蓬皮多重伤了腿，是布朗跟着救护车送他去的医院，并且从医院打电话告诉我们，那边有他，让我们安心准备后面的比赛。他有两天就睡在蓬皮多的床脚，时刻照顾队友。后来，也是他陪蓬皮多乘机返回阿根廷。队友们都很想念能讲笑话的他。他讲的那些笑话巧思名目又提振精神。

布朗退役后，做了多年的国家青少年队教练，2019 年因病去世。我在社交媒体上发图文纪念了这位老队友。今年 3 月给比拉尔多祝寿时，教练的家人透露，至今还没敢把布朗去世的消息告诉他的老师父。

与英格兰大战后，比拉尔多教练被问起如何看待这次"成功的复仇"，此前一直不接受采访的他这样说："我不是一个复仇者， 我希望我们的年轻人也要知道，生活并不存在于报复之中。我们的年轻人需要开创未来，这样我们的国家才能够提升，才能继续进步"。】

2016 年，在阿根廷一个纪念 '86 夺冠的电视节目上，几个当年的冠军队员回忆了对英格兰的鏖战和激情。后卫鲁杰里提到，大伙进入更衣室时，迭戈拉住他单独说了句话：你现在是全队状态最好的！坚持住！别让那帮孙子过你！让他备受鼓舞。布鲁查加马上接过话：迭戈私下也对我这样讲：你现在的状态最牛，我们要靠你！他们挡不住你！巴蒂斯塔说：你我不是刚刚才意识到吧？迭戈是多么伟大的头领，他可不光会踢球，他把全队都变成最棒的。还有，我也一直没忘记教练上场前的鼓励：小伙子们，荣誉是无价的！

不过，在这个节目里，有了更加丰富的人生阅历，鬓发花白的老球员们，都没有把球场上的胜利表达为阿根廷作为一个国家的胜利。他们说，对于那时输了马岛的阿根廷人，这次比赛是一场慰藉，一场伟大的慰藉！

下半场

阿根廷 vs 巴西

1990 年 6 月 23 日，下午 5:30
意大利都灵市
德拉 – 阿尔卑体育场

19 | 关于媒体

Sobre los medios

卡尼穿梭再现凌厉　巴西配合又造危机

下半时开始。迭戈一如既往先画十字祈祷了一下。阿队开球。

布鲁查加推球给迭戈，迭戈右脚外侧敲给卡尼吉亚，卡尼吉亚飞奔突破巴西两人的夹击，斜冲到禁区右侧边线，一个急停把一名对手晃出线外。他回身闪过左侧的防守者，传给跟上的巴苏阿尔多，同时双腿迅捷腾空越过迎面飞铲的第三名对手。巴苏阿尔多旋即吊向禁区右角，卡尼吉亚循球闯入禁区。

45分19秒，裁判吹卡尼吉亚越位。

45分36秒，塔法雷尔右路长吊给前场邓加，邓加和卡雷卡短传向禁区渗透，遭阿队两人贴身防守，回球给中路跟上的阿莱芒后，冲入禁区。阿莱芒长传，禁区中央的穆勒几乎接到，全场顿时兴奋，但布鲁查加迎上解围，布兰科和巴尔多顶着阿队二人的围抢和卡尼吉亚的回防，把球送回后场，倒脚3次，调给左路。罗查前传巴尔多，又回传中路，阿莱芒前冲时，阿队抢出边线。

巴西后场右路掷界外球，阿莱芒沿边线攻入前场，凌空打入禁区另一侧。卡雷卡冲上抢得空当，离门约5米处跃起头攻，球偏过大门左侧，弹地飞出底线。四周欢呼又归于惋惜之声。

关于媒体

中场休息时，大家用了几分钟喝水换球衣。然后，除了理疗师和队医在忙着帮助有需要的人，更衣室里死寂一片。大家抱着双臂，坐在教练周围，大眼瞪小眼。教练后来说，他当时感觉我们在守灵似的。大伙都知道打了一个什么样的上半场。面对憋屈的表现，我不知道该说什么，我不会批评任何队友，只有随着大家沉默。我心里明白，刚刚过去的几十分钟里，巴西是可以 2 : 0 领先的。他们线路多变，战术灵活，而我们的失误又多给了他们一半的机会。巴西队几次险些命中，都是从我们脚下断球反击所致……我脑子里有一阵全是空白。

大家等着教练发话。一般在此时，比拉尔多会说个不停，给出各种提醒指导，然而，这次中场休息，他一直坐着，一声不吭。后来，裁判来敲门，下半场要开始了，比拉尔多走过去拉开门，大家悄没声相互看了一眼，仿佛都在确认教练没把自己换掉，然后原班人马起身跟随。这时教练转过身说了句话，只此一句：小伙子们，如果照这样打下去，总是让黄的"缴球"，我们就输定了（注：阿根廷队内惯称巴西"黄的"）。说完他率先走了出去。我们听罢，默默上场。有媒体日后记述了比拉尔多这句"训话"，说这是我们下半场有起色的关键。

（比拉尔多教练曾说，这次是他执教生涯里唯一全程沉默的中场休息。上半场每个球员都犯了错误，包括守门员。起先队员们喝水换球衣上药，他坐在那里盘算着从批评谁开始，但看到时间只有不到 10 分钟了，不够把每个人都批到，心想不能只给一部分人挑错而放过另一些，那不公平，所以干脆都不说了。等到要上场了，忽然又感觉还是要说点什么，所以才有了那么一句话。）

不过，据几个队友回忆，给他们最大触动的，还不是主教练那句话，而是开始重新登场时发生的一幕。那时，赛场四面各有一两台摄像机——不像现在，能有好几十台——比拉尔多走过几个摄像师身边时，扭头对队员们说：他们那机子是跟着球转的，你们不行就踢大脚，往那边禁区踢，别让人家老盯着咱们后场。大家一听都明白，无奈的比拉尔多，还努力想让我们在媒体面前保留一些颜面。

下半场，我们醒了过来。

布鲁：

'90 世界杯，很多媒体报道说，我们是一支平庸的队伍，全靠阴差阳错的运气进了决赛。

但是我们全队经历了什么，只有我们自己知道。

媒体都没注意到，其实除了对巴西的上半场，我们从来没被任何队压制过。我们的运气其实是很差的，迭戈的踝，鲁杰里大腿都带伤，我的膝部训练时新受了创。对巴西比赛前，迭戈的伤加重了，塞里苏埃拉和巴蒂斯塔受罚都不能上场，只有让朱斯蒂和鲁杰里这个伤员上。蓬皮多撞断了腿，还有队员被紧急征召，开赛前首发名单才刚刚确定又做了变更。任何一支队伍都没有碰到我们这么多情况。但是我们顽强应对了所有的不测。意大利在遇到我们之前是场场完胜，我们才是他们碰到的最硬的队伍。

【老马：

球队最大的问题是青黄不接。我加入全队集训后，老将布朗、巴尔达诺都在最后一刻被排除，有几个新队员比如巴苏阿尔多，我都不认识。所以一听主教练说要把我信任的卡尼也移出名单，我就急了。我和卡尼打过一次比赛，我弟弟曾和卡尼一起参加过国家队候选资格集训，虽然他自己最后没入选，可对卡尼赞不绝口。大家需要训练协调，打比赛磨合，但是媒体不给我们面子和时间。

媒体的作用是什么？信息？监督？批评？阿根廷有的媒体最擅长的是庆祝，庆祝赢球，庆祝当选，庆祝一夜暴富。因为庆祝不需要做多少功课，不用仔细追究为什么，怎么做到的，谁在场上施展，谁在场外发功。对于他们来说，胜利就意味着宽容一切别的东西，包括导致日后失败的东西。失败呢？就意味着被唾弃一切。他们不擅长批评，他们的批评就是嘲弄，或者绘声绘色抖出所谓内幕，夸张事实，渲染对立——今天迭戈和哪个人急了，明天哪个队员可能要毁约了，把成功或失败归结在某几个人身上。

媒体仿佛觉得上届世界冠军就得一直强悍，输了球或配合不佳就是我们不努力，人选不行，不动脑子等等。'90世界杯之前，我们连着两届美洲杯都没能夺冠，到世界杯开赛之际，我们有8场比赛颗粒无收。主要是新老队员衔接不理想。那时卡尼等一众小队员刚刚加入国家队当替补，加上有些主力队友不能回国参赛，而我则十分疲惫。1989全年我打了五十多场比赛，累坏了。

舆论的偏激对教练组和足协的头头脑脑们是有影响的。比拉尔多曾说，一篇报道，可以让所有的人都爱你，也能让所有人都恨你。阿根廷最大的体育周刊在我们战平罗马尼亚后打出标题："国家队钻窗爬进下一轮"。我不知道这对伙伴们的心理有多大影响，反正我不喜欢媒体的这种做法。

比赛一场场打下来，我们其实在不断进步。】

卡尼：

我不像迭戈，每天必看报看新闻。媒体舆论对别人有没有影响我不清楚，但可以肯定，对我和我的同屋特罗格里奥没有任何影响。我俩是队里岁数小的，集训选拔时就是同屋。我们当时都在意大利的维罗纳踢球，开赛前一个月来到驻地，大家训练备赛，都挺愉快。

世界杯开幕前的那周，教练让我们看喀麦隆以前的比赛录像，大家都只看了一遍，特罗格里奥是唯一一把录像重看一遍的人。他利用午饭时间，一个人在电视机房看。迭戈还特意悄悄把我叫过去指给我看，意思是要我向他学习。第二场比赛对苏联，特罗格里奥为阿根廷打入本届第一个进球，振奋了全队。特罗格里奥退役后在南美几个甲级俱乐部当了多年教练，还带领快要降入乙级的一支队伍成功保级，并进入上游，在阿根廷是很有名气的教头。

世界杯开幕前两天，教练规定赛前 48 小时要严格作息。我俩晚上睡不着，就人手一机任天堂，偷玩俄罗斯方块和超级马里奥。（这些游戏早被大家忘了吧？）我的床靠门口，偏赶上比拉尔多悄悄来查房，我先被抓到了。其实我听到点动静，但是因为处在马上就要救出公主的当口，对教练反应稍迟。特罗格里奥一听门响就慌了，先把机子往我床上一扔，才扭身装睡——这笨驴为什么非要先把机子还我，这能骗得了谁？

在意大利集训期间我开始抽烟，主要是觉得无聊。我不怎么扎堆凑热闹，习惯独处，有时感觉集训营太无聊就抽烟玩——那时候人们还没有像今天这样普遍讨厌烟味，香烟广告也满天飞。特罗格里奥以前从没吸过烟，我有天在屋里拿烟时顺手递给他一支，问他要不要试试，结果他根本学不会，抽了半支就被呛得连连咳嗽，还让教练察觉了。比拉尔多那次没有找我们，而是到迭戈和巴蒂斯塔的房间去，问他们知不知道有队员抽烟。迭戈答应比拉尔多他会处理。教练走后，他就来到我们的房间。

迭戈怼媒体时会显得伶牙俐齿，锋芒毕露，但他实际上是个很和善的人，对队友从来没有高高在上的样子。他进屋就对我们说：卡尼，特罗格里奥，开窗，开窗。然后告诉我们，

| 卡尼和特罗格里奥
（图片来自Pedro Troglio Official Facebook）

烟味发散到楼道里了，这是个简陋的旅馆，房间需要常通通风，教练不喜欢订豪华的住所，宁可把经费花在别的地方……他没有一点怪我们的语气。我感到不好意思，告诉他不会在房间里抽了。其实之后的整个杯赛期间我就没怎么抽过烟。特罗格里奥更是彻底不再尝试。

后来，教练赛前宣布对喀麦隆排阵，我俩都没首发。名单一宣布完，我气得扭头就走，教练在后面不知对谁说"得和这小子谈谈"，我也没回头。回房间后我一直发呆。特罗格里奥跟回来，气嘟嘟地冲我抱怨，全都是抽烟和玩游戏闹的。

　　年轻时我接受媒体采访不多。像很多球员一样，我和媒体之间没有敌意，也不怎么亲近，没有很多那方面的朋友。看到媒体对迭戈的私事穷追猛打，队友们都形成默契，坚决拒绝谈论任何球员的个人生活，至今如此。采访就是说说比赛的感受，一分钟完事儿。有人说这叫"酷"，叫"端架子"，其实，除了踢球，我真的没什么好说的，大家关注我们也是因为我们赛场上踢得好罢了。

　　退役后，我没有像很多队友那样去当教练，而是经商，做体育咨询，偶尔也在朋友开的足球学校里帮助教学，赞助个夏令营，希望碰到优秀的人才。我有时被一些电视节目邀去参与评论比赛，算是了解了点儿媒体人的工作。真正坐下来仔细谈足球，聊职业生涯，是在最近几年，一是因为的确有些感悟，二是当年不便说的一些事情，现在都觉得没什么大不了的了。

20 | 86 传奇

La leyenda de 86

巴西三路轮转攻势　阿队两人同时负伤

47分16秒，戈耶戈切亚球门球大脚开向中路，但裁判吹停，要他重发。迭戈把球回给戈耶戈切亚，门将大脚开向右路，阿队争顶得球，特罗格里奥和朱斯蒂在中圈遭巴西3人围堵，朱斯蒂护球被撞倒，阿队获得任意球。

48分16秒，西蒙中场长传打入巴西禁区左侧，鲁杰里头球未及，尤尔金霍挡下，闪过卡尼吉亚和布鲁查加，带出禁区左侧，阿莱芒接应时，特罗格里奥抢出左边线。巴西得到界外球。

48分50秒，巴西后防线自中路推向中圈，加尔旺遭阻截，斜传至前场左路，穆勒沿边线突破传中，打在跟防者身上出界。布兰科在角球区旁掷向禁区外沿，邓加接球，传入禁区，阿队大脚挡至中线附近。巴西回传后场，接应者遭卡尼吉亚追堵转向右路，交罗查过中场，卡尼吉亚紧随。巴尔多接球，冲击中敏捷骤停，晃过特罗格里奥和朱斯蒂，到禁区右角外，斜吊至门区正前方，蒙松顶出禁区右侧，队友接上倒钩，打回中场右路。

罗查胸部停球，卡尼吉亚阻挡未果，球回给阿莱芒。阿莱芒连过两人，特罗格里奥左侧抢到，踢回中圈，同时被阿莱芒磕绊，腾空跌下。迭戈接球闯过中圈，左脚轻推，球绕过面前的加尔旺，人却被对手横臂拦截，疾速跑动中迭戈胸腹受击，腾空摔落，倒在地上翻滚。

阿队两人负伤倒地，队友们围住裁判交涉。加尔旺得到黄牌，走到迭戈身边轻拍一下致意。迭戈在队友帮助下缓慢蹲起，手扶着已经被撞两次的右肋。

86 传奇

迄今为止，追逐我次数最多的历史，就是 '86 世界杯 1/4 决赛对英格兰的第一个进球，那个"上帝之手"。雷德和其他英格兰的队员对此已经释然。唯有守门员希尔顿和后卫布彻耿耿于怀。希尔顿我前面已经讲了，他两次被我所谓"羞辱"。而布彻也是两次，是在我第二个进球的过程中，我先过了雷德和一名对手；然后晃过布彻，等过了另一名后卫和守门员后，布彻追到门区右侧又赶上我了，还是没挡住我趋前射门，只好踢我。不少足球网站上有这次进球的动画图，在被我过掉的球员名单上，他名字后面打了个括号：（两次）。

我用左脚后三个趾头打门的同时，他狠踢了我的右踝。当时我没觉得痛，回到更衣室才发现脚腕肿得老大。被我过掉后，布彻垂头坐在地上，而我跑向边线庆祝，这一幕被拍下来，成为一张经典照片。

2008 年，马拉多纳率领阿根廷队到苏格兰打比赛，布彻恰好在苏格兰队做助理教练。赛前新闻发布会上，有记者告诉马拉多纳：布彻说明天比赛他将拒绝和你握手，你会主动和他握吗？你对他的敌意有何看法？马拉多纳静静地听着，听到布彻的名字时，眼皮稍抬，眼睛骨碌骨碌转动几下，听到"手"这个单词，眼睛又骨碌骨碌扫了几下会场，等翻译把话译出来，他转头瞪眼做了个像是吓坏了的表情，撅起嘴"唔——"了一声。现场响起一阵笑声。

"不，"他说，"我对和布彻握手没兴趣，他不和我握，我为啥要和他握？我只和亲近我的友善我的人握。我不明白他为何这个态度。让他过他的，我过我的，不和他握手，我照样睡得好觉，明天起来照样活蹦乱跳。"

有个女记者明白翻译漏翻了布彻所讲的"上帝之手"是拒绝握手的原因，于是补充问道：作为一个骄傲的阿根廷人，如果你在世界杯 1/4 淘汰赛输给一个手球，你会怎么反应？你能理解一下布彻的感受吗？

马拉多纳听罢翻译，耷拉下眼皮，又眨了下眼，然后盯着记者席，慢条斯理地说："我想提醒这位女士，英格兰赢德国的那场世界杯决赛（1966），有个进球都没过球门线呢。"这话一翻出来，全场一片爆笑和掌声。他接着说："全世界的人都看到了，谁也没说什么。历史不能改变，所以布彻没有任何资格评判我。"马拉多纳得意地抬眼耸眉晃了晃脑袋，然后拿手比画个大半尺的长度："这么一块，"在记者们的哄笑声中他说，"离线还差这么一块呢，可惜那会儿没有镜头回放"。

| 带女儿在牛津讲演

此后，没听说有人再拿"上帝之手"说事。有网友评论说：英国抢掠世界三百年，却为个世界杯的手球哭了这么多年。还是马拉多纳格局高，对邪说回之以歪理。说唱歌手雷内干脆尊迭戈为伟大的阿根廷哲学家，英国媒体则酸道：啥哲学家？是街学家，街头哲学的行家。

【老马：

英格兰队当场跟裁判抗议说是手球，主裁判刚开始有些疑惑，询问了边裁后，判进球有效。那时英国人是唯一咬定手球的一方。一切发生得太快了。11万观众面前，从场上队友到场边教练，谁都没看到我用手。回到驻地，记者们围住比拉尔多，问他对手球的看法，主教练才得知有此争议。

几年后，英格兰队前锋莱因克尔作为记者采访我，我坦承是手球。当时我的左拳顶到了左额，以补充高度的不足，那是瞬间本能的反应。而且跳起后我的右手也在空中挥了一下，可能也正是这一下迷惑了边裁。英国一直有人让我为这个球道歉，我说我偷了贼的钱包，有啥好说的。后来我干脆声明，我可以道歉一千次，但只要有机会我也会毫不犹豫地再这样进球一千零一次。

当然英国也不是所有人都"丢了乌龟"（注），牛津大学应学生会要求，曾经邀我去演讲，授予我荣誉证书，我很开心。头一天，我看到报道说，牛津大学怎么邀请个缺乏教育，粗鲁肤浅的踢球的作讲座，所以演讲一开始，我先说明：球员们用自己的劳动为大家带来快乐，那种价值不是戴有色眼镜的人能衡量的。而教育其实最终会带来这样一种效果，就是认识到所有的人都同样是凡人，我自己就是个普通人。

演讲后的交流阶段，有学生问：你能解释解释为什么要用那个"上帝之手"吗？四周听众一下都兴奋地期待。我说："首先，我认为时间会治愈一切，对吗？"全场一怔，随即大笑鼓掌。"它是那届世界杯我们获得的一张重要的通行证，很不幸的是，英格兰那时恰好作了我们的对手"。全场又一阵大笑。我说：对任何队我都可能这样做，这是我一贯的行为准则，即尽量为自己的队争取最好的结果。那只是本能。我的实话换来了掌声。有位老师带了他的小孩来，孩子问我进球是怎样一种感觉？大家善意的笑声中，我认真地回答他：那一刻，你觉得平时的训练和劳累全都值得了，你高兴得想拥抱每个人，甚至对手。

学生们还送上一个高尔夫球，问我能不能颠几下，我说穿着皮鞋不一定行，但一试还行。台上台下一片喝彩，大学生闹起来比常人要更闹。

后来，英国人告诉我查尔斯王子想见我，我拒绝了，是的，是为了马尔维纳斯，我觉得他手上沾着阿根廷士兵的血。

（注："丢了乌龟"这个表述是马拉多纳发明的，意指头脑发昏。起源是美国驻阿根廷大使家丢了宠物龟，发动人马在官邸外野地里寻找，结果发现了大批野生龟，谁也没法确定有没有他的那只。据此，马拉多纳会说做荒唐事的人"丢了乌龟"。另外，有人传言迭戈在牛津讲演时痛悔自己学历浅，像蠢驴，这纯属造谣。那次演讲老马展示的是机智幽默和开诚布公，赢得全场起立鼓掌。迭戈以前确实提到过"蠢驴"，是在 1990 年初，21 岁的替补中卫雷东多临阵退出世界杯——他当时在名校经济系念大三，觉得反正没什么上场机会，不如去做研究以便按时毕业。迭戈听了半开玩笑地对他说：你要去做学问当好学生，那你觉得其余的人要当什么？蠢驴吗？）

我在卡塔尔执教的时候，雷德也曾来访。他寒暄道：这次要和你面对面了，1986 年我只看到你背上那个大大的 10 号。他是我第二个进球过程中最先过掉的两名球员之一，当时他从中场一直追我，到禁区也没追上。这个进球在网上至今有大量的各种语言解说的视频，所以他也没有被人忘记。

2015 年我访问突尼斯，特意去看望了这场比赛的主裁判纳赛尔，送给他一件我的球衣。大家相见甚欢，我在球衣上写道：给我永远的朋友。】

'86 世界杯，阿根廷的夺冠之路被阿英之战衬托得充满戏剧性，实际上他们最好看的一场是半决赛对比利时，迭戈全场神奇地拿球多达 98 次。没有任何球员曾这样全程主宰如此关键的比赛，而且还演示了他鼎盛时期的种种传控技巧和攻势艺术，多番以一敌众，每球必争，如蛟龙出天入海，势不可挡。当然，最具悬念的还是对西德的决赛。阿根廷 2：0

| 布彻垂头坐在地上，迭戈跑向边线庆祝
（图片来自Wikimedia Commons）

领先至终场前十几分钟，而后松懈了，被西德连续两次角球追平。在比赛结束前5分钟，观众们都准备看加时赛的时候，迭戈中圈弧迎球转身直接盲传长递，球穿越4名防守者，中场布鲁查加换位锋线奔袭，单枪匹马，一击定乾坤。

　　在这个绝杀之前，阿兹台克体育场北侧看台的人们看到，一羽雪白的鸽子飞来，在阿方的右角球区外踱步。布鲁查加得球启动进攻之际，白鸽从后场一飞冲天，急促向西德队大门振翅而去。全场欢呼声中，她从刚站起身的西德门将头顶掠过，看了一眼网窝里的球，然后在漫天飞洒的花屑里不知所终。有墨西哥人把这看作神迹，认为有天使降临助力阿根廷得分。不过也有人说，那是天使知道大局将定，赶来欣赏的。

'86 世界杯之初，阿根廷队并未被媒体看好，在预测的排名上列第七八位，但是他们一路高歌，一场未负，最终夺冠。

据作家"馒头说"记载，那一年杯赛前，大事频频。美国挑战者号航天飞机和苏联切尔诺贝利核电站先后出事，震惊世界，幸有中国女排五连冠和精彩的墨西哥世界杯飨众。哈雷彗星忠实地按 76 年的周期，又一次掠过地球，再次见它要等到 2062 年。还有崔健，那一年底，我借来同学的一盘磁带，兴奋地一回家就放进双卡录音机里，一边告诉妈妈，这是最流行、最前卫的歌。按下 PLAY 键，嘶哑的一声"我曾经问个不休"让母亲一愣，继而笑了起来。她没有成为崔健的歌迷，但此后总能辨别出他的声音。

除了以上这些，还有高中学子们冲刺高考的日日夜夜。高考前 7 天的一个晚上，我以试探的口吻告诉爸妈明天想看世界杯决赛，他们当即应允，父亲还说这届世界杯和这届高考都算是人生独一无二的体验。

'86 世界杯决赛打完后，迭戈被队友扛在肩头，高举金杯绕场欢呼。回到驻地简陋的旅馆房间，他把金杯放在床边砖头砌的台子上。队务前来询问回国后庆祝游行的事，他蜷坐在窄床上认真地嘱咐：不要乘大客车，要用加长礼车，敞篷的，要白色的，放一大把花儿——我跟我女朋友保证了，要带她坐这样的车……

21 | 世纪进球

El Gol del Siglo

阿根廷再攻门失准　巴西队两怒射皆惊

51 分 30 秒，阿队前场中路开出任意球。迭戈直吊禁区右侧，戈麦斯跃起顶向禁区前方，特罗格里奥左侧冲上接球射门，球穿过两名防守者，偏右飞出底线。

51 分 43 秒，塔法雷尔开球左路，巴尔多突过中场，递给卡雷卡，卡雷卡冲至底线传向禁区，刁钻此球，看似传中，实则打向球门远角，球飞至横梁中部，戈耶戈切亚跃起扑挡，触球后球向微变，打中横梁，弹到右门角上，飞落门前一米处。全场惊呼下，阿后卫抢先踢出禁区。

巴西队 4 人冲上续攻，球入禁区右方，再被挡出，落在阿莱芒脚下，他轻推一次，找准空隙大力抽射，球再次击中右侧门柱，"哐"的一声飞出底线，震翻全场。裁判认为戈耶戈切亚扑救时触到了飞出的球，巴西队获得第七个角球。

52 分 38 秒，巴西队角球开出，阿队队员顶到左边线处，巴西向禁区再传，阿队跟出挡到其身后，卡尼吉亚接过，沿左路衔枚疾进几十码闯入前场，遭加尔旺右侧铲翻，球出边线。裁判没有吹罚，卡尼吉亚无奈撑地起身。阿队获得界外球。迭戈边路再传卡尼吉亚，夹击下，卡尼吉亚回传，迭戈欲沿左边线突破，两步即被绊倒。

53 分 40 秒，阿队前场开出任意球。迭戈直吊禁区，阿莱芒截住带球两步，送入前场右路找到卡雷卡。蒙松从卡雷卡左侧跃起，头球出界。巴西界外球交巴尔多右路沉底，特罗格里奥争抢时将球踢出底线。

20 秒内，球竟然两次打在阿根廷的同一个门梁角上。电教室里同学"皆惊忙"，有人说：嘿嘿，我要是巴西，就要求换门框子，明显被贴过符了嘛。

世纪进球

上世纪足坛最著名的两个进球，是在同一场世界杯比赛，由同一个人，在5分钟内完成的。这本身就是个传奇。当人们谈起"世纪进球"，迭戈'86世界杯对英格兰的第二个进球，总会说这是一个难得的，连过5人6次，从中场直到禁区内一气呵成的破门，那么具体的呢？没有类似这样的进球了吗？

迭戈在一次采访里提到，'86世界杯之前的几年，他们曾经到伦敦温布利大球场和英格兰队打过一场比赛，有过一次相似的情形。他连过3人后，面对守门员，从门区右侧射门，打向球门远角。球紧贴左侧远门柱出了底线。他的小弟弟乌戈随后告诉他，他不应该那时射门：你面前只剩守门员了，他身后还有空间，你还有时间，为什么不过了守门员，向着近门柱更有把握地打呢？迭戈后来评论说：这是个改变他命运的建议。对英格兰的第二个进球也可以说是在弟弟建议下修成的正果。

关于这个进球，巴尔达诺回忆：

> 迭戈进攻时，我一直沿左路疾追策应。目睹他以这种方式进球，我激动地想，他踏入人生的新阶段了！从今天起他在足球史上封圣了！迭戈冲向角旗边欢呼时，我跑入球门把球抱出网窝。不知为什么，我打量了那只球，感觉它死气沉沉，而足球所代表的美妙的一切都附在了迭戈身上。那时，包括阿根廷国内还有人对他的水准有所怀疑，而这个进球足以让他卓立群雄。赛后回到更衣室，我满怀诗情地对他说：从今往后，你和贝利是同朝天子了！他却说：哎，我当时一路都想往你那边、往左门柱那路传出，可是每次要做动作就有个英国佬来捣乱，我只好一次次改变主意。我惊叫：你居然看到我啦！你忙成那样怎么可能！我想象不出，迭戈一路注意力都在球和防守者身上，他的余光怎么会延及球场的另一侧？！

后来巴尔达诺意识到，天才在场上不需要多少思考的空间或时间，机会会即时围绕在他身边，随着他的行动和对手的反应，触探着，等着他的灵性和其中最佳的选择结合。

这个进球，和第一个进球"上帝之手"一样，不是伟大在进球的过程或方式或难度，而在于它们所体现出的一个天才的自我激发，一种不是任何优秀球员都有的敏感、机变和即兴。

迭戈当时背对英格兰大门，被两名英格兰球员前后夹击。中场接到恩里克传球后，他先向自己后场方向迂回，左推右走，再180度旋身带球，三次假动作晃过两人，开启了进攻的道路。全速启动后，他忽然一个减速收抬右脚，防守者随机挡向右边的刹那，他左侧出击，抢先一步，对方不及转身，伸腿绊阻未果，他过掉第三人。进而他强行突击，双腿腾空跃过铲断，同时左手扫开阻挡者的手臂，过了第四人；到达禁区右路时，他身体轻微侧转一次，似乎即将传球，令禁区内的最后一名后卫片刻迟疑而未及时靠拢，也骗过了在旁接应的队友布鲁查加，随后调整跑动方向，假动作左打传中，真动作趋前射门，守门员先倒地封堵，回身已迟。面对空门的最后一刻，布彻右侧追上，第一次探脚未能够到，旋即再铲，迭戈左脚射门，右踝被踢。他摔出底线的同时，球贴着近门柱入网。

这趟攻势，迭戈纵贯半场，10.6秒钟前进五十余米，全程用左脚带球，神奇地触球9次，机动9次，九九归一，功德圆满。

主裁判纳赛尔回忆：

> 对手3次想把他铲倒，但是对胜利的渴望激发了他全身的力量，每一次我都几乎要吹对手犯规，直到他到达禁区。我站在禁区外，难以相信他这样轻易地甩开3次防守，直闯了50米距离。我以为接下来他肯定要被放倒，要吹点球了，谁知他又连过了一名后卫和守门员，完成了那个惊人的进球。

英格兰主教练罗布森说：迭戈可以在球场上作诗。墨西哥阿兹台克体育场的草坪那么糟糕，两步就带起一脚泥，而迭戈在上面流畅地打出了这个可配以任何古典乐章的"世纪入球"。

把老马对英格兰的第二个进球表达为"世纪进球"，应该始于当时比赛实况转播的诸多解说员：

> ——这个浑不吝的小子……狡猾的鳗鱼……啊！你不得不承认，这个球太棒

了，让人无话可说，纯粹的足球天才！阿兹台克体育场全体观众都明白，如果他的第一个进球是违规的话，那么这一个就是我们见过的史上最佳进球！（戴维斯 Barry Davies）

——这就是为什么马拉多纳是世界最佳球员，他羞辱了整条英格兰的防线，把他们掀了四十多米……英国人无法阻挡他，他远在防守者能力所及的范围之外。这是个纯高质量的进球，是马拉多纳伟大的封印！（巴特勒 Bryon Butler）

——他身上展现了所有伟大的素质：魔法师、脱兔、旗帜，阿根廷伟大的旗帜！暂停下比赛吧！我想立刻跑上场去！（布里瑞拉 Victor Brizuela）

——比拉尔多教练在场边呼叫他们归位，继续比赛，但是全场所有观众，包括英格兰球迷，解说员们，整个记者席，都站起来了！都在鼓掌！为世界杯历史上最伟大的进球鼓掌！它完全是一位球员的力量加头脑造就的。（麦基 Jimmy Magee）

对这个进球最著名的阐释，当属莫拉雷斯（Victor Hugo Morales），下面是他堪称典范的，语速连珠，一气呵成的现场解说：

恩里克传给了马拉多纳，两人在防他，马拉多纳踩得球，从右路启动了。世界足球的天才，过了第三个人，要传给布鲁查加了，还是马拉多纳！天才！天才！天才！（又过了三个人）哒哒哒哒哒哒……进啦！进啦！我要哭啦！上帝！圣灵！足球万岁！伟大的进球！迭戈·马拉多纳！催人泪下！（哭腔）原谅我哭了！马拉多纳！这是比所有时期的进球都值得铭记的一次攻势！太空风筝！你来自哪个星球？一路让这么多英国人望你项背！让这个国家团结成一个紧握的拳头为阿根廷欢呼！阿根廷 2，英格兰 0。得分王！迭戈·阿尔曼多·马拉多纳！感谢上帝！赐我们足球、马拉多纳、这些泪水，还有这个阿根廷 2，英格兰 0。

莫拉雷斯是乌拉圭人，他的这段解说在阿根廷成了国宝级的礼赞。

（注："太空风筝"这个比喻或有两个涵指：一是南美人通常认为自己大陆的形

状像个风筝，阿根廷国土延展至它的尾部；二是马拉多纳小时候曾和伙伴一起制作风筝卖，赚零花钱。此后球迷们公认"太空风筝"指代迭戈。）

什么是经典？是否就是人们愿意以任何方式再现其原始价值的那些作品？人们阅读，重读，节取，改编，代入……为的是把它的价值固定在某些后人可以掌握和欣赏的模式上。

电视记者莫拉雷斯激动人心的现场解说，启发了很多人以这次进球为蓝本，创作艺术作品和回顾性报道。大文豪罗亚·巴斯托斯（Roa Bastos，巴拉圭人）1995年称赞道：

> 球场上最激烈的争夺中，时间和空间稍纵即逝，在无数变量组成的无限延展的迷宫里，他需要击中最准确的触点，展开进攻、传递或射门。他总是及时到位，在绿地上腾起的大团的、需要精密计算概率的数学尘埃里，兴冲冲的他对算法一无所知，却靠本能，靠沉伏于身、隐逸待发的完美技巧，和炫目的智慧，把正确答案一一抛出。

我看到最近的一篇是2019年来自《铃声》杂志的撰稿人布兰·菲利普，当迭戈在中场完成拨球转身，首先过掉两人时，他写道：

> ……在我脑海里为这个进球所写的千页科幻小说里，这个转身代表着打击启动的一刻，如同他让自己的血肉之躯刹那间注满星际的灵光。他闯入了开放的空间，以一种狂野而奇特的奔跑方式突进，仿佛用肘臂驱引向前。英格兰的防守者们一个个前来阻击，一个个被击溃，弃尸荒野。太空风筝，你来自哪个星球？
> ……

记忆里，日后几乎没有别的比赛奉献过如此令人着迷的时刻。

【老马：

这个进球是任何球员都梦寐以求的。是可遇而不可求的。我已经多次接受采访，谈及这个球，其实真的说不出什么所以然，一切都是场上的机变。机会是自己抓住的，也是英格兰球员给予的。再看回放的过程，我至今依然不明白为什么希尔顿会侧身倒地，眼睁睁放我过去。人们说他被我吓傻了，我知道不是这样，他肯定也知道。

不过，这个进球不是我第一次连过 6 人进球。19 岁在阿根廷青年人俱乐部的时候，在哥伦比亚对阵佩雷拉队有过类似的一个。那时的确年轻，速度更快，从中场冲到门区正中央，离门两米推射，连过 4 次阻挡加飞铲，再晃过守门员和门前的后卫，只用了 8 秒钟，4 名倒地铲断的对手有 3 人还未及起身。在我看来，那也算我职业生涯里的最佳进球。

三十多年后的今天，我记得最清楚的不是场上的那一刻，而是我的妈妈。世界杯后，回到家里休息的那段时间里，我无数次撞见她在小客厅回放对英格兰进球的录像。刚开始我笑她怎么老是看个没完，她还不好意思。后来她干脆不要我管，说：我就是愿意看呀，看，你那个进球多棒，我愿意一直看。妈妈放的录像带里，场上的噪音，解说的声音，欢呼，日复一日，它们似乎取代了我对现场的直接记忆。如今你让我回忆这个球，我眼前会晃动那些英格兰球员的影子，模模糊糊——我原本就光顾趟路，没工夫细看他们。清晰的，是声音，是场上各种声音背景下，妈妈说你别管，我愿意一直看。如果你的孩子进了这个球，你也会这样。

我为这个球骄傲，也是因为它曾如此取悦我的母亲。】

22 | 上帝之手

La Mano de Dios

奥拉蒂强争阿队疲守　巴尔多接引巴西角球

54 分 09 秒，巴西开出第八次角球。阿队防线再次收入禁区。

球被轻推角球区前的空当，巴尔多传中给门前右侧埋伏的尤尔金霍，朱斯蒂抢先顶向禁区外，迭戈赶上头球回传，奥拉蒂科查得球，长传前场左路的卡尼吉亚，被追击的巴西队员头球截获，交给阿莱芒，横传中路，加尔旺前场左路推进，布兰科遭巴苏阿尔多贴身盯守，往回盘带，在布鲁查加加入围抢时，大脚打回自己空旷的后场。

这是巴西队第一次被迫回传守门员。

54 分 52 秒，塔法雷球抛球至右路，斜传经左路进前场。巴尔多长传右路，奥拉蒂科查和尤尔金霍在边线处争顶，前者手肘打到尤尔金霍面部，他自己也重摔在地。裁判吹巴西队犯规，尤尔金霍不服，上前给裁判看被撞破的嘴角。

55 分 33 秒，阿队后场任意球开至中圈内，布鲁查加回传禁区，卡雷卡快速跟进，阿队抢先回给守门员。戈耶戈切亚抛向右路，巴苏阿尔多接传中路，布鲁查加过中场传给卡尼吉亚，球被身前的加尔旺截获，迅速打对角到左路，布兰科带过中场，分给边线处的巴尔多，自己冲向禁区左侧接应，巴尔多沉底传中，巴苏阿尔多铲球出底线。

56 分 11 秒，巴西获得第九个角球。阿莱芒乘机到场边更换球靴。

巴尔多角球飞入禁区左侧，被前沿的队友顶回角球区附近。巴尔多接球再传时，裁判哨响，阿队发球。

上帝之手

"上帝之手"，'86 世界杯阿英大战的第一个进球，因为重点是"手"，很少有人注意它的源头，它是怎么发生的呢？

过程是这样的：

迭戈从中场穿插到前场左路，英格兰队防守者们迅速跟拢过来，他从容地应对，双腿做出连串的，难以追踪的闪晃移动，他忽地抬脚轻晃，看似要向前跑，然而身体却轻快地转向右边成功突破。他甩起脚像要传球，却迅捷地前驱又闪过一个人，然后脚步顿挫了一次，令对手一时迟疑，拿不准封堵的方向。他作势要长驱直入，却利用运动中闪腾出的空间，传向禁区内的巴尔达诺。

当看到巴尔达诺未能截住球，他没有停步，直接循着球迹冲去。盯防巴尔达诺的英格兰后卫得球挑高，回传守门员希尔顿。球升起来，朝着他和守门员之间的地带下落，面对瞬间良机，迭戈借着冲力抢先起跳，盖过希尔顿占据空中优势，在两人即将相撞之际将球击入门内。

迭戈不经常争顶，但有着极强的弹跳爆发力，加上他顶在前额上方的左拳，一击致命。他骗过了裁判和全场 11 万观众。这是作弊，更是不假思索的原始内在力量的冲动。

希尔顿起跳击球，在几乎撞上迭戈的刹那闭了下眼。迭戈说：希尔顿其实没有看到手球，而身后跟来的布彻看到了，马上大叫手球，希尔顿才举手冲向裁判。

主裁判纳赛尔后来指出，球当时不在他的视线内，进球后，英国人举着手跑来抗议，他于是疑惑地看向边裁，而那侧的边裁已经开始往中线跑去，说明确认进球了。FIFA 的规矩是主裁判看不清情况时，要尊重视角更好的边裁的判断，所以纳赛尔确定进球成立。边裁在受访时则说：我们场上主要以主裁的意见为准……这大概是大英帝国为数不多的"无处话凄凉"的时候。

转播席的视角比裁判要好，几个来自不同国家的解说员捕捉到了那个极短的时刻：

　　——马拉多纳用拳和头把一切都打进网了！他用拳，头，头和拳……得分！阿根廷得分！裁判没看出来！在一次美妙的攻势被封堵之后，我好像看到他是举着拳起跳的……（穆尼奥兹 J. M. Munoz）
　　——英国人气坏了，还在抗议，可这球最根本还是他们自己的后卫造成的，给守门员传了坏球，所以他们才这么生气。马拉多纳好像用左手打进的。（麦基）

——他的行动即美好又恶劣，他把聪明才智和耍滑头混到了一起。你问是手球吗？没错！（里卡多 Julio Ricardo）

——边裁没警示，主裁没看到！英国人在用尽一切合法的方式抗议！尽管我觉得是手球，但我的灵魂在为它欢呼！上帝原谅我吧，虽然是手球得分，但是今天，对阵英格兰，你还能指望我说什么呢。（莫拉雷斯）

赛后受访时，面对众多疑惑和质问，25 岁的迭戈幽默而狡黠地说出了令他名垂"简单"历史和体育历史的那句话——"进球用了一点马拉多纳的头，也依靠了一点上帝之手"。"上帝之手"其实是个形而上用语，它第一次，也是决定性的一次，把马拉多纳和造物之神联系了起来，从而高屋建瓴地使手球事件摆脱了批评者们就事论事的火力射程，让英国人无奈而愤怒，让阿根廷人欣喜地体会到这个球代表的骄傲和"理义"——"理"直气壮加"义"不容辞。这个创造性用词把本应避之不及的违规，变成了众人趋之若鹜的传奇，把对侥幸胜利的品味，提升为长久的历史性的愉悦。迭戈把拳头顶在额角的那一刻不会想到，他随后创造的"上帝之手"一词，把这个行动的意义彻底改变了。

如果说迭戈的第二个进球是以无敌的球技征服世界，那么把第一个进球升华成"上帝之手"则让足坛打上了他鲜明个性的印记。马拉多纳赋予了足球热情而不羁的人格，他在球场之外的魅力也来源于此。

英国人的抗议和赌咒发誓之下，离数码时代尚远的全场摄影师奔回工作室冲洗胶卷，摆开照片寻找蛛丝马迹，分析对比。那时，对于每场比赛进球，《每日邮报》的记者都要即时发传真回报社。他们正准备发第一则传真，说老马进球了，后来又听说可能是个手球，又搞不清怎么个手球，编辑决定在传真稿上加个形容词以示立场：……球进了。马拉多纳毫不害臊地跑到场边庆祝起来了！

第二天发出的相关新闻照片，没有一张确切显示迭戈的手接触到球，相反，倒是显出 1 米 68 的他进球的一刻跳得比身高 1 米 86 的希尔顿高一头。随后照片被源源不断地发上媒体。那时是纸媒天下，还不可能让民众网上大掀骂战，英阿双方报纸已是火药味十足。

第一个确切的消息来自意大利，有记者指出，迭戈在此之前已有两次手球得手，都是为那不勒斯队打进的，其中一次对乌迪内斯队，让对手巴西人济科看到了，济科抗议未果后，追着裁判鼓掌讽刺，结果被罚停赛 4 场。最终，一段录像的定格首次捕捉到了"上帝之手"和球底部接触，开始在各国电视台播放，包括那时 CCTV 新闻联播最后 5 分钟的国际体育时段。厚道的济科此时才接受媒体采访，说：我一开始就认为极有可能是手球，因为他早就拿我们练过手了。

【老马：

一切发生得太快了，观众席上最先爆发出来欢呼。我的队友都还没明白怎么回事。我马上张臂朝边线跑去，还回头召唤了他们一次，"快来！是进球！进球！"他们都欢喜地跟随过来，狂呼、跳跃、拥抱、挥拳，我们庆祝得按部就班。我当时想的是，不管怎样，我们自己不能犹豫，不能让裁判看出我们不自信。

巴尔达诺回忆：当时我是离得最近的，我的确没看到他用手，当时我只是感觉球的高度迭戈应该够不到，但我没有看到用手。我们无法对这个进球感到内疚。道理是这样的，球场上，大家不是来作诚实典范的。守门员在球场上为果敢鼓掌，为出其不意鼓掌，为善于抓住和利用一切时机鼓掌，最后，才会为道德模范鼓掌。大家都是这样。这个球展现了迭戈鲜明的个性，当然，他的第二个进球比这一个更具有"阿根廷性"。

布鲁也说，足球的魅力就在于此，有时，运气在你这边，有时不在。但是迭戈的第二个进球足以弥补第一个的任何缺憾。很多人都认定，第二个进球一个顶俩。

这个"上帝之手"之所以宝贵，是因为它是偶发的，突遇的，即兴的……和天赐的。它比我第二个进球的机会更加不可捕捉，更加无法复制。要我说，我更喜欢这第一个进球。】

我看到的评论，都把迭戈对英格兰这两个进球对立起来。一个是公然作弊，一个是不服不行；一个是兵不厌诈，一个是所向披靡。其实，二者共同书写了主人公的一段传奇。这是阴和阳的结合，是辩证的统一，因为矛盾，所以美学上达成的一致，就像一个分成两段的故事，或戏剧中的两幕，是可以配任何音乐的剧情。一段是突兀的刺杀，一段是抒情的舞蹈；一段狂野，一段优雅；一段是打击乐，一段是古典独奏；一段激起悬疑，一段令人迷恋。两者本质是一样的，都是纯粹的、无懈可击的即兴行动，里面没有掺杂思维，是球场上千百次锤炼中萃取的无情的本能，主宰一个天才取胜。

至于英国人为什么这么多年对"上帝之手"念念不忘，有人说是因为他们几百年横征纵掠惯了，受不了自己成为受害人的委屈，这种解释过于"简单历史主义"了。虽然"简单历史主义"是足坛文化的基石，但也许事情应该复杂些。比如：在典雅庄重的暗色橡木大厅，硕大明亮的枝形水晶灯下，精美的银烛台之间，宾客们锦衣华服，交相侃侃而谈；冷盘清汤色泽柔媚，美酒香槟果汁氤氲待宴；厨师长容光焕发，颔首示意，准备开席。以为头道主菜是甘松汁嫩煎鹅肝配果醋酿小宝石绿椒，却猛然地，每人面前被扔下个烤得流油的大白薯。宾客们都看了热闹，也都咬着白薯吃起来，没有义愤填膺，有的甚至都没剥皮儿就吃，但厨师长是无论如何饶不了这主厨了。不，这比喻不太适当。

我觉得事情应该更简单：在全国人民的期望中，在女王首相加急电报的勉励下，在翘首以待的全世界面前，英格兰骑士英姿勃勃，铠甲重装，手持红缨长矛跃上高头大马，正准备高歌猛进呢，却忽然被人钻狗洞偷砍了马腿。是你，你不气吗！特别是过不久，钻狗洞那人又横刀跃马正面强攻，再次打得自己落花流水。

20 年后，当时的英格兰队正印前锋莱因克尔作为体育记者，对迭戈做了一次专访。他那时西语说得还不算流利。采访中，他严肃认真地问迭戈："那手，那个进球，真的是上帝的手吗"？迭戈看着他呵呵笑起来："是我的手，加里，是我的手呀"，他晃晃左手，"但那不是有计划的，就是临时投机取个巧吧"。

莱因克尔回忆说：

我原以为迭戈会强辩或打马虎眼，但是看到他那么轻松，满不在乎地道出实情，我一下子感到迭戈真的像上帝一样。就像那个童话故事讲的：上帝往池塘里扔了个木头片，一堆青蛙围上来为它吵个不休，有的把它当成死敌，有的选它为蛙王。而对上帝而言，那只是随意之举。

　　莱因克尔告诉迭戈自己在场上并没看出是手球，这事儿怪裁判没抓到。另外，他全程目睹了迭戈接下来的"世纪进球"，那是唯一令他想当场为对手鼓掌的球。英格兰不少球迷对这次采访非常不满，出于含蓄，他们别的不多说，只大骂莱因克尔的西班牙语讲得太蹩脚，弄得他又恶补了一年西语，然后以出众的口语能力再度担任拉美地区的采访负责人。

　　好多年后，希尔顿在伦敦一个访谈节目中唠叨：当年要是没有被上帝之手"偷砍马腿"，英格兰骑士会依然英姿勃勃，5分钟后也就不会被打得落花流水。另外就是"态度问题"，老马从未就"上帝之手"表过歉意。同为节目嘉宾的加斯科因打趣说：算了吧老希，你得承认，你就是靠他那个球才成名了，不然谁知道你是谁？现场众人顿时哈哈大笑。

　　　　"上帝之手"是阿根廷人心中一曲流传久远的颂歌；对于英格兰，则是一座陷阱
　　纪念碑，在跨世纪球迷心中高高矗立，高过中国人眼里的鸦片战争，印度人眼里
　　的阿姆利则惨案……不多说了，不然就显得我也是简单历史主义者了。

23 | 三里沟巴西

Brasil de San Li Gou

互攻猛烈迭戈亦防守　次第进击巴西十角球

56 分 36 秒，阿莱芒仍在场边换球鞋。阿队后场开出任意球。

布鲁查加沿右路挺进中圈，斜传特罗格里奥，绕过两名防守者，再接特罗格里奥的回传球，球趟大了，被巴西球员拦截，由中路反攻过中场。阿队除卡尼吉亚外全部回防。戈麦斯斜传右路，穆勒回身接住横敲中路，加尔旺在三人防守下回递左路，巴尔多接球力量略大，球弹到迭戈脚下。迭戈冲到中线处，传给前场中路的卡尼吉亚，球力量稍大，卡尼吉亚没能追上，巴西后卫回传守门员。

57 分 23 秒，塔法雷尔手抛球交右路。阿队替补卡尔德隆已在场外热身。球回左路，由刚换好球鞋的阿莱芒带入前场，布兰科快速接应。阿队严防之下，阿莱芒转交中路戈麦斯，再传右路，罗查推到前场，和尤尔金霍及阿莱芒打了一次漂亮的配合，分给禁区角上的穆勒。阿队贴身防守，穆勒回给罗查，尤尔金霍和阿莱芒则设伏禁区。特罗格里奥上前封堵，罗查将球传给中路的邓加，卡尼吉亚前去阻截，邓加传回左路，布兰科遭巴苏阿尔多紧逼，直接沉底，朱斯蒂从右侧冲出，铲出底线。

58 分 20 秒，巴西准备开第十个角球。

上小学时，我第一次听说巴西这个国家，因为世界上有个足球明星，有惊人的球技，叫贝利，球王贝利，是巴西人。当时班里同学传看一本小人书（又叫连环画，画得比现在很多动漫细致）就是讲他的故事，一个曾在街头为人擦鞋的穷孩子，为国家连捧了三次世界杯……故事非常好看。我忘了我们是否同时也知道阿根廷。那时马拉多纳应该只有十七八岁，他的名字尚未传向世界。在我们模糊的印象和力所能及的想象里，巴西是足球帝国，它超脱了当时我们要打倒的"美帝国主义"和"苏联社会帝国主义"，是世界上一个美好的所在。

三里沟巴西

如果你是巴西人民中的一员，你就能体会到自家球队是盖世无双的五星巴西的那种感觉。然而对我来说，虽然不是巴西人民中的一员，也依旧体验过自家球队是五星巴西的感觉。

那应该是 1979 年。那时，我的三里沟小学还没有成为三里沟联合国教科文组织教育中心实验小学。学校南边有个小操场，两百多米的环形跑道围着一个土球场。我们的体育老师马老师喜欢踢球，下午课后常带着他教的几个班的同学组队比赛，或者和别的老师的班级比赛。我们一帮人都特别崇拜马老师，因为除了球踢得好，他还教我们下象棋，我们全班几个"精英"绞尽脑汁也下不过他。那时我们一周上 6 天课，大人们一周工作 6 天——想想看，每周多干一天，整个国家得积累多少啊——课后和周日没有补习班，更没听说过什么奥数，国学……

班级赛的第二天，马老师会在校门口的黑板上宣告战果：四年级 6 班 5:1 四年级 3 班。当我们看到几个女生走进校门，看一眼黑板，然后相互议论一句"哎，咱们班男生又赢了"！"哎，我们班男生老赢"！那自豪感，油然而生，经久不息……

我们班就是当地的巴西人民，我们班的马建辉，蔡永庆，李昕，唐军等（还有吴晓京？崇大海？孟庆利？邱朝阳？抱歉记不全了）就是"五星巴西"的范儿。因为和马建辉是哥们儿，我常会去观战，偶尔还在他们队里充个数。

我们根本不讲究什么统一服装，有人穿球衣，有的就穿着平时上课的衣服，把衣袖裤腿都卷起来。足球是我们夏秋季节的运动，那时的冬天寒气无比刺骨，仿佛还在冰川纪的尾稍，大家穿着鼓鼓囊囊的棉衣棉裤，跑动不开。只有一次，寒假后的新学期开始，因为天气晴好，马老师答应借个球给我们。放学后我们兴冲冲"赶"着球去操场，说就踢一小会儿。结果，蔡永庆出楼门时，不小心让个铁把手把新添的条绒衣服划了个 L 形大口子，哭出声了，说：完了，我爸得揍我。我们说赶紧回家让你妈给补起来，他一听又沮丧了：我妈也会怪我的。

我是看马拉多纳自传的时候想起这一幕的。老马小时候因为痴迷踢球，几天就可能踢坏一双新买的鞋子，如果他爸爸发现了，大概率会揍他，因为都是好不容易才攒钱买的。马拉多纳回忆说小时候只要发现自己踢破了新鞋子，就会哭。同时他又强调，讲这些可不是要指责父亲，而是说明小时候家里的境遇。他的父亲其实是个正直可亲的人，非常爱他，不舍得让他光脚踢球。蔡永庆的爸爸也是这样。

几个秃小子陪着蔡永庆，正一筹莫展，班里值日扫卫生的两个女生雷平和海晴闻声过来，见此惨状，母性慈悲之心大发，马上拖他去班上的"雷锋角"。这其实是班主任韩老师为方便大家学雷锋挂在教室后面的一个布包，里面有针线包等做好事用品，搁在平时就是个摆设。两个10岁女孩儿用歪扭的针脚，皱巴巴地把破口子补了起来，然后皆大欢喜，没耽误踢球。蔡永庆只需要盼望他妈妈洗衣服的时候不去注意这个缝补就行了。两个女生纯粹是做好事，做了就走了，都没想着往门口挂的"好人好事本"上记一笔。后来，期末班里选三好生，蔡永庆和马建辉义无反顾，弃我而提名了两个女雷锋。全班当场举手表决，我们哥儿几个都举的双手。老师没搭理皮猴子们，严格按人头一数，过半数啦，当选。

印象里，我们班的五星巴西从来没输过。在我不确切的记忆里，大约是孩子头儿马建辉组织进攻，蔡永庆应该是后卫，他跑得没有李昕和唐军速度快……我记得比较清楚的是唐军，他个子瘦小，身形灵活轻捷，在场上奔腾跳跃，精干锐利。大家记得'86世界杯阿根廷分组赛对意大利，迭戈的那个左侧跃起，凌空扫射进球吗？我发誓，我早见过唐军的一次射门，差不多跃起凌空的架势！他可比当时的老马小十好几岁呐。在那个大家都还不知道马拉多纳的时候，他就是三里沟巴西人民的马拉多纳。甚至几年以后的"五一九"输香港"事件"时，我还想过，怎么日子会越过越难？是不是应该找唐军这样的人接班。

阿根廷后卫鲁杰里曾经回忆'86世界杯上的马拉多纳："当时迭戈的状态非常棒，几乎每一场都能带给大家一个惊喜。看到他那样，我和其他队友都很兴奋，也都干劲十足"。回想当年，在马建辉和唐军们的带动下，在三里沟小小的土球场上，我们就像一帮小鲁杰里……

到1980年，"小升初"压力显现，大家渐渐不踢球了。三里沟巴西人民上了不同的中学，基本上没有了五星巴西的消息。后来只听说蔡永庆进了国内顶尖大学的某个部门工作，李昕做了足球教练，和"河南足球教父"王随生指导共过事。

我们一帮孩子，彼此都是朋友，喜欢一起踢球，玩得快活又抱团儿。我们都尽量做到最好，不断发起进攻，丢了球就奋力去追回来，继续进攻……我们盼望自己有好运气，也希望拿球的伙伴运气好……对我来说，这就是足球。

——贝尔萨（M. Bielsa）

| 唐军1979 式射门

（老马虽然不懂中文，但看了眼对意大利进球这张照片上打的说明，就问为什么要标成 1979 年？我解释了唐军的事，他笑道：我就说嘛，你们十几亿人还能少了一群足球苗子？我说那个时候我们是八亿人。）

24 | 趔趄

Tambaleas

阿莱芒巧破探戈配合　鲁杰里横档桑巴传中

58 分 33 秒，巴西角球开至禁区中央，阿队顶出，迭戈在罚球弧截获。卡尼吉亚斜插向前策应，迭戈被三人围堵不及转身，左脚背直接外挑，传向中路前沿的空当。在卡尼吉亚赶上的瞬间，阿莱芒迎面侧转让过他，抢得球冲上左路反击。

阿莱芒传给左路巴尔多，自己直奔阿队禁区。巴尔多带球三步，传向已进入禁区左角的阿莱芒，尤尔金霍则从巴尔多身后冲向底线，阿莱芒斜传给沉底的尤尔金霍，后者传中给门区前接应的二人。禁区内的鲁杰里跃起头顶，将球顶出左边线。

58 分 54 秒，巴西队角球区旁掷界外球给禁区外沿的巴尔多，防守者迅速夹击，从他身后截过球，巴尔多遭碰撞倒地，裁判未吹。阿队向前传递时被邓加上前抢球，巴西 3 人尚未出禁区，即回身反攻。邓加长传给禁区另一端的穆勒，被奥拉蒂科查顶出禁区。

特罗格里奥胸部停球，被阿莱芒赶上撞了个大趔趄，险些摔倒。裁判吹罚巴西。

趔趄

极其偶尔地，球队里会有队员打架，一般就到把人推个趔趄为止。再严重，我觉得就有点过分了。打架和伤人是两回事。

我刚执教的时候，有一次率队去北方的拉斯·巴雷哈斯打比赛，正巧巴尔达诺回老家度假，就约着见了一面，喝个马黛茶。他当年在皇家马德里打前锋时，曾经来意大利玩，喜欢开我的法拉利，我们一起兜过风，那之后就没有私下里聚过。他家乡在东北农业区，离马黛茶产地科连特斯省不远。

我们吸着嵌银葫芦罐里的茶汁闲聊，逗乐子。说起现在的年轻人比我们当年没啥进步，还是孩子气十足。我告诉他在来的大巴车上，坐在后面的队员唱歌声音很大，前面的就叫"尾巴，安静点！"，后面不听，马上就接着唱，"是啥的尾巴？在啥个的后面？ XXX 不是吗"？然后，没说几句，车厢前后就都有人站起来，然后就动手了。我连赶带骂，还威胁踢后面的，才把场子压下去。

巴尔达诺笑了，说：国际大咖也好不到哪儿去。我带皇马时，队内用餐，一般是国际球员坐一桌，西班牙球员坐一桌。有一天，不知怎么开始的，互相骂起来了。国际球星骂西班牙这边是一帮败兵残将，这么多年一个世界冠军都没拿过。国内球员则回骂，说你们一帮外国雇佣军，没资格在这里瞎咧咧。然后，没的说了，就骂脏话，那也没几句花样，就动手了。在场的两个小助理一个拉架，一个去找我。等我赶到时，看到贝克汉姆带领国际军团厮打正酣。在场的那个瘦小的助理扒住他的肩膀，几乎吊在他身上，让他息怒，让他小心脸，他过几周好像还要拍广告呢，弄得我也替他那张畅销全球的脸担心起来。但是小贝扭头，邪毒地扫了那个好心的助理一眼，义无反顾地甩开他的手，又上去了。他那狰狞的目光里，一切都很明确：现在正是表现自己不仅是超模，更是足坛硬汉的时候，要胆的时候，脸先不要了。

巴尔达诺问我初次带职业队的感觉如何，我说很带劲，很喜欢，但有时感到奇怪，这帮球员每个人单看着都好，都不错，怎么凑成个队糟心事儿就来了。有次客场比赛，观众起哄时间长了点，罚角球的那孩子平时挺乖的，居然赌气转过身把球踹上了观众席！客场能不起哄吗？我年轻那会儿挨了多少哄！那正说明观众多呀，这么沉不住气！

还有比这更沉不住气的呢，巴尔达诺补充道：

——你记得外号叫森独龙的那孩子吗？

我说我记得他，不错的前锋。

——有一回踢主场，他一直不在状态，被本队球迷哄了一整场，到了儿他总算打进个球，立马跑到边儿上仰身冲看台比画撒尿的动作，都没注意裁判吹他越位了……

我听了一阵揪心，问他还好吗？

——他没事儿，那天警方开装甲防爆车把他接出了体育场。

巴尔达诺说，你知道没有人是完美的，有的教练觉得最好的球员就是最晚给你掉链子的那个，当然咱们没必要这么悲观。我说同意。我自己多年前也是从这堆儿里混出来的，我当然爱他们，喜欢和他们一起工作。

【老马：

呵呵，是我当教练，我又一向在队里提倡互助友爱，你说有谁敢在我面前打架呢？记述有误。

其实那次大巴车上打架的不是我带的俱乐部队，是正儿八经的国家队。那还是我刚当队长的时候，巴尔达诺当时也在。教练比拉尔多那天不在车上。双方打起来，也有人起身拉架。我这个队长当然应该起来劝劝。其实也知道没什么好劝的，他们划分头和尾时——我忘了他们骂彼此是狗还是猪，反正我恰好坐在腰的位置，就顺便起来站到了当中——双方都好心让我一边儿凉快去，应该是怕误伤了我。我也就没勉强。不过到站下车时事情也就过去了。见到比拉尔多都跟没事儿人似的，也没影响大家训练比赛。

打仗亲兄弟，上阵父子兵，不打仗怎么是亲兄弟？后来世界杯开赛，对阵他国，大家还是一股绳。所以说，偶尔来个推推搡搡没什么。怕就怕要紧的，就是千万别不尊重别人的女友。大家都在一条船上，偶尔打个架没啥，但是夺人之爱，那可是凿一洞翻一船的事儿啊。那兄弟还能齐心吗？当然，这种事只发生在年轻的 U 队，进入国家队的都成熟，都成家了。所以，当年我在 U 队时，队友间有个不成文的规矩，就是不准偷瞄别人的女朋友。谁要是目光不正了，大家争着检举，教训他。

有两个 U 队队友曾为这事儿打过架，本来都是私下解决的事儿，但他们赶巧被教练撞上了。我们的教练处理起来快刀斩乱麻：废话少说，两个选择，要么两人马上退队，要么每天下午训练结束后，两人手拉手在大门口坐 15 分钟"示众"，连坐 5 日。刚开始，大伙都偷偷笑，都假装不看，两人都害臊，都低头用没有牵着的那只手捂住脸。后来就无所谓了，队友目不斜视路过时，二人手拉手招呼：喂，那谁，别忘了留下点饮料给咱们。

我不记得本人参与过斗殴，但是有过类似"围攻"的经历，当然也不是恶意的围攻。

那是很早的时候，在俱乐部队打一届南美解放者杯之前，我最小的姐姐卡蒂怂恿我留络腮胡。她说我那样看起来更有男子汉气质，她很想看我带胡子踢球。因为年龄接近，从小她"管"我管得最多。以前我不写作业就去玩球，或者有淘气行为，她一准会向父亲告状。

从小我对她就心怀敬畏。年轻的我一如既往地听从了她的建议。

谁知，我蓄胡子的第一场比赛，全队就输得一塌糊涂。回到更衣室，教练骂了半天，走了。队友们却没急着走。几个人闷闷不乐，开始七嘴八舌地说我：迭戈！倒霉催的！你怎么留起胡子了！

不言而喻，有人开始把败仗和我的胡子联系起来了。其实我自己也感到心虚得很。看我支吾着没法解释，大伙儿纷纷批道：你也不照照镜子！人家巴蒂斯塔留络腮胡看上去像耶稣基督，可你看你，像不像"闹姆"？

（注：巴蒂斯塔 Sergio Batista，迭戈的老队友，2008 奥运会阿根廷主教练，执教过上海申花。"闹姆"即 Gnome，西方童话里住在花园，胡须遮脸，眉眼不清的小怪物。）

那是我唯一一次，也是最后一次留胡子上赛场。

回想起来，唉，大家都年轻过。】

25 | 麦城

Caí con todo el peso
布鲁反击再度叩门　罗查负伤阿队换将

59 分 19 秒，阿队替补卡尔德隆等在场外。

阿队任意球开出，布鲁查加由中路推前场交卡尼吉亚，卡尼吉亚闪过拦截，横突右路，然后回传给迭戈。观众嘘声顿起。迭戈横拨，躲过铲断即与巴苏阿尔多撞墙式配合，避过防守走中路又回敲，朱斯蒂绕过对手再传迭戈，行云流水般向禁区渗透。巴西二人撞开迭戈，抢球长传中路，去找前场的卡雷卡，禁区内蒙松跃起用肩头挡出，阻止了卡雷卡的单刀。

右路巴苏阿尔多传过中场，卡尼吉亚头球顶高，加尔旺跃顶，打回阿队后场，被特罗格里奥拦截，后者高挑回给了戈耶戈切亚。

60 分 03 秒，戈耶戈切亚把球抛向左路，阿队分给布鲁查加，罗查冲上铲球出界，布鲁查加失衡，身体后仰跌倒，砸中罗查左脚踝。罗查负伤，痛苦不堪，巴西队医上场。

61 分 25 秒，朱斯蒂界外球掷给特罗格里奥，又接回传，带进前场，准备传给迭戈，身边邓加抢断后反攻，朱斯蒂奋力追上，把球断回推向布鲁查加，布鲁查加带了两步，在禁区左侧拔脚劲射，球在禁区前反弹，塔法雷尔飞身将球打出底线。

这是阿根廷全场第四次射门。阿根廷队换人，6 号卡尔德隆上，21 号特罗格里奥下。

比拉尔多教练后来说起，直到卡尔德隆即将完成热身时，他还在犹豫，是换下疲惫且带伤的老将布鲁查加，还是刚受伤不久的新人特罗格里奥。最终他还是让经验更多的布鲁查加留在场上。他告诉卡尔德隆，巴西队左路看来防守稍弱，多打左路。卡尔德隆上场后阿队的攻势提升了，不过教练觉得，全队还是只做到了力所能及，而做不到随心所欲，因为伤员太多。

麦城

有一场精彩的比赛，我只看过实况转播，是迄今唯一没有回顾过的老马的世界杯比赛——1994年世界杯小组赛，阿根廷对尼日利亚，地点美国马萨诸塞州福克斯堡，阿根廷2：1取胜。

我对那场赛事印象最深的是迭戈的背影。他那时留着平头，比1990年显得老态得多。那也是他最后一次出现在世界杯赛场。阿根廷队两度凭借任意球得分，都是迭戈发起，最终由卡尼拿下，配合熟练。第一个进球，是任意球中的阿根廷经典，他们1978年国家队就有过类似的球路：迭戈从右侧奔上，在禁区前方凌空踩球后拨，同时启动的巴蒂斯图塔正面冲至，劲射穿过人墙中队友闪出的空隙，炮弹般的球速令守门员扑救脱手，卡尼补射命中。

镜头里，迭戈上前拥抱进球的卡尼时，是背影。比赛结束，一名美国护士马上上场拉迭戈去做药检。他高高兴兴挽着护士退场，看到的还是他的背影。唯一一个侧影是他接近球员过道之际，一个球迷从看台上把一面阿根廷国旗抛向他，求个签名，迭戈表示现在不行呀。他拾起旗子，吻了一下，又抛还给了球迷。他的背影，他的名字和下面巨大的"10"号，走入通道消失。

然后，FIFA秘书长布拉特在新闻会上发布，马拉多纳被检出服用禁药麻黄碱,立即停赛。迭戈随即接受记者采访，请阿根廷人相信他没有服禁药。他说：我被指控服用禁药，但我不清楚，肯定是出了某种差错。麻黄碱不能帮我动一根手指头，那也不是毒品。我从不用药来助跑，我用心跑，为身上的国家队球衣而奔跑。为了这届杯赛复出，我对自己的严苛超出以往任何时候，我做了巨大的努力，但是在我要再度崛起的时候，他们把我逐出了比赛，逐出了梦想，逐出了足坛。FIFA毁灭了我。我是个自由的人，我为批评这个体制付出了自由的代价。我不想搞得戏剧化，但是相信我，他们砍断了我的双腿。

他的记者会在阿根廷直播，那半个小时，人们都聚在电视前观看。一些街道上空无一人。震惊之余，大部分人不是感到愤怒，而是悲伤，好似看到勇士上阵之前先被捅刺了软肋，刀枪不入的阿喀琉斯被射中了足跟——他自己的，未加防护的弱点。很多人当街哭泣叹息。

| 老马在北京（阿根廷AP电视台）

　　媒体人罗伯特·迪亚斯（Roberto Díaz）回忆说：我的父亲是个豪爽豁达的男子汉，从来无所畏惧。但是1994年，看着无奈的迭戈在记者面前强抑眼泪，父亲哭了，那是我唯一一次看到父亲流泪，我被震惊了，这一幕刻在了我的童年里。有欧洲媒体人说，哭什么啊，闹这么大动静，好像他们不知道马拉多纳触犯了条律似的。其实，大众并非要挑战那些条律，他们只是无法背叛自己的情感。足球和迭戈是他们生活中一种快乐所在，人们伤心是因为这个简单实在的幸福依托被剥夺了，一种他们笃信的力量

竟然和普通者的生活一样，可以轻易被瓦解，而他们心底知道自己难以丢弃对它的信仰。

20 年后，白发苍苍的巴西莱教练在访谈中依然坚持他当年的看法——阿维兰热在即将离任 FIFA 主席之际，捅了阿根廷一刀，为巴西人铺路。

当时，迭戈的队友们气愤无比，都发誓要为了迭戈赢得下一场比赛，可惜，遭受打击的阿根廷，至少心态上与之前判若两队，输给了罗马尼亚，止步 16 强。除了阿根廷，最先做出反应的，是对 '90 世界杯余恨未消的巴西和意大利。两队闻讯，都在驻地热烈欢呼庆祝，叩谢国际足联"为民除害"。最终这两个队打了决赛。当时我没有赶早看决赛的转播，在校园听到有意大利队球迷嚷嚷巴乔是千古罪人，才得知意大利点球战又输了。

【老马：

'94 世界杯我的药检显示有麻黄碱的成分，被赶回阿根廷，后来被禁赛 15 个月。我在记者会上说，感觉被砍断了双腿。这是我真实的感觉。但是不怪别人，我承担全责。我没有故意吃什么禁药，当国际足联宣布我被查出服用禁药麻黄碱，我还一无所知。后来知道，我控制体重时服的一种减肥药有这个成分，还有就是助手为我买的补充能量的复合维生素，美国产的。原先吃的那种没问题，但是吃完了。他去美国当地药店再买，人家说没有，就给他推荐了同个品牌的另一个产品，说是更好，反正都是非处方的营养剂，结果，里面含有麻黄碱。麻黄碱是对足球运动员没有什么帮助的药。'86 世界杯期间，西班牙有个球员也被检出此药成分，被国际足联罚了停赛一场。事情一开始我觉得不应该很严重，阿根廷足协的人也说会去交涉。我真的向阿根廷足协主席请求，我说请不要过重惩罚我，就像 1986 年对那个西班牙运动员那样，可以吗？结果等来的是这老先生在记者会上义正词严地表示坚决支持 FIFA，严打服用禁药者。而 FIFA 则表态，如果查清是故意服药，会考虑加重处罚。

随后我还得知，在我接受药检的同时，美国缉毒警察带着警犬，仔仔细细搜查了我的房间。我那时已经知道毒品对踢球没好处，已经很小心了。从我和父亲外出度假，到接到教练征召，封闭训练，到回国家队集训，到世界杯，我没沾任何违禁品。当然，这也没什么好夸耀的，只是美国警察的一场白忙，让我开始明白，事情不是那么简单。

记者会后，经历了不眠之夜，凌晨刚刚入睡的我被律师和队务叫醒，告诉我要出发了。

FIFA 决定立即驱逐我，美国移民局已经吊销了我的签证。我被安排坐当天最早的航班回国。从此我再未踏入这个国家。

我对于处罚不服气，但是作为球员，和权力机构抗争，我无能为力。我最终被判禁赛15 个月，感觉像被砍断了双腿。

再后来，外面传出了一些阴谋论，说 FIFA 一开始纵容我吃药，说没事，然后又突然药检陷害我，这些我都公开辟了谣。我的团队压力很大。事情脉络清楚以后，负责为我买药的人要揽责，我没答应。我说药是我吃的，我负全责。禁赛结束后我复出打职业赛，他还是继续为我工作。最终的调查结果是世界杯结束后出来的，确认了我不是故意服用禁药。那时我早已被赶回阿根廷。2012 年，阿根廷制作了一部电视片《足球上帝》，采访者又问及这个事件，我依旧回答：药是我服的，我负全责，但我还是那个感觉，我的双腿被砍断了。】

1995 年，迭戈还处于世界杯后的禁赛期，欧洲最大的体育杂志之一《法国足球》照例与 FIFA 合作，主持评选当年的金球奖。其中的特别成就奖一项，评来评去，两次无记名投票都是迭戈胜出。大众从心底认可的价值无法抹杀。他们尊重这个结果，1996 年 1 月公布了，在当时那种境况下，算是给了老马一个慰藉。

禁赛结束后，马拉多纳重回年轻时效力的博卡青年队。他的第一次随队出访，打友谊赛，是 1996 年来中国。当时北京昆仑饭店门口拉起红色横幅，热烈欢迎马拉多纳和博卡青年队。现场安保众多，球迷也不断涌来。他们和北京国安打了比赛，2∶1。还不错，国安进了一球。然后去成都，对阵四川全兴，3∶0 取胜。

赛后，有记者问马拉多纳中国足球应该向他们学习什么，他的回答很"外交"：我很尊重中国的球队，我认为他们是一支会不断成长的队伍。我们不是来教他们的，而是和他们竞技。我们要向他们证明，和博卡青年这样有着伟大历史的球队比赛，对他们的进步会有帮助。

迭戈曾经提起，对于刚刚解脱罚赛，走出世界杯阴影的他来说，中国球迷们的热情欢迎让他感到非常欣慰和高兴。他还参观了故宫，那时，故宫里还不像现在这样拥挤不堪，送他们的车开到停车场，然后他和队友们步行进去。他过后感慨道：我没想到在中国也有这么多人知道我。我去参观伟大的紫禁城时，居然没能完全安静地好好欣赏它。

26 | 重生

La resucitación

阿根廷队严守巴西攻门 卡尔德隆上场对手角球

阿根廷队开出角球，塔法雷尔没收。

62 分 39 秒，巴西开出门球，右路横向传中，再长传左路。布兰科带过中线，左脚背敲给突前的穆勒，沿左路攻击，禁区边被阿队抢到，回给禁区内的后卫。

后卫长传给回防中路的卡尼吉亚。巴西队二人阻挡，卡尼吉亚回敲，球速不快，阿莱芒冲上截住，传给左路巴尔多，穆勒和卡雷卡杀入禁区接应。巴尔多被蒙松截击，回传布兰科。布兰科趁阿队一人上前拦截，拉开与后防的距离，再次传给巴尔多，后者左侧底线传中，正对大门不到 5 米的尤尔金霍跃起头攻，顶偏，伴随着观众惊呼，球飞向门区另一侧，巴苏阿尔多解围打到禁区右侧的上空，巴西人接住，在巴苏阿尔多的逼抢下将球传向禁区。

禁区边的巴西人也遭盯防，回敲时被阿队截下，闪过拦阻，传给卡尔德隆，这是新上场的阿根廷替补第一次触球。巴西把他逼回边线，他横敲给迭戈。迭戈遭二人阻击，回磕盲传，过短，身边巴西队员回身断球反攻。3 名进攻者同时冲往阿队禁区，右路阿莱芒带到底线处，向禁区冲击。西蒙冲上，在禁区边缘倒地铲出底线。

63 分 16 秒，巴西获得第十一次角球。

巴苏阿尔多记得，上半场教练一直要他们人盯人严守，但是下半场改变了布防，不再盯人，改为"守片儿"。这让在中场偏后的他缓解了一些体力消耗。他负责右侧的区域，这片儿守得还行，巴西后来的进攻以走另一侧为多。

巴西的这次角球也是他们全场最后的角球。阿根廷似乎活过来了。

重生

"耶稣基督复活过一次，而你可以多次。"

2004 年 4 月的一天，有人在阿根廷首都的一家医院外墙上挂了这样一小幅标语。在众多祈福祝愿康复的字条和自画海报中间，它不是很显眼，但是很快引起不少球迷的共鸣，后来也让媒体叹为精确。几天之内，标语和海报越贴越多，一直升到三楼的一个窗口下。那里面，马拉多纳正在与突发的心脏病搏斗。这是他第一次因为心脏病住院，不听医生警告，只住了 4 天就出院了。结果一个月内，又有了第二回，第二回进来住了好几个月。

一天傍晚，他第一次可以下地活动后，顶着医生的担心和劝告，坚持换上阿根廷队球衣，拖着臃肿的身躯，出现在窗口，向楼下几百名守候的球迷挥手致谢。他把手捂在胸口，然后指向球迷们，又向上指指天空，意思是感谢大家的祈祷和祝福，上苍这次没有收他。虽然只有半分钟，已经通过现场守候记者的镜头到达世界各地：马拉多纳又活过来了。消息一出，医院门口一下子聚集了更多的人。不同于前几天的低声祷告，人们开始大声唱起来。记者采访中得知，在场的不光是阿根廷人，还有秘鲁来的，有玻利维亚来的，有中美洲来的。

我第一次有生命危险，第一次用上了呼吸机，是在 2000 年。新世纪开始之际，40 岁的我差点告别人生。我当时进入植物人状态有好几天，起因是吸毒过量。在睡得昏沉沉的时候，我听到女儿们在叫我，说爸爸，你必须为我们活着。但我就是说不出话，睁不开眼睛。我面前有一团像是黑色的血一样的东西在弥漫，不停地弥漫，像一层厚重的幕布，拒不打开。然后，我就在一天夜里突然醒来，起来了，像没事了似的，带着一身管子下了床，问自己在哪里，还说饿了，要求吃顿烤肉套餐。这应该是个奇迹，是上帝，家人，和球迷们的庇佑。

出院后的一天傍晚，我在院子里溜达，女儿可能不敢相信我已经恢复了，她盯着我，犹豫着，然后拿来个球：爸爸，你踢两脚给我看看吧。我感到伤心，女儿以前小，不懂事，但是现在她知道这回事了。又感到很羞愧，让孩子为我担心，让她在应该四处玩耍的年纪需要操心，检查她的父亲是否因为吸毒成了废物。我是因为孩子下决心戒毒的。戒毒治疗的那些疗程，那些针药，措施，可能管用，但是我的经历告诉我，要彻底戒除恶习，还得从心底，从占据你的爱、你的感情的地方，从更能打动你的地方，发起攻势。

在古巴做戒毒治疗有一个最痛苦的阶段，有一天我感觉要失败，要顶不住了，毒瘾可能随时再度征服我，我第一次有了和它决斗的想法，我说你会不会战胜马拉多纳？来试试吧。我冒雨驾车上了公路，一路不停地开，没有停下的打算，最终迎面撞上了一辆大巴士（古巴的大巴几乎都是宇通的）。车子的前半部完全扭曲变形，我被方向盘挤在座椅上动弹不得。赶来的消防队员一边帮我解困一边问我的姓名，听我报上名字，他吃惊地停顿了一下，马上低头扫了眼我的左腿，他是在核对那个著名的菲德尔的头像文身。车子报废了，我只是受了点瘀伤和惊吓。我那时压力巨大，反复想这是不是上帝的昭示，戒毒比死里逃生要容易？还是更难？……

后来，和妻子离婚后，为了争取孩子的抚养权，我向所有有关的人做了保证，绝不会再沾毒品。从我2003年完成最后一次戒毒疗程到今天，我再没有沾毒品。

那天我接过球，在女儿面前接受检验。我小心翼翼地玩着花样，用脚尖，脚跟，膝头，肩头，额头，然后"翻帽子""盖盖子"。这些技巧已经长在我身体上了，或者说，是我的肢体的延伸，怎么也不会忘的。她笑了，我及格了。

迭戈2004年完成心脏治疗后，又去古巴做了10个月的康复减肥疗程，这也是维护心脏健康的必要措施。据说他的父母请求古巴领导人卡斯特罗把他当成自己儿子一样严加管束。古巴还专门指定了一位法官监督他的治疗。去的时候，他是个身材走形，目光迷惑，行动笨拙的大胖子。然后，他几乎销声匿迹，偶尔有一次，被拍到在葱郁的林荫下步行锻炼，胖得还是挺明显的，不过步伐轻快了许多。

迭戈后来回忆了一件让他痛下决心进行减肥治疗的事，不少人听了还以为他讲笑话。他曾经被家人送到一个心理医疗基地，因为肥胖不一定是因为吃得多，可能有心理原因嘛。他住进去的时候，里面有两个病人比较引人注目，一个自称是拿破仑，一个自认为鲁滨孙。老病号们喜欢结识新人，他们到"拿破仑"这里问寒问暖，了解情况，然后好言好语安慰他说，在圣赫勒拿岛只是暂时休息，不久就会回到法国大陆。后来是"鲁滨孙"，他们一起讨论了皮筏子能否扛过飓风的问题。过了一阵子，轮到迭戈这里，他说自己是马拉多纳，一帮人却都乐不自禁。那些老病号对自身的情况不很上心，但对其他人还是能做出自信的判断的。迭戈感到很有些不自在，于是想也没想就问：你们相信了那个拿破仑，还有那个鲁滨孙，现在却不信我？这个表述，实际上把他自己给绕进去了。回应他的，是大家更开怀的大笑。与人为善，眼里揉不得沙子的迭戈当天就坚决要求离开。

当迭戈再次出现在媒体报道中时，身形已经恢复正常。维西媒体的体育报道这样描述：

> 没有人能够不经坎坷就从一无所有走到世界中心，在球场对手们和厄运的无数次打击之下，他的健康几度说"到此为止吧"，而命运却一再裹挟他成为漏网之鱼，逃脱毁灭……他完全忠实于为自己的重生所作的努力。不到一年时间，他变成了另外一个人，减掉了身上那些多余的公斤，重又神采奕奕。一个凡人怎么做到的？有人想到过上帝之手吗？随后，他开始以热忱又幽默的风格，主持他的第一个电视访谈节目，史诗般的"10号夜谈"。

27 | 菲德尔

Fidel

巴西围打卡雷卡险中　阿根廷反击迭戈遭铲

63分45秒，巴西队角球开到禁区右前方，冲吊至禁区中间。穆勒位置靠前，未能接到，阿队跳起顶出禁区，球落在中圈前面。戈麦斯得球一脚传递，找到禁区左角的穆勒。穆勒贴禁区外沿向底线带了3步，冲吊门前，球凌空斜贯禁区飞向大门正前方，埋伏在点球点的卡雷卡跃上小禁区内头攻，一片惊呼中，球既高也偏，飞出右侧底线，激动的观众叹息着又纷纷坐下。

阿根廷门球。

阿队左路对抗巴西中场5人的封堵，长传给冲过中圈的卡尔德隆，被巴西凌空一脚挡回中线。阿队冲顶，由左路再入前场，传向卡尼吉亚，不过球传过远，巴西截球原路反攻，过了一名防守队员，被奥拉蒂科查跟至边线铲倒。

64分50秒，阿莱芒中线右端开任意球至中场，戈麦斯向左路试探一下，又回传至右路，冲过中场，遭退守的迭戈横断，回给中路，直传中圈内。卡尼吉亚接球遭夹击，试图打给后场的迭戈，巴西第三人从他身后截下。

加尔旺中路带过中场，卡尼吉亚追铲未果，邓加接球，布鲁查加从右侧阻截未遂，球传给左路巴尔多，后者停球力量过大，巴苏阿尔多右侧追上抢过，打给中圈的迭戈。迭戈突破中线即被尤尔金霍一把揪住后脖领铲倒。全场一片喝彩声。这是本届杯赛开赛以来第33次对迭戈的犯规。

到此时大家可以看到，迭戈一直在场上施展不开，却也一直在惦记一件事，就是让卡尼吉亚拿球。而巴西中场对阿根廷攻势的封堵已经显得比上半时吃力了。

菲德尔

2005年秋，迭戈主持的，在阿根廷高居收视率榜首的电视访谈节目"10号夜谈"开播。他邀请众多名人来节目与观众见面。除了里克尔梅等本国球星，还包括法国齐达内，拳王泰森，墨西哥喜剧作家波拉尼奥等。开播的第一位受访者就是球王贝利，和迭戈两人同桌话乾坤，并肩侃足球，造就了传奇话传奇的佳话。贝利还抱着吉他唱了自己创作的歌曲"你想成为我，我想成为你"，诙谐地化解了他和老马间的"世纪最佳"之争。

前几期节目的到访者中，有时年18岁的梅西。那时他还不是那么有名气，刚刚进入巴萨一队。迭戈向大家郑重介绍说：这位是我们所有阿根廷人的未来。和他一同采访梅西的还有'90世界杯的守门员戈耶戈切亚。梅西其时模样稚气未脱，但思路清晰，谈吐大方，他周到地送给迭戈一件巴萨老式球衣做礼物，还告诉迭戈他6岁那年第一次到现场看过迭戈的比赛。他被问到最近一场比赛的红牌犯规，也和当年卡尼吉亚一样，说：都过去了，不愿纠结。

这个节目只有一位嘉宾不是文体名流，也不到场，是迭戈带队前去采访的，就是古巴领导人菲德尔·卡斯特罗。那时他还没有退休。见到迭戈，他的第一句话就是：真不敢相信，一年之内你有了这么大变化，看到现在的你真让人高兴。采访中，迭戈给卡斯特罗看了他的文身之一，他把卡斯特罗的头像文在了左腿上，左膝下方。迭戈说那代表着果敢的行动和成功。

采访菲德尔，有两件事我想提一下。一是我问他到底为什么发起革命。他说当然是因为世道不公。我说这是公认的大道理，谁都可以因为这个造反。我问的是具体为什么。他说具体原因有一些，比如，是因为女人。我听了肃然起敬。

菲德尔说：我年轻的时候，古巴大多数妇女——不是上层社会的妇女，都没有受教育的机会，无法工作，也就没有职业。她们唯一的职业就是婚姻。如果婚姻美满倒也罢了，如果不行，她们被丈夫虐待或抛弃，或成了寡妇怎么办？当娼妓就成了很多人的出路。她们就成了最可悲的人，社会欺诈她们，然后说她们引诱良家男子，是社会堕落的根源。我意识到，要挽救一个社会的堕落，一定不是指责迫害这些风尘女子，而是让所有的人受教

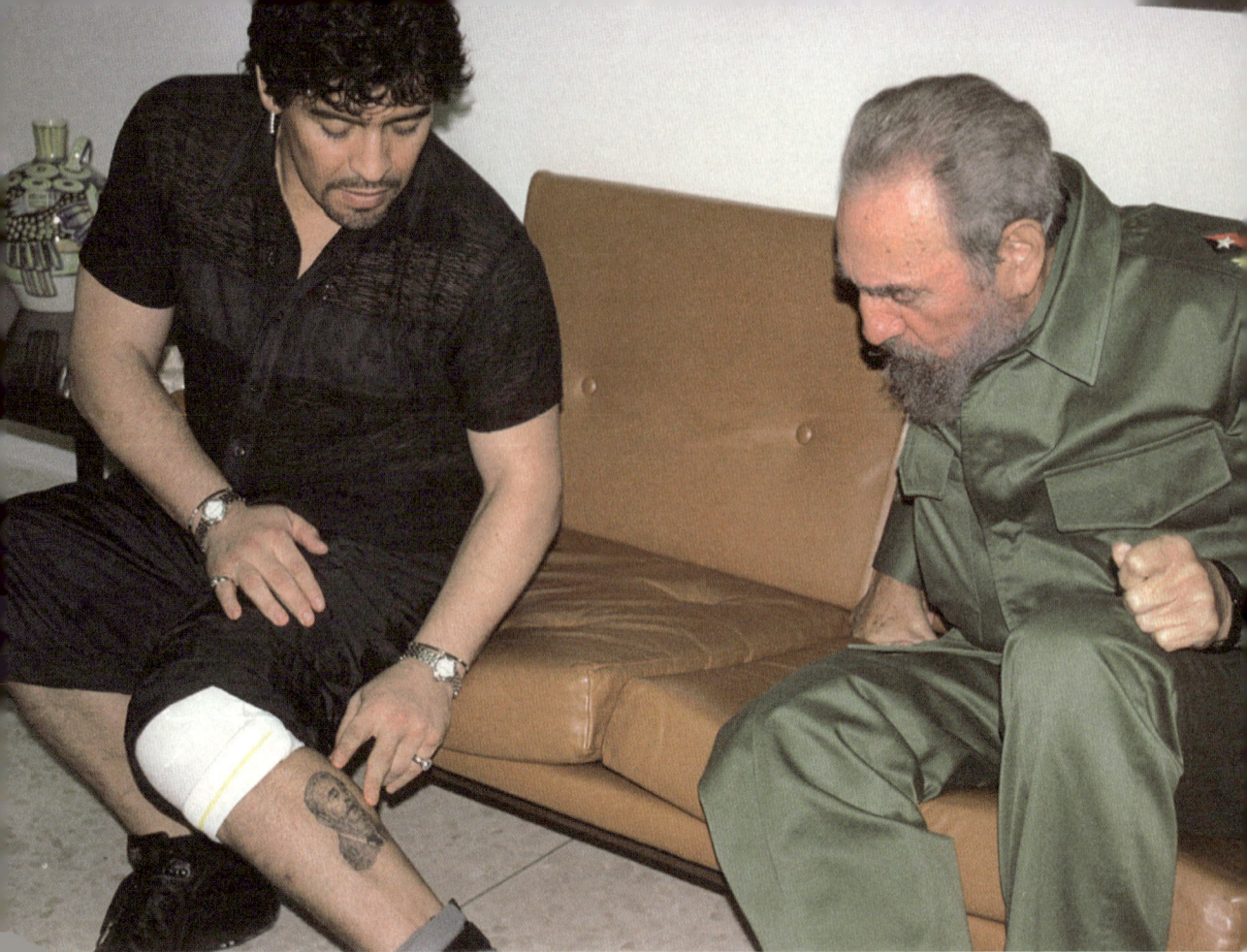

育，能工作，能有自己可支配的收入，让她们不用受别人的支配和剥削。

我问他的生命一共受到过多少次刺杀的威胁，他说：没有受到过威胁，因为都没到刺客手扣扳机的时候就化解了。针对他的行动，大概有六百多次，他是听古巴情报部门讲的，他自己不是很清楚。他说：你知道为什么这些行动会失败吗？不是因为计划不周，武器不精良，人员素质不佳，而是因为我们的那个老朋友找不到本地人来做这件事，只能用外来的雇佣兵。雇佣兵做这个是为了挣钱。他们潜来，在公众集会上准备好动手，但是他们马上意识到，如果开枪了，他们会被周围的群众打死。他们干这个是为赚钱，不是来送命，所以还是不灵。

2016 年 11 月 25 日，卡斯特罗去世。在他去世后，古巴街头开始出现他的画像和语录牌。他生前坚决不允许街头有他的画像和宣传，现在，人们可以这样做了，用这样的方式表达敬意。他的灵柩从哈瓦那出发，一路向东，前往古巴岛最东端的圣地亚哥市安葬，那是他发起革命的地方，20 世纪 50 年代末，他和他的队伍就是从那里一路攻向哈瓦那的。

灵车途经圣克拉拉，和沿途其他地方一样，当地民众成千上万地涌到道路两侧来致敬和告别。圣克拉拉是哈瓦那和圣地亚哥之间最大的城市，五十多年前，古巴革命胜利的关键一仗就是由切·格瓦拉领导的夺取该城的战役，所以圣克拉拉有切的纪念馆。切和一同在南美打游击、于 1967 年牺牲的战友们，曾被草草掩埋在玻利维亚，1997 年他们的遗骸才迁安于此。菲德尔的灵车途经时，特地放缓了速度，仿佛让两位老战友重逢一次。这擦肩一过，中间隔着半个世纪。

迭戈来到古巴参加卡斯特罗的告别仪式。他接受古巴电视台采访时说：当我在人生低谷，别的人对我关上大门的时候，是古巴向我敞开了门，帮助了我。菲德尔不仅是个伟大的领导者，对个人而言，就像我的第二个父亲。他又重复说了两次，"我的第二个父亲"。

迭戈回忆他第一次见菲德尔时很紧张，不知道说什么好，菲德尔则和他的家人们打招呼，还和他的妈妈谈论一道意大利面的配方，像个家里的老朋友，令他十分愉快。会面结束时，迭戈犹豫着盯着菲德尔拿在手里的帽子。菲德尔问你想要这顶帽子？迭戈说是，菲德尔把帽子递过来之际，忽然又拿回去，找笔签上名，并且告诉迭戈，我得写上名字，不然没人知道是我的帽子，它和别人的帽子都一样的。

迭戈第一次见卡斯特罗是在 1987 年。他当时接受邀请去为古巴足球队作指导。那个时候他对于菲德尔并不了解。促成他去的，不仅是对于古巴的好奇，还有他对自己的阿根廷同胞，古巴革命领导者之一的切·格瓦拉的崇拜。迭戈 15 岁离开校门，如果说他完成了自我实践的继续教育，那么切是其中一门他仔细修读的课。

28 ┃ 切

El Che

穆勒攻击险情再起　阿队防守锋线有功

　　65 分 47 秒，阿队 3 名队员分别候在巴西禁区左中右三个区域，迭戈任意球长吊禁区偏右，鲁杰里跃起过早，球飞出底线。

　　66 分 12 秒，巴西开出门球，罗查从右路带到中圈右侧，遭遇卡尼吉亚，转而横推中路，邓加带球两步，斜长传前场左路，卡雷卡接球，快速沉底，阿队两人紧随，第三人则沿禁区左路跟防。卡雷卡急停传中，球在正对大门七八米处被穆勒赶上，看台上欢声顿起。穆勒凌空射门，但球打在阿队后卫的腿上，弹向左侧底线。蒙松追上挡给戈耶戈切亚，避免了角球。

　　66 分 42 秒，卡尔德隆左路接戈耶戈切亚手掷球，出禁区闪过两人阻击，突到中路，向前拨球时在边线处被巴西人绊阻，一路跟跑。罗查得球，向前送出，卡尔德隆回身再抢，巴西回传，罗查躲开卡尼吉亚的盯防，横传左路。

　　戈麦斯闪过巴苏阿尔多的逼抢，斜突入中圈交给中路。阿莱芒遭迭戈、卡尼吉亚等相继阻击，只得传回后场，罗查再次推给阿莱芒，阿莱芒中线处大力回传，传到禁区内。场上嘘声第一次给了巴西人。塔法雷尔开向左路，卡雷卡运到阿队禁区左角，被蒙松截停，穆勒已冲至禁区另一侧伺机。蒙松从两名巴西队员之间带出禁区，横推中路，西蒙传给左路的卡尔德隆，后者斜线长传，找到右路逼近禁区的卡尼吉亚，卡尼吉亚却越位了。

切

　　我读有关老马的报道，发现了一个以前没注意过的事实，一般没人需要往老马身上想的事实，并且他自己也没有在任何场合宣扬过：他喜欢看一些书。发现这个事实是他讲自己和古巴的渊源的时候。在获得 FIFA 二十世纪最佳球员奖的授奖仪式上他说过，要把这奖献给古巴人民和卡斯特罗，献给他的偶像切·格瓦拉。很多欧美左翼人士都把切·格瓦拉当作反抗西方帝国主义的旗帜。更多的人知道他象征着反叛，却不知缘由。而迭戈对格瓦拉的崇拜，不是一时兴起要耍酷，要显示离经叛道，而是和他读的书有关。

我的很多想法是因为读了些东西产生的，而不是道听途说或脑子里突然蹦出来的。比如，我刚到巴萨时，有报纸上提到西班牙国王对民主有贡献。我好奇，就继续找书看，看到底是怎么回事，原来，西班牙亲法西斯的独裁者佛朗哥死前，指定恢复君主制度，他不放心思想进步的老王储，就让王储的儿子、年轻的卡洛斯王子即位。随后，卡洛斯国王宣布实行君主立宪，完成民主进程，通过谈判，让共产党和社会主义党都公开合法了。军队里有人不甘心，明火执仗劫持国会，搞政变。年轻的国王在事发时手无一兵一卒，但是他换上军礼服，带着配剑，赶到电视台，对全国讲话，声明他才是三军统帅，要求坚决维护民主制度，兵不血刃地平息了政变。西班牙的稳定政治走入正轨，因此他被视为大英雄。

我读了这些十分佩服，就给国王写信要求拜见他。两个月后，王宫办公室给我回信安排了接见时间。那时恰好刚刚发生了我和毕尔巴鄂队在国王杯赛上、在王室眼前大打出"脚"的事，所以有人传言说我是进宫去道歉的。那是谣言。我从来没有为赛场上的事道歉。因为我问心无愧。我们聊的时间比预期的长。我们都喜欢钓鱼，去水边度假。国王询问我们球场上的一些习惯，听说我们罚点球的那一刻不看球，而是盯着守门员，感到很惊讶。

有一些因为好奇而进行的阅读让我感觉很有意义，其中一次是参观梵蒂冈后。我说过，当我参观教廷时，看到那些精美绝伦的金色穹顶，同时听教皇说为全世界的穷孩子担心，我心里就涌起一阵反讽和不屑。虽然作为天主教徒，朝拜教廷是件幸事，可我总觉得教皇就像一大堆财宝的守门员。当然，我没有像传言的那样，马上火冒三丈，问他们为什么不卖掉个金屋顶来救济孩子们。我回去找了一些关于教廷的书看，其中有的书如《奉上帝的意志》里，教廷没有那么庄严典雅亮堂，而是展示了不少黑幕。

还有我对切的阅读，和对教廷的，由正面到负面因素的认识过程正好相反。我上学的时候，在阿根廷一提到埃内斯多·切·格瓦拉，就说那是个可恶的恐怖分子，革命者，游击队员，杀人放火。我上学那些年，只有一位老师含糊地说过切的历史可能很有趣，"有趣"，仅此而已。2000 年我在古巴接受了严格的戒毒措施，疗程很辛苦，但我还是读了更多的，关于我的同胞切·格瓦拉的书。有人说我在古巴被菲德尔·卡斯特罗洗脑，那是他们不知道，我认真读切的书，是从 20 世纪 80 年代在意大利的时候开始的，那时候我还根本没注意过古巴。

在意大利时，看到报纸杂志里讲的那些工人罢工，游行，要求公正待遇，常常高举着切的画像，我很好奇，为什么成千上万像我父亲那样的普通劳工这么推崇他？那个红旗上印着他黑色头像的年轻人到底是什么人？于是我就开始看关于他的书，然后又看了他自己写的书。我在自传里提过，我对切产生了浓厚的兴趣，我能做的就是"阅读，阅读，还是阅读"，一切到手的和他有关的书。切的书吸引我，也是因为我这个人本性里有些东西使我容易接受他。

上小学时，我们读独立运动英雄圣·马丁将军的故事，中学历史课我们还要读他的传记。语文课上，我们读过作家总统萨米恩托的作品。他们两位都是历史上杰出的人物，阿根廷国父级的人物，我绝对尊重他们，但是说实话，对于他们真实的人，我并不了解。而我可以说，我了解切这个人。

读了各种到手的关于切的书，分析他的，批评他的，褒扬他的，我对他只有崇拜。我说过，如果给我机会和历史上任何一个人对话，我一定会选择切。切最能引起我共鸣的特质，是他的似乎与生俱来的对苦难的关注和同情。他说过：如果你对任何不公不义都感到愤怒，那你就是我的同志。真正的革命者都是心怀大爱的人。我以为一个人对世界的最大的善意，就是对苦难的同情，这也是切洞察世界的一种原动力。

古巴革命胜利之初，一名美国记者采访了切，问是什么促成他干革命。他说：为了救人。你知道在拉美每年有两百万人过早离世吗？因为疾病、饥饿和遭受不公却又无助。记者于是问：如果美国等发达国家找到一种更合理的方式，比如商业和慈善项目，来救助这些人，改变这种状况，那么你的革命就没有必要了吧？切笑道：你想反了。正是因为我们有这么多人被盘剥，被牺牲掉，才保证了你们的富裕。如果我们富足了，自己完全掌握自己的资源了，你们又从哪里攫取财富呢？革命的目的是避免任人宰割。

我把切的头像纹在左臂膀上，那里代表我的良心。我这样做并不是为了推广他的思想；人的思想是自身经验形成的，一个头像不能带来思想，我也没必要去强加给别人。我是希望人们至少不要一提到他的名字，就不假思索觉得是个负面的东西，像我们小时候经历的那样。

我从来不隐瞒自己的任何观点，也参加了不少左翼政治集会，为我支持的候选人助力。但是当有人鼓励我从政，参加竞选时，我拒绝了。我有鲜明的政治立场，不等于我可以从政。具体怎么施政，怎么行使为大众服务的职权，需要那些比我更有智慧的人来做。另外，我是个工人的孩子，我所理解的尊严是我父亲那种人代表的尊严，是内心坚韧不拔，坚守责任的那种——在这一点上，我只能望父亲项背，而不是出入华厦，把持权柄的那种尊严。我还是作选民中的一员为好。我批评政客从来都有底气，因为他们是公共的，而我是大众的，在这一点上，我永远比他们有优势。

> 迭戈 15 岁离开校园，生活里只有踢球和养家，没有了功课的概念。足球是职业，也是他的人生学校，天资之外，他练就了自己的运动风格：顽强、公允、热情、友善和无所畏惧。而读书，是他完成自我成长的途径之一。他说他没有用功学习什么课业，但一直愿意学习他感兴趣的东西。
>
> 2000 年，迭戈的自传出版，由西语文学界久负盛名的行星出版社发行，一年重印了 5 次，发行量达几百万册。他把这本书在古巴的全部版税捐给了古巴人民，他说这也是对切表达敬意的一种方式。

【老马：

大家常常以为我的生活基本上都暴露在镜头和媒体眼前了，其实，我生活里有很大一部分，是属于我个人的。有很多东西不会被大家分享，只属于我的天地。大家看到我比赛，在场外接受采访，被人们簇拥着，在晚会上，在节目上，和众人热烈交流，但那只是一小会儿。在很多时间里，我需要和家人在一起，忘掉足球；我和朋友聊天，聊什么都行，除了足球。然后，我还需要独处。我是个简单的人，却无法拥有简单的生活。我曾经说过，媒体喜欢招我，而我不招媒体喜欢，就是指涉及个人生活的小天地时，和叨扰的媒体闹出的那些闹心事。最出名的那次，是在我的度假屋，记者们驻扎在屋子边，频频剥夺我和家人独处的机会，我真的急了，举起气枪要他们从门前撤后一段距离，他们不听，还以为我不敢开枪。那次有 4 个记者受了轻伤，其中两个选择诉诸法律。】

29 | 雅伊的故事 · 1

La historia de Yayi · 1

卡尔德隆穿梭进攻　邓加穆勒再图突破

67 分 45 秒，巴西后场左路推进，被朱斯蒂拦截，传向中路。卡尼吉亚上前紧逼，球又回给守门员，再由中路前推。尤尔金霍到中场猛然起脚长传对手禁区右侧，球落地反弹入禁区上空，阿队后卫挡出禁区右角，奥拉蒂科查跑回拿球，从巴西两人之间递向中圈的迭戈。迭戈左脚挡向边线，传给卡尔德隆，但是衔接有误，球从后者身后飞出边线。

68 分 27 秒，巴西掷界外球。

阿莱芒接球，回推中路，罗查面对迭戈传向中圈，加尔旺再传 4 号邓加，阿队跟守，邓加把球传回右路，巴尔多接上，过了朱斯蒂，送给前方的尤尔金霍，球未停住，被一脚挡到迭戈脚下。裁判吹朱斯蒂阻挡巴尔多犯规。

68 分 50 秒，巴西中场右路开任意球。阿队全员回防。邓加直送禁区前沿处的穆勒，穆勒铲给右路尤尔金霍，两人撞墙配合，穆勒转递中路，邓加遇布鲁查加左侧阻挡，右脚盘球一圈，又闪过迭戈，传给禁区外沿的穆勒，鲁杰里争抢时二人同时倒地。阿队获得任意球，观众席顿时哗然。

69 分 23 秒，蒙松快速发给左路巴苏阿尔多，后者带过中线。卡尔德隆奔向左路，和队友错身时掠球回转，左右闪晃躲过夹击，递回中路，朱斯蒂推向右侧的迭戈，迭戈迎球直接打向禁区左角，卡尔德隆得球，在 4 人围堵中带出两步，传向抢位到禁区前方的卡尼吉亚，但加尔旺头球挡给跟守卡尔德隆的尤尔金霍。阿队左路连续逼抢，最终罗查回传守门员。

　　卡尔德隆上场后，按照比拉尔多的要求，主攻左路，攻势旺盛。这一段时间，虽然巴西队整体还占据优势，却也几度回传守门员，阿根廷队攻防的速度和力度都有提升，已经从上半场的困窘中醒了过来。凌晨两点的电教楼里，很多观战的同学已经困乏，北京和都灵有 7 个小时时差，有几个人瘫坐在座位上，歪着头无精打采，旁边坐在过道上的人问他们是不是要走，好去占座位。

疲惫了吗？欣赏一首歌吧。老马年轻时嗓子不错，不仅喜欢摇滚等流行乐，还喜欢阿根廷传统的探戈歌曲。他曾在不同场合应邀演唱过探戈民谣，其中一首著名的，雷纳多·依索创作的《一个孩子的梦》，他赞叹说简直就是为自己量身而作的，在他的自传里也全文引用了。当年演唱时，他还把歌里提到的早期两位阿根廷球星改换成自己和 1978 年冠军队前锋肯佩斯，迭戈直率地说，这是因为自己和肯佩斯已经超越以前那两位，成为阿根廷最顶尖的选手了。最近两年，在"阿根廷好声音"这种综艺节目里还有选手演唱，也都改了原作提及的球星，换成了老马和肯佩斯的名字。

　　陌室的门被敲响

　　邮差的叫声清晰地传来

　　孩子冲出去……

　　他内心充满期待

　　妈妈，妈妈，他边跑边叫

　　母亲闻听离开洗衣池

　　孩子又哭又笑地向她报告

　　今天俱乐部寄来了征召

　　亲爱的妈妈

　　我要挣钱了

　　我要成为马拉多纳、肯佩斯，

　　……

　　你会看到在球场

　　我的进球赢得掌声

　　……

我会成为胜利者

先加入第五梯队

最终会进入一队

......

孩子在夜晚入睡

他做了一个最美的梦……

比赛最后时刻比分零比零

他接到球，沉着地行动

过掉所有对手面对门将

起脚劲射，球破网而中……

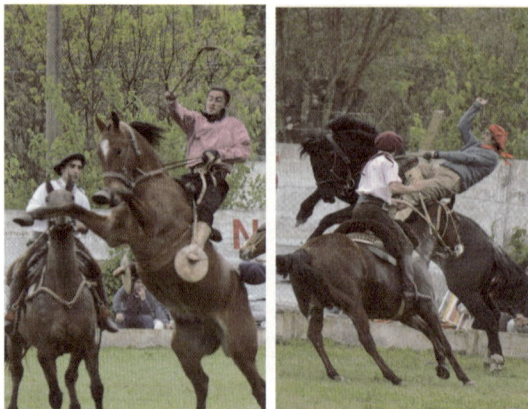

| 潘帕斯骑术

这首歌创作于 1940 年，在阿根廷家喻户晓。如果阿根廷人在 20 世纪 40 年代就有这种孩子的梦，以及梦里描述的球员选拔机制，那么他们后来拿世界冠军也就不足为奇了。

【雅伊的故事·1】

5 岁的小雅伊喜欢拍一拍那几只来"修草"的大白羊。离他家 30 米开外，有亨镇上最大的一片休闲草坪，形状不规则，有几道粗略的划线，一端矗立着一个铁架球门。大大小小的孩子都去那里玩球。雅伊可以在那儿玩上一整天。

夏季草长旺盛，养羊的伙伴家里，会在某个下午赶几只过来进草坪。羊们游游荡荡啃上一阵子，就把草地修理得很齐整。多年后，当雅伊听前辈巴尔达诺说巴萨的队员们经过仔细研究建议，球场草要割至 22 毫米短，踢球效果最佳时，不禁笑起来。他是想起了从前老家的草坪，不用人工剪草，而是依赖那些即啃草又顺便"施肥"的家伙。

雅伊喜欢在家门口这个形状不规则的场地上和伙伴们自由地踢球，没有出界一说。只要能从伙伴们当中抢到球，冲出重围射门，就是最兴奋的时刻。每次欢呼自己或同伴踢了脚好球时，他都会高叫：Ya——Yi——！所以后来伙伴们都叫他"雅伊"，时间长了，连爸爸妈妈也都习惯了叫他这个外号。他后来说，很享受在这种场地上玩球，很能锻炼在人丛里竞技的本能。不管拿球跑到哪里，总有人在追逐阻截。他每时每刻都要挣脱，跳跃，闪躲，摔爬……他觉得这片草地美得无边无际。

大草坪上一年四季都可以踢球，只有一段时间不行，那就是镇上每年剪羊毛的时候。这片大草坪也是镇里牧主们的剪毛场。豪爽的潘帕斯牧人们骑着高头大马，随意披着长发，率领一群群羊儿先后到达。他们开工之前，还会跃马扬鞭，在草地上为大人孩子表演多年放牧练就的潘帕斯骑术。那情形让雅伊和小伙伴们看得入迷。他曾说：小时候凝望着牧人骑驭骏马腾跃飞奔的英姿，就感觉有一股锐不可当的气势渗透进灵魂。

剪毛季过后那几日，母亲总发愁雅伊去踢球，因为他会沾一身气味不佳的碎羊毛回来。但这还不是她最担心的，大草坪有几块地方长着大摊的蒺藜，百除不尽，小雅伊经常腿上、胳膊上、手上带着被刺果扎出的斑斑血迹回家吃晚饭。有时能听到他或者伙伴们在草场上大叫，那十有八九是球砸中了袜子上沾的蒺藜果，把刺儿"钉"在腿上了。

左一｜赛场入口外有集有市
左二｜乡间球赛
左三｜乡间球赛
右图｜永远正规的裁判队伍

　　雅伊的父亲是博卡青年俱乐部的球迷，常带着雅伊一起在收音机旁收听球赛。那时的球赛还没有普及电视转播，孩子就会好奇地问博卡青年队在哪里。父亲当时在镇上经营家电生意，有时会去 400 公里外的首都进货，雅伊 9 岁那年，父亲顺便带他去首都玩儿，就买了张球赛的票，领他见识了一下了博卡青年俱乐部的主场——"糖果盒"体育场。

　　位于阿根廷首都博卡区的这个甲级俱乐部，1913 年由意大利和爱尔兰移民创办。当年创办者们拿不准用什么颜色作球衣主色，就商量好，到港口看一下那天第一艘进港船只的挂旗，来选定球队的颜色。刚巧那时开来的是艘瑞典货轮，所以，球衣以及"糖果盒"体育场外部就采用了蓝黄两色。马拉多纳年轻时就穿过这样的球衣。后来博卡青年队的球衣增加了样式，比如暗蓝加金色条饰，避免了让人当成宜家家居公司的分部。

　　15 岁之前，雅伊去过家乡省内不少城镇的球场，都是简陋的草场甚至土场，由铁丝网围着，四周用木板搭着几层简易小看台，哪一个都和"糖果盒"是天壤之别，但是观众热情洋溢。有时，某个小镇的队也可能打得很好，或有表现突出的球员、星苗，方圆多少里大家就都会来看，口口相传，其他地方的球队也会在定期比赛之外来约战。这种时候，球场入口处的小票房前就会排起长队，村公所的警官也就愉快地有了额外的差事。阿根廷地广人稀，但乡间球赛动辄有上千观众却不足为奇。

　　父亲仔细向雅伊介绍着这个三面环形、一面开放的大"糖果盒"。这是一个纯粹的足球赛场，周边没有环绕的跑道，观众席一直延伸到服务区外，被金属网隔挡，可以最大限度地容纳观众。常有大批观众弃座挤在网边，手抓网格近距离观战。有时有些球员，比如里克尔梅，过来罚角球前还会隔网温馨地和小球迷碰碰手。透过隔网，雅伊望着高耸的看台，成列的贵宾厢，人工修剪的漂亮纯正的绿茵场，雪白漆亮的球门框和规整清晰的划线，明白了什么是"奢华"。当然，彼时他没有想到，未来，他会在隔网的另一边登场，受到全场的欢呼。

30 | 雅伊的故事·2

La historia de Yayi · 2

阿队阻截皆被化解　穆勒打门再造危机

　　69分58秒，巴西中路重组攻势，由后场传至中圈，巴尔多接球，阿队在其左侧铲球犯规。巴尔多压哨按球起脚，打向中路偏左，加尔旺在巴苏阿尔多和卡尼吉亚的夹击下，前推给阿莱芒。阿莱芒顺势用右脚背把球颠到左路，试图二过一甩开防守时，未挡到回球。

　　卡尼吉亚从旁接住，转身三步，传向中圈的迭戈，被邓加阻截。邓加晃过巴苏阿尔多的盯防，闪到左路给加尔旺，加尔旺遭贴身逼抢，回传邓加。邓加停球观察了一下，迎着布鲁查加起脚斜吊阿队禁区，卡雷卡和穆勒左中两路跟上。冲入禁区左角的卡雷卡和防守者双双未能触球，球弹向禁区中央，戈耶戈切亚本欲冲出，度势又退回门前封堵。中路穆勒奔到门前5米开外，抢先抽射，他身体后倾幅度过大，第一脚未打到，球被右踝碰向右后方，他未及转身伸腿截球，球反被碰到左侧。全场一片焦急的呼喊。阿队另一人放开卡雷卡前来阻截，穆勒再左转寻球，已经滑远。一片遗憾声中，西蒙截球带出禁区。布兰科右侧迎上铲断，犯规。

| 雅伊的青春联盟 1979

| 青春联盟俱乐部第一和第七梯队及家人

【雅伊的故事·2】

　　12 岁时，雅伊加入了镇上的体育俱乐部——青春联盟的少年足球队。青春联盟是这个人口七千的镇子历史悠久的一个足球俱乐部，创立于 1948 年，雅伊的父亲小时候也曾是它的队员。目前，除了第一梯队，俱乐部有一百二十多位小队员，分 6 个年龄组，有固定赛制，周末常打比赛。俱乐部也是镇上社会生活中心之一，地区级循环赛当主场的那些日子，也是当地集市和聚会的良机。每逢节假日或送旧迎新举办的烤肉节，烤鸡聚餐（又称青春联盟百鸡宴）也和球赛一样吸引大人孩子。世界各地都有做阿根廷烤肉的餐厅，但潘帕斯草原这一隅的露天树桩烧烤绝对本真。

　　雅伊的那个年代，孩子们的教练尚不是专职的，是镇上的拖拉机技师。教练也当司机，会拉着小队员们去附近的一些城市比赛。这段经历，让小雅伊第一次认识到"逆境"。

| 青春联盟U17

　　他们去城里比赛，有时会遇到疯狂的客场球迷，就是当地那些孩子们的家长。当他们这些十二三岁的孩子在场上拿球时，对方的家长们就在观众席上谩骂。雅伊说那些污言秽语他都听懂了。更过分的是，如果轮到谁掷边线球或罚角球，身后观众的谩骂就会集中到这个孩子身上。雅伊有一次罚角球，谩骂声中居然有几个石块儿掷来，打中他的后背。他忍着痛发出球，跑回场内，不敢向后看一眼，觉得身后仿佛是一群恶魔。赛后，他看到，那是一群40岁左右的家伙，他们毫不羞耻地欺负小镇来的孩子。怒火是最好的加油——马拉多纳这句话雅伊很赞同，在体会逆境的同时，他也尝到过胜利的宝贵滋味。

　　很多年后，初到意大利踢球的雅伊，在客场遇到了类似的情况，他的队友罚角球，身后看台上的上千球迷忽然节奏整齐地发出一阵呐喊：我呸！我呸！他在心底笑了起来，他想，这不是又回到当年小孩子的比赛了！雅伊后来总结说，20世纪80年代在意大利和阿根廷踢球最难，不光球员作风野蛮，球迷素质也差。

| 向老队员致敬活动

雅伊在学校不踢球。他一上中学就是田径队队员，是全校100米，200米和400米的冠军。13岁就一路拿到省里的名次。雅伊说其实那时他最喜欢练的是跳远，也跳得很好，和几个高年级的健将不相上下。但是省里的比赛项目每人只限报两项，所以学校从没有安排他参加过校外的跳远比赛。踢球的时候，他在跑动中就会适时地跳跃过人，而不喜欢晃闪迂回。他一直认为是跳远成就了他球场上的奔跑风格。

曾经有伙伴问他怎么练习才能跑得快，雅伊说，你可以练怎么跑，怎么起跑，怎么冲刺，但是快是没法练的，你生下来快就是快了。他那时年龄还小，教练说等到15岁就可以送他参加全国比赛。

然而，15岁那年，雅伊没有像学校田径队计划的那样参加全国比赛。他遇到了"石块"。

"石块"是当地俚语，指的是职业足球俱乐部的"选手关系户"，相当于球探。他们分散于全国各地，有的是和俱乐部有个人关系的球迷、教练，有的是退役的老队员，过着不同的生活，从事不同的职业，发现有潜力的孩子就和俱乐部打个招呼，尽些个人义务，并非专职。人口七千的亨镇就住着著名的河床俱乐部投下的这样一个"石块"。

"石块"名叫卡洛斯，是雅伊父亲打台球的球友，多次见过雅伊和青春联盟的队员们在家门口的大草坪踢球。有天他看到雅伊在打乒乓，也灵活机巧，反应迅速，就上前问孩子多大了，听说13岁了，就找到雅伊父亲说：让我带他到河床试训U队吧，他应该可以被录取。雅伊的父母不答应，说这么小的孩子送去那么远，绝对不行。第二年，铁定了心思的"石块"又来劝，孩子14了吧？不小了，别耽误了。雅伊的母亲还是不肯，但父亲被说动了。于是"石块"给河床俱乐部打了电话，马上约到了时间，带上父子二人奔赴布宜诺斯艾利斯。

雅伊说，那个年代试训不是很复杂，就是要他直接去和U队的队员们练几场球，然后

图一 | 小队员训练后加餐
图二 | 青春联盟俱乐部
图三 | 寻常一天
图四 | U队队员辅导3-4岁启蒙组
图五 | 潘帕斯烧烤

留他单独做了几个项目测试，包括雅伊拿手的百米跑。录取过程很顺利。开始让他试中锋，助理教练觉得不错，但在第三场练球时，河床的另一名教练恰好在场，看中了他的灵活和突然提速冲刺的能力，就说让他打前锋，又练了两场就确定下来。

1982年，雅伊告别了田径运动，初踏职业足球之路。

（感谢青春联盟俱乐部现任主教练费尔南多·乌尔基萨（Fernando Urquiza，DT）的慷慨支持，这里附的照片都来自亨镇的活动记录。我对他说你们真了不起，

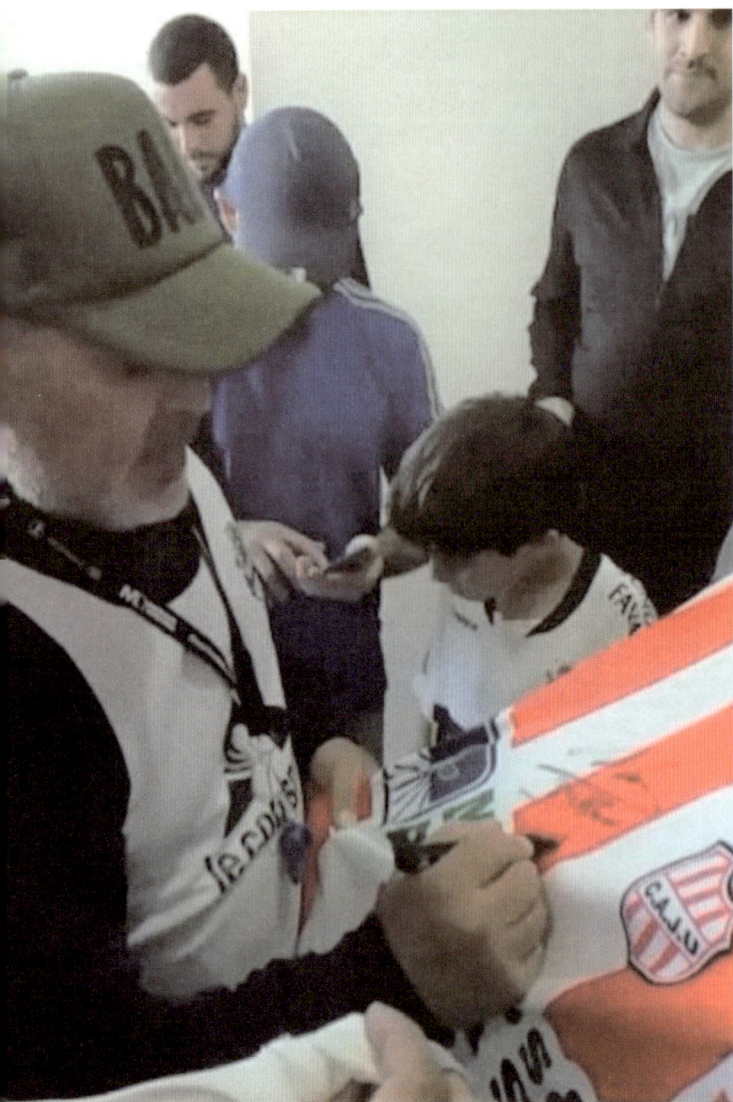

| 老马为青春联盟球衣签名

| 乌尔基萨教练

七千人的镇子就有这么完整的一个球队体系。第四梯队刚刚还拿了地区冠军。而且，U队有和博卡、河床等甲级U队比赛的日程，给少年们开辟了上升的渠道。他说镇上人口现在达到九千了，不过这很正常，北边的巴雷哈市人口不到两万，拥有两个足球俱乐部呢，当然一队球员大都是兼职，踢球纯粹出于热爱。）

31 | 点球

Tanda de penales

图进击卡尼再越位　短罚球巴西仍无功

70分46秒，阿队后场任意球开到左路交给布鲁查加，布鲁查加向前传给迭戈。但此时裁判吹停，巴尔多受伤倒地，巴西队医上场。

71分52秒，阿队重新开球。戈耶戈切亚掷给左路，卡尔德隆传向中场巴苏阿尔多，又接回球传过中线，交给猛然提速的卡尼吉亚，但卡尼吉亚又越位了。

72分15秒，巴西后场从右路推向中路，戈麦斯带过中圈，顿脚晃过特罗格里奥，分球到左路，巴尔多遇到跟防，敏捷倒脚回传布兰科，布兰科长传至禁区左角处，戈麦斯倒退中背身头球，撞上身后的西蒙，裁判吹西蒙犯规。

73分，巴西在阿队禁区左侧开任意球，位置险要，布兰科主罚。布鲁查加，迭戈等三人封住球门方向，其余队员在禁区内盯人。布兰科长距离助跑射门，球打在做人墙的迭戈脚下弹出边线，溅起巨大的遗憾之声。

> 电视转播的解说帕里（Alan Parry）叹道浪费了，又说如果十几分钟内无建树，就会进入30分钟加时赛，再不然就只能点球决胜负了。转播间的同事回应说，点球？这场比赛不至于吧？

点球

戈耶戈：

有人说点球是靠运气，但我不这么觉得。它比反应能力，比速度和欺诈性，还是场心理战。如果真要靠运气，大家就扔硬币好了。

小组赛最后一场被罗马尼亚追平，确定要战巴西后，教练就组织过备战点球。迭戈因为有伤，每次只能和我练半个小时。由于左踝的伤势，对巴西赛前几日，他已经开始猛练右脚射门了。外人看不出他的右脚和左脚有什么差别，不过对我来说，左撇子的球还是更难扑一些。

半决赛对阵意大利，我们上演了决赛级的拼杀。不管后来人们如何评价这届世界杯是史上最差，进球少，打法保守等等，阿根廷对意大利一役，放在任何一届都算硬仗。要知道本届直到半决赛遇到我们，他们的大门才第一次被攻破，被卡尼攻破。双方争斗空前激烈。我们硬扛下了一切不利因素，站到了点球大战那一刻。理疗师和体能教练在帮助疲惫的队友们放松。我没有和他们交流，独自在一边踱步。助理教练一向负责点球的事，他挑选好罚球队员，确认名单，然后提交裁判。

等待的时候，双方有两名队员争吵起来。因为对方对迭戈说阿根廷打得不如他们，他们该赢的，罚点球不公平。迭戈没说什么，但一名队友不干了，迭戈连忙笑着把两人劝开，并善意地拍拍意大利人的肩膀，言语安抚一番。迭戈对人友善，场上球员也都尊重他。我知道比赛这么激烈，偶尔队员之间失控恶语相向也不难理解，不过迭戈劝阻一下，很快就平息了下来。

双方队长在裁判那里完成掷币、挑边的程序，意大利先罚。迭戈挑了我上半时驻守的大门，也就是被卡尼吉亚头球攻破的那个。我感觉意大利人比我们紧张，他们先罚，要保证每球必进，而且他们是在自己家里，知道所有的同胞都在盯着他们。大队人马退场，罚球队员们走进中圈。几个队友过来和我击掌，场上逐渐安静了。

与此同时，万里之外的阿根廷小城里马，我的家人坐在电视机前，像千万人一样，看着我迈步走向球门。比赛开始前，家里把我身着国家队服的照片摆在电视机上方正中央。我们每次比赛，打开电视机之际，母亲都要祈祷。赛后，她会再次祷告，然后把我的照片拿回卧室，直到下次比赛再拿来摆在电视机上。

……

第一轮，意大利老将巴雷西主罚，我判断方向错误，他劲射入网。

第二轮，我面对巴乔。备战时我们研究过他多次。我自认为熟悉他，他会打得又快又狠。我全神盯着他，确定等到最后一刻的判断才启动。我找准了方向，纵身跃起，触到了球。我至今认为那是个应该扑出的球。但我的手掌没有正面迎球，而是呈一个倾斜角度，打到球的下部。"啪"的一声，在那个几万人屏息而待的瞬间，显得特别响亮。高速飞来的球空中稍稍腾起，略微减速，依然撞进网窝。一阵沮丧袭来，我无奈地仰倒在地上，缓慢地收拢双腿，再后滚翻起身。我感觉用尽了力量。朝禁区外走去的时候，我告诫自己：抹掉记忆！抹掉！忘记刚才！准备下一个！

下一个是德阿戈斯蒂尼，我同样判断准了方向，但是没能跟上他劲射的球速。

第四轮，多纳多尼上场。他是个很有天赋的年轻球员。习惯打右边。我以为他会保守，用他习惯的打法。可是当他向罚球点走来的时候，我看到了他的犹豫。

此刻，电视转播上出现了我的近镜头，母亲突然从沙发上直起身惊呼一声，家里其他人看向她时，她闭上眼睛手按胸口，然后又紧紧盯住屏幕。

多纳多尼走得很慢，还顿脚挑战似的看了我一次，所以我打定主意，暂不选边，等到他踢球那一刻再做动作。他起脚时的身形和动作方式，使我本能地意识到他不可能打我的右边，我竭力跃向左侧。幸运的是，他球打得半高，如果再偏左上角一点就不好说了。在全身腾空伸展的极限，我的双手扑出了来球。有戏！我在场上"蹦跶"了一下，给自己暗暗加油。

备战时，队里的研究说，第五轮出场的塞雷纳习惯罚向左边。他身高 1.93 米，左撇子，我也觉得他打我的左侧会更合逻辑。在他从中场往罚球点走时，我就到这一侧门柱上蹭了蹭靴底，好像暗示他，打不打这边就看你了。塞雷纳起跑不快，中间也没有明显加速。我盯着他，在他冲到球前的刹那，我就跃向左边。出乎我意料，来球的力量非常大，我收到了球，力图把它按在身下，它却旋即挣脱，溜向我身后。我落地翻滚半圈，几近绝望地扭头察看——球就在我身旁，颠簸两次后停稳，离门线尚有两尺远。

圣保罗体育场像一架巨型收音机被突然关上，四周噪音顿息，一时间仿佛只有队友们的麦克开着，他们的欢呼声伴着风声充盈我的双耳，我狂喜地向着他们飞奔……

万里之外，我的家人和涌入祝贺的邻里们喜极而泣。母亲对父亲说：刚才你看到了吗？里马的盾章！大家，包括我自己，都没注意，但是母亲第一时间注意到了。面对多纳多尼时，我一直挂在脖子上，严实地塞在球衣下面的那枚幸运徽章不知何时完全露出了领口，那枚小小的长方形金色徽章和一小段链子，自然地垂挂在我的领口中央，闪闪发亮。母亲发出了一声惊呼，全身心为阿根廷祈祷的她，下意识地感觉那是吉兆，是上苍突如其来的昭示，因为她记得，我上一场扑出南斯拉夫最后的点球之前，这枚徽章也是这样"突然"出现在我的领口。当我面对塞雷纳时，徽章链子余下的部分也全部露出，环绕着我的脖子。

母亲说那时她就已激动得无法言语，默默注视着我胸口上方，她认定的那一环胜利的曙光。她也许是世界上唯一预感了这场比赛比分的人。

布鲁：

意大利的曾加是个出色的守门员，反应机敏，临场判断准确。不过我认为他的爆发力和侧扑伸展的距离不如南斯拉夫那个守门员。1990年半决赛我们点球决胜负时，我发现了他的一个特点——对付定位球，他门前移动过早。对我们首发的队友塞里苏埃拉就是如此；我第二个罚球，起跑后离球还有约一米远，抬头看向他的时候，他就已经向一侧移动，把自己交了出去，让我有充分的时间——大约1/10秒吧——打向相反方向。实际上，下面出场的奥拉蒂和迭戈两人的球，也都在曾加提前移动后，反向打出。

【老马：

我们主罚点球的人选一向由助理教练帕切梅安排。他会细心地根据场上球员的状态，一次暂定出6个人，然后依次问大家是否准备好了。从来没有人退缩。他怕我因为对南斯拉夫罚失而心有顾忌，特意先来问我是否可以上，我毫不犹豫地说当然，我怎么能不上呢。他把刚头球破门的卡尼安排在第六位，用奥拉蒂换下了特罗格里奥，其他人选和对阵南斯拉夫时一样。这次他安排我第四个出场。老后卫塞里苏埃拉还是第一个主罚，随后，大家也都成功了。帕切梅指导点球战还从没输过。

轮到我主罚时，意大利已经被戈耶戈扑出一个了。全场安静。在我走向罚球点时，守门员曾加高声对我说：喂，迭戈？我认识你。我直视着他的眼睛，微笑着回答：我更认识你啊。

俯身放好球，向后退3米，我起右脚向前跑动，眼睛紧盯着球，在离球两步远的时候，我抬头盯住了曾加。对阵南斯拉夫时，我的点球是左脚打向左侧，被守门员扑到了。这次他会猜我要来个"交叉"吗？右脚落在球旁，我猛然减速扭身，左脚推射，还是向左打出。

比赛的关键时刻，关键一球，我不敢冒一丝险去用弱脚。尽管左脚有伤，已经不是什么金左脚，连铜的也算不上了，我还是依靠它。打球的力量适中，但之前的假动作骗过了曾加。我盯住他，一边完成打门，一边看着他扑倒在球门另一侧。我用意大利语对他说了声再会，然后欣喜地张臂跑向伙伴们。这也是阿根廷把意大利挤出决赛的最终一球。因为戈耶戈切

亚扑住了塞雷纳的点球，我的队友德佐蒂不用上场了。我们进决赛了。】

很多人都记得，戈耶戈把最后一个点球扑下后，一跃而起，狂喜地挥臂大步奔回中场。那是货真价实的英姿勃发。他成为足坛史无前例的英雄，在此之前和之后，没有任何门将在一届世界杯上有如此力挽狂澜的表现——扑出四个点球。最先迎上抱住他的是卡尼等年轻队友和替补球员，场上的老将们在这个点球被扑住的刹那即倒地埋头抱作一团，百感交集。

阿根廷队本来给两个守门员每人发了两套服装，灰色的和紫色带绿底的。供应商那时恰巧制作了一件新设计的第三套，数码迷彩服，是唯一的一件，还没有留底，也阴差阳错地发给了球队。进入淘汰赛阶段，戈耶戈想着新阶段新面貌，就把这套用上了，每次赛完都马上洗干净，好下次再用。世界杯后球队一回国，足协就把这件"神衣"借去采样，批量制作，它被年轻人疯狂追捧，成了时装。

当时电教楼里观战的我们，也为戈耶戈切亚的神勇表现所折服，没有像同情巴西那样为意大利打抱不平。如果掀了巴西是意外，那么翻了意大利阿根廷还是靠了实力的，哪怕是有运气作铺垫的实力。当然，支持意大利队的同学都叹气说：好好的世界杯，阿根廷搅什么搅！

布鲁赛后和队友们抱在一起庆祝，但马上被卡尼拉出人堆。卡尼一路拉着他走到法国籍主裁判面前，要布鲁帮忙翻译——布鲁在法国踢球，会法语。卡尼对主裁判说：你干掉了我，我也想宰了你！布鲁劝卡尼要冷静，帮他翻译完，马上就把他拉了回去。心中早已有数的主裁判面无表情，也没有理会。怒吼着的卡尼知道一切都无法挽回。

这场比赛也惊动了老球王贝利。他疾呼，意大利积分17，阿根廷积分11，点球决胜负不公。他语重心长告诫FIFA，足球要靠"阿达卡"（西语"进攻"的意思），不能靠阿达哈（西语"扑球"的意思），并建议修改规则，半决赛4支队伍以总积分决定谁打决赛。不过巴西的球迷大众对比赛结果则十分满意，说阿根廷将功补过啦。因为，如果意大利进决赛，就可能超越巴西，成为第一支四度捧得世界杯的队伍。

32 | 受访（雅伊的故事·3）

Entrevistas/ La historia de Yayi·3

穆勒头球攻门造险　迭戈出击沉底无力

73分23秒，巴西掷边线球，巴尔多冲至角球区附近接应，球飞过肩头，被阿队顶向边线，邓加瞬时赶上，侧身对角吊到禁区右后方。穆勒再夺先机，跃上冲顶打门。观众激励之声骤起，球却再度飞出底线。

74分整，戈耶戈切亚球门球开到左路，卡尔德隆停球后轻轻回推，巴苏阿尔多带前两步，长传给迭戈。迭戈边线迅速沉底，这是他第一次得到沉底机会，巴西队员紧逼盯防，球滚出边线，边裁捕捉到了。

巴西掷界外球回给塔法雷尔，他向中路抛出，巴西后场传递两次，罗查自右路冲入前场，传球至禁区右侧，巴尔多接球，被阿后卫挡出靠近角旗的右边线。

74分15秒，巴西掷界外球，巴尔多接球吊向禁区，四周鼓声激荡。卡尔德隆飞脚挡出边线。尤尔金霍界外球又抛向禁区右线处的巴尔多，后者回敲给尤尔金霍，阿队两人逼尤尔金霍回撤，巴尔多沉底，却已经越位了。

下半时过半，巴西最大的电视台"环球网络"的直播解说布埃诺，转向节目嘉宾贝利说道：虽然我们一直占优势，但是这么久了还没有进球，令人有些担心，咱们毕竟没有马拉多纳呀。贝利回答：到此时为止，马拉多纳对巴西还没有过一次射门呢。实际上本届杯赛，迭戈的射门机会了了，唯一的进球就是半决赛对意大利的点球。

受访

半决赛后的那不勒斯圣保罗球场，意大利队跟随着维奇尼教练默默退场。巴乔等队友拥着刚刚罚失点球、悲伤无比的塞雷纳，试图安慰他（2012年阿根廷拍摄电视片《足球上帝》时，还专门采访了塞雷纳，头发已泛白的他幽默地笑称：1990年，啊，是某个人，啊，点球罚失，送阿根廷进了决赛）。一些球迷在失望地收卷旗帜。摄影机还捕捉到一些人呆坐不动的忧伤情景。大多数观众都很安静，在有序地退场。迭戈走向场边，高抬双臂向他的那不勒斯球迷们鼓掌致谢，有些人也在向他鼓掌。

场外，记者已经在采访教练比拉尔多和戈耶戈切亚。其他队员在步入通道，脱离了对方球员和观众的视线以后，快步跑向更衣室，并且开始放声齐呼："阿根廷！阿根廷！"唯有刚才抱着戈耶戈欢呼的卡尼，此刻垂头无声地跟在队友们后面。他开始为自己伤心了——比赛第83分钟，他在中场跳起头球时，毫无意义地用手打了球，虽然身边没有对手，也不存在攻防的险情，但裁判还是亮了他黄牌。按FIFA规定，吃到这第二张黄牌，他将无缘下一场比赛——决赛。

迭戈最后接受采访，他先和戈耶戈击掌握手，拉着戈耶戈尚戴着手套的右手俯身吻了一下，才走到摄像机前。此时他好像忘掉了刚才庆贺胜利的兴奋，又恢复了严肃和专注的神情，汗渍渍的球衫贴在身上，看起来十分疲惫。迭戈后来说，他退场时看到意大利队几个球员，也是他在那不勒斯的队友，神情悲伤，心里就沉了一下。记者是意大利广播电视台的，熟悉迭戈，问他今天是不是运气太好了，他说总体上两队一半一半，差不多吧。是戈耶戈立功了。然后他感谢那不勒斯人，提到观众们没有像之前几场那么糟糕地羞辱阿根廷队，没有嘘国歌。记者岔开话题，问：有什么话要对远在阿根廷的父老说吗？他马上说：大家好，今天我们的努力……记者又赶紧打断，说：这可不能用意大利语了，你得说西语。迭戈这才笑了，赶紧用西班牙语说：大家好，我们今天的努力都是献给你们的，希望你们高兴啦。大家晚安。说罢，他转身走入昏暗的通道。

意大利队这边，记者在跟随西西里农家子弟斯基拉奇，这个'90世界杯打入6球的金靴奖金球奖双料得主，回避着记者的追问，低声承认着一个痛苦的现实：真像做了一场美梦，我不想从梦里醒过来……

与此同时，另一侧的贵宾通道里，主席台上下来的各界衣冠楚楚的贵宾也在缓缓退场。有记者先后采访了意大利足协主席和体育部长，两个老头子西装革履，热得不行，都铁青着沁汗的脸，一脸严肃地表示，他们看到意大利队尽了最大努力，是祖国的好儿子，很满意，很自豪，很有信心走着瞧。

很多人，包括迭戈自己，都相信，一年后他在意大利的足球生涯以悲剧收场，和这场比赛是有很大关系的。

按照迭戈的理解，大多数当地球迷肯定很失望，愤懑，但做不到真的置他于死地。当时他没有想到的是，有一部分人，肯定是"能人"，一直在投机一个理想，就是由意大利和西德打决赛，然后意大利，东道主，夺冠，那该多么理想！而且按两队实力也十分合理。谁不愿意投机有实力又合理的理想呢？不管在政坛还是赌场。迭戈说后来他知道，因为该理想的破灭，有些人遭受了巨大的心理和经济损失。阿根廷的胜利，让他们的损失动辄以百万计，而且，这还不包括满街的黄牛票贩——意大利挺进半决赛时，他们就开始以1500美元一张的进价囤积原价500的决赛门票，期待在"意德决赛"之前翻倍沽出……

2020年7月，迭戈在社交媒体上纪念这届杯赛30周年，依然说他后来很多遭遇的源头就是"赢了不该赢的比赛"。

【雅伊的故事·3】

15岁，既不是小孩子，也不算大人，既需要引领，也需要奋进。这个年纪的雅伊，加入了河床俱乐部的U17队，只身来到阿根廷首都，寄住在离市区二十多公里的郊外叔叔家。雅伊性子沉稳，并不是个不善言辞的孩子。但是，从一个大家相互认识的小镇，来到几乎一个人都不认识的大都会，他需要一个适应的过程。

每天清晨，叔叔家的门在身后一关，背着书包和运动包的他就完全独自面对一个陌生世界。先是乘火车倒汽车一个多小时到学校，下午放学后，再乘车去球队，傍晚再赶火车返回住处。除了叔叔婶婶和表妹们，他在这个大都市最初的一年里，只有三个"熟人"——去往学校和训练场的两趟公交和一班火车。当他终于在班级有了几个熟识的同学后，却又不得不转去离住处稍近的另一所学校。

那两年，他换过三个学校，然而每日乘公交的时间，还是要超过两个小时。每次训练完毕，他在返家的车上都累得昏昏欲睡，回家还要学习，完成功课，时常觉得无力招架。雅伊不肯放弃学习，他力争把功课保持在7分（10分为优，7分为合格），能进比较好的职业高中，将来可以做个农机技师，像他家乡少年队的足球教练一样。不过对他来说，身体疲乏还不是唯一的问题。

河床俱乐部是首都三大足球劲旅之一，U17大部分队员是从自己的U15上来的，一帮孩子已经在一起相处了三四年，已经形成了默契和抱团儿意识。雅伊的到来，实际上淘汰了他们的一个伙伴。雅伊因此遇到了麻烦，更衣室里的那种。队友们不愿和他交流，蛮横一些的，直接当众问：咱们这儿怎么啦？雅伊打锋线，对抗训练当然是要挨踢的，他有时分不清队友们是在防守，还是在整他，心也有些疲倦了。

雅伊后来承认，虽然在博卡和河床打过多年球，他却一直感觉不到自己是"首都人"，他内向，沉着，自我保护意识强，一直是"首漂"心态，这和他在布宜诺斯艾利斯最初几年的经历有很大关系。这种内敛，独立，和他性格中放荡不羁，争强好胜的一面如影相随，倒使得他遇事一般都从容不迫。

疲劳和孤独是雅伊16岁那年的主要记忆。一天，他拨通家里的电话，告诉母亲想退队，想回家。母亲说，你不知道自己有多棒吗？想想你一路需要比多少人更棒才能到今天的位置。请再坚持一下。如果哪一天你自己告诉自己，真的坚持不住了，再回来。雅伊不想让母亲失望，就答应再试试。神奇的是，那天之后，他就再没有过坚持不住的感觉，总是告诉自己，感觉还可以吧……慢慢地，他意识到了自己的长处，他的球技和素质都在超越同龄人，自信增强了，也被同伴们接受了。17岁后进入U20队，感觉好多了。

1985年的一天，河床的U20队迎来重量级访客，比拉尔多率领国家队前来打训练赛。这是阿根廷足球界由来已久的一种互利比赛，一方面优秀俱乐部的青年梯队为国家队当陪练；另一方面，也可以帮助这些俱乐部培训年轻球员，还可以考察后备力量，方便国家队发掘新秀。雅伊在两场比赛中都让国家队挠头。他执拗，丢了球满场飞着也要追回来，不管什么阵型。快攻时，他沉底传中的球常常被对方守门员捞去，因为中路接应的队友和防守者都跟不上他的速度。比拉尔多又观看了球队的训练，指着奔跑如飞的雅伊问，他多大了？河床教练回答，刚满18。那能不能别留他在U队啦？上你们一线吧，不过要多训练他和中场的配合，他到底打什么战术？速度快也不要满场乱飞，让人抓狂。教练采纳了国家队教头的建议，18岁的雅伊升入了河床一队，作为替补上场，完成了处子秀——一场3：0的胜利。从那时起，教练就很注意指导他穿插，跑位，打斜线……

雅伊后来回忆，加入第一梯队，才是真正磨炼的开始。在那里，每个人都是成人，没有优待弱小的习惯。那时，每次练完球，他都带着一身伤回家，球衣也是破的。

老队员们教雅伊明白了什么是严苛。他们的各种防守和冲击一次次挑战他的"竞技极限"。雅伊则以沉默应对，在任何打击面前都一声不吭，摔倒了就接着爬起来追球。只有一次，被踢狠了，他差点儿和下脚重的队友急眼，但是，你能要求对手适可而止吗？所以还是得咬牙一声不吭，自己爬起来继续练。鲁杰里是河床队的后防大闸，他退役后一次讲到当年，说雅伊这小子防不住，不管你怎么踹倒他，他都立马站起来，继续和你面对面对抗。他从不慌张。你防守他，他大模大样直接腾身跳过去，不跟你"耍"球，嫌浪费时间。教练喜欢他这样蛮横，直来直去。他那时练球常落一身爪印擦伤，因为窜得快，大伙儿上手都抓不住他。

雅伊说，现在的年轻球员，星苗，都被保护得很好，经纪人、家长、有关系的媒体记者都能护着他们，不少星苗从十几岁起，参加的活动，连他们的形象、肖像都标有价码，当然要保护啦。而他那个时候，这些一样都没有，年轻的球员们挨了踢打都不能吭声。和他相比，年少时的里克尔梅更惨，这个老马和梅西中间时期的领军人物，14岁还在U队时，就不时让严厉的父亲叫进区里的成年队和大人们在街头场子比赛，挨踢无数，还曾经被撞晕抬下场。但是那样的环境也有好处，雅伊说：那样的训练，让自己更快地成长为运动员／强者／男人……随便怎么叫吧。

在U20队，雅伊曾看到不少表现不错的队友升入一队，然后打了几场比赛就退入板凳席，然后渐渐消失，离开河床，退出足坛……竞技的残酷永远是从内部开始的。不过雅伊加入一队不久就感觉如鱼得水，觉得自己很适应一流球队的竞争。他的技术渐显成熟，只是体能稍差，一直是替补队员。不过，只要得到上场机会，他就会以惊人的速度发起进攻，百折不挠，对对方大门形成威胁。而且，因为速度快，好几次连对方守门员也过掉，不管观众是一两千还是几万人，他表现一贯从容。主队的球迷们渐渐记住了他，有时看不到他，还会在看台上呼唤，要求教练派小家伙上场踢一会儿。

进入一队一年多后，雅伊收到国家队候补集训的邀请，也就是说，国家队有可能把他放在1990世界杯候选之列了。兴奋之余，他的教练告诉他，比拉尔多早先就注意到你了，不过，你还是要提高射门质量，争取做到一锤定音。

33 | "D10S"（雅伊的故事·4）

D10S/ La historia de Yayi · 4

卡尼驻前场伺机反攻　巴西任意球开花无果

75 分 58 秒，戈耶戈切亚球门球开到左路，布鲁查加盘带，被巴西队员踢出边线，奥拉蒂科查掷界外球，被裁判吹违例。

76 分 25 秒，巴西右路手掷球，邓加外脚背准确横传给左路戈麦斯。卡尼吉亚上前索探，戈麦斯回给中路，加尔旺看到卡尼吉亚追来，转身再给戈麦斯，卡尼吉亚再次跟上，戈麦斯和加尔旺连续两次传递，直到卡尼吉亚停止进逼。球送给前场卡雷卡，蒙松一路堵截，逼着卡雷卡闪到左路，沿边线冲向禁区，球出边线。

场上的呐喊和着助威的鼓点，节奏统一。不消说，大多数球迷都盼望巴西用占尽全场的优势换来一粒入球。

77 分 21 秒，巴西前场掷界外球。阿队除卡尼吉亚外，全员回防。布兰科接球，试图从左侧穿过 3 人围堵，在禁区左角被朱斯蒂断下，传给卡尔德隆。卡尔德隆猛然提速送入中路，迭戈闯过二人防守，传向中圈内卡尼吉亚，卡尼吉亚不慎滑倒，球被罗查抢得，立刻反击中路，巴尔多遭封堵后，向左传给阿莱芒，自己被迎面撞翻。裁判哨响。

78 分 08 秒，巴西在禁区右前方罚任意球，阿队排出人墙。布兰科主罚，打向球门右上角，但球又高又偏，直直从门区右侧飞出底线。电视解说员有些难以置信地问了句：说好的"香蕉"（香蕉球）在哪里呢？

从比赛第 5 分钟直到此时，巴西所有的任意球都未能对阿球门造成威胁。到此时为止，巴西共有 19 次犯规，阿根廷 18 次。迭戈和队友们长时间处于守势，犯规还比对方少，也不容易。场上偶有几次比较大的犯规，但是从整体来看，两队打得还算激烈平和，有世界强队的风度。

D10S

巴西当然不是那种"拉"犯规的队。不过，这次比赛之后好长一段时间，我不敢多作评论。我害怕我的任何评论都会授人以柄。不是针对我，而是针对我在那不勒斯的队友，巴西队5号阿莱芒。听说赛后一回到更衣室，尤尔金霍就愤怒地当众质问阿莱芒为什么没有及时把我放倒。后来媒体也群起指责他没有坚决对我犯规，是个没有站在祖国立场上的罪人。我知道那关键的一次他的左腿已经伸出来要阻挡我了，但是在即将绊到我的时候缩了回去。或许是出于保护我的本能，或许是左腿支持不住了。从回放看，也有可能是我突然变向，他一时间没能做出恰当的反应。上半场在巴西角球区抢球时，他的犯规让我摔得挺重，我不得不叫队医，过了一阵才缓过来。如果他确实是本能地不想再次伤我，球员都是能理解的。我真不愿意看到自己平日的队友因为打世界杯，因为没有对我犯规，而被本国的球迷们虐待。球迷总是感性的。

针对这场比赛，迭戈对赶来采访的媒体做过如下评论：

> 我不明白我们到底是怎么了，但经验告诉我，我们不能再这样迷糊下去，必须警醒过来。我指的是所有的人，包括我自己。我们都没有弄明白自己为什么来意大利。和巴西对阵本应是在决赛，弄到1/8决赛就和他们遭遇，那全是我们的错。是我们小组赛没打好。有报纸说我们夹着尾巴来，巴西人跳着桑巴来，一点没错。好在，我们的厄运也到头了。毕竟赢球不靠说，靠踢。
>
> 巴西队比我们强很多，他们自己也知道，所有的人都知道这一点。但是，那些以为我们会因此把这场比赛拱手相让的人，大错特错了。
>
> 我一直相信奇迹，奇迹。我们对巴西的胜利确切地说就是靠这个。大家不必吃惊。早有很多事先被看好的球队在赛场上翻船的例子。苏联原本应该进16强的，巴西打哥斯达黎加应该进10个球的，意大利对美国应该打20比0的，但这一切都没发生。
>
> 如果给我认为最好的球队排名次，那就是意大利，德国，巴西。

这是赛后评论吗？不，迭戈说这些话，是在对阵巴西的前一天。

媒体第二天报道他的这些言论时，对巴西的比赛还没有开始。赛后，有人说，迭戈就是上帝。西语里"上帝"写作 DIOS，有人把中间的字母 I 和 O 换成数字 10，用"D10S"来称呼迭戈，于是"10 号上帝"这个叫法就传开了，从此一直指代迭戈。

对于迭戈赛后获得的这个称谓，有两个人可能会嗤之以鼻。一个是巴西队左后卫布兰科。他指控比赛中被阿根廷下了安眠药，近年许多新闻报道和后来曝光的录像，都支持他的怀疑。上半时结束之际，在阿根廷队医入场救治特罗格里奥时，布兰科上前喝了阿根廷人带上场的水，然后就感觉不好。间接证据是他下半场主罚的那个"无香蕉"任意球，直直出界，像业余水平。这桩公案一直没有定论。为阿根廷辩护的人们指出从开赛第五分钟起巴西整场就没踢好过一个任意球。而且，布兰科的"香蕉球"虽然没踢出来，可是随后对迭戈犯规却准确踢中了，不像脚头没准儿或乏力的样子。

布兰科比赛一结束就提出指控，当时几乎无人相信，媒体也冷嘲热讽，而他意志坚定，坚持多年"上访"。在多年来接受的采访中他先后透露：迭戈赛后对他打过抱歉的手势；阿根廷队医对他支吾过；带水上场的队务对他坦白过；主教练对他默认过；他在阿根廷队的朋友鲁杰里对他明示暗讽过；巴苏阿尔多揭发过；奥拉蒂捂过队友的嘴……似乎阿根廷那边一堆的斧声烛影，就是没人站出来捅破这层窗户纸。比拉尔多退休好些年后，遇到阿根廷记者追问："当时看到布兰科在场上喝了阿根廷的水，您在现场是怎么想的"？"人家口渴了呗"老教练一副见怪不怪的样子。

这个事件长久以来处在戏剧性、娱乐性和纪念意义之中，供大家猎奇。不过，布兰科说他从不质疑这场比赛的结果，还说他已经原谅了阿根廷人，因为他们当时是弱者，只好走歪门邪道……布兰科说到做到，最近真的没有再度"上访"，可是他当时的教练拉扎罗尼又捡起了接力棒……

看来像"上帝之手"追随迭戈一样，这个案子得追随阿根廷很久了。布兰科的证据大概都在赛后被他尿了，这间接证明了他当时真的头昏，没想着接上一瓶。

案子没有官方说法，FIFA 说巴西队从来没有为此事上诉。但是不少人相信，这是阿根廷足坛的一个污点，它发生在法规不甚严明的时代，不会被正式追究，却是个实在的教训。阿根廷作家阿隆索最近对此事做了前所未有的认真梳理和反思，他问道：为什么 1994 年迭戈被逐出世界杯，大家纷纷斥责有黑手，而我们把南方共同市场伙伴国的国脚给"药"着了，却不正视？

> （注：南方共同市场 MERCOSUR 是巴西阿根廷牵头的南美洲最大的经济一体化组织，包括乌拉圭，巴拉圭，委内瑞拉等国，成立于 1991 年。）

随着时间的推移，阿根廷足坛近年开始认真面对这个事件。他们认为可以理解迭戈的"上帝之手"，因为那是出于球员赛场上为本队争取最佳结果的本能，没有事先计划，大家都能接受。但是布兰科"药"水事件是阴谋，应引以为耻，为诫。我想，阿根廷对这件事端正了态度，会使他们时来运转。

阿根廷足协时任主席老格——格隆多纳，是另一个不屑于 D10S 的人。他的办公室里挂着一幅巨大的黑白照片，上面是年轻的迭戈在球场边仰头笑着举手欢呼，而老格的儿子（也是阿根廷足协官员）则在上方的主席台上微笑着俯视他。整个构图，看起来像是迭戈在给他进贡。"我喜欢这张照片"，老格对来访的记者高兴地炫耀着，"这是我儿子，这是马拉多纳，多有趣，我儿子和马拉多纳，呵呵"。他不知道来访的记者暗藏着摄像机，也就随口一说。这个镜头后来被收入了巴兹克兹导演的纪录片《我们热爱马拉多纳》。

> （注：老马和老格有时互不买账，不过阿根廷足坛总体对老格还是很尊敬的。他当了多年 FIFA 副主席，期间英格兰几次想申办世界杯都未果。老格坚定地说，英格兰想得到他的赞成票，那就先把马岛归还给阿根廷。）

【雅伊的故事·4】

19 岁那年，他在老家看世界杯。阿根廷赢得决赛，全镇狂欢。以前青春联盟的伙伴们兴奋地摞人垒把他压在雪地上高喊：喂，雅伊，下一届就看你啦！

雅伊在河床的第二年，开始引起媒体的注意，他们给他起了个绰号：飞鸟。比赛中他习惯弓身，踮着前脚掌疾速跑动，带球速度都比任何跟防的队员快。那速度和架势，让在场记者都惊叹他进攻时似乎脚不沾地，在飞。

国家队候补集训的同期，他还收到了首份来自欧洲的邀约书，是意大利罗马俱乐部。

负责此事的人把通知和约谈时间告诉雅伊，并问他有没有经纪人。雅伊说没有，说父亲可以来帮助自己。父亲经营家里买卖，有些做会计的经验，一直在为雅伊管理工资。父亲得知有欧洲大牌俱乐部的邀约，还告诉了那个当初推荐雅伊去试训的球探朋友。朋友也很高兴，说欧洲甲级俱乐部的转会费一般都百万美金起步，球员至少能得到其中的 15%。

见面的时候，父亲特地身着礼服，和雅伊一起看合约。经纪人拿出文件，把主要条款过了一遍，都是标准的模式，然后把标价书递出来，说：罗马队对雅伊很感兴趣，愿意为他出两百多万美金（在 20 世纪 80 年代是很高的转会价），可以先订一个 3 年合同，看表现可以再续，一般一次合约最多续 5 年。雅伊的父亲拿起那些表格，读过后，小心地问：球员的分红为什么空着，按照 15% 的最低比例，也应该有 30 多万的。对方热心而耐心地解释：你家孩子是这边的某人推荐的，不是罗马直接找来的。当年马拉多纳从巴萨转会那不勒斯，也就拿了 10%，你和马拉多纳比吗？你是新球员，没有这边的人脉把关运作，不会有欧洲豪门邀约的，所以你要给人家留一半，因为这事有第三方中间人参加，这种合同是很常见的，都是惯例。看到父子二人一时没说话，对方又说：你们想想，一次进账这些意味着什么？雅伊现在年薪不过几万哦。

父亲一向为雅伊的花销做主，有些被说动了：OK，那我拿回去再看看。他咕哝一声看向儿子。不，雅伊说：我要我的最低分红，这已经是最低的了，其他的费用另外那一大部分应该可以包括，况且这次转会不用河床掏一分钱。对方说：这份合同绝对没法更改，你不要，这次机会就只好作废了。雅伊于是干脆决定不去罗马了。对方问父亲：您也这么觉得吗？雅伊说：这事我决定了。出来后，雅伊希望父亲不要对他的决定失望，他主要是觉得不公平。父亲搂住他的肩说：小子，你长大了。

第二个邀约来自尤文图斯，也没有谈成，还是因为有人以拿不到合同要挟，想要克扣他那 15% 的最低分红，雅伊则坚决维护自己的利益，不肯退让。当时河床队的说法是，雅伊转会未成是因为意方走合约程序失误，错过了宽限期。多年后，雅伊对采访者谈起这些往事，依然不愿透露任何姓名，因为相关人士在阿根廷足坛一直还是有些影响的。直到维罗纳队的代理找来，条件很好，也没出岔子，雅伊就一口答应了。雅伊过了很久才听说，当年分配好的"蛋糕"可能并没有改动，只是逼着大头维罗纳额外拿出几十万，把他的那块儿补上了。雅伊不认为自己是球星，对收入要求并不过分，只要公平即可。他很希望到欧洲去踢球，见些世面，签约时他 20 岁，在此之前，他完成了国家队的选拔集训，期间还结识了乌戈·马拉多纳，球王最小的弟弟。

雅伊来到维罗纳的第一周就加入训练。以前从未跑过的山地越野让他感到了压力，队友们体能超强，来自西德的队友能把他落下一公里多，他的对策就是咬牙坚持。第一场比赛，教练让他上半时先观战，熟悉对方情况。下半时一上场他就夺得先机，直捣大门，对方高大的后卫飞来狂铲，他腾空跃过，引得全场喝彩。事后他意识到，如果没有那次跳跃，肯定就被踢骨折了。过了对手，他心里一阵舒畅：好极了，原来你们是这样的，看我怎么对付！

初到意大利时，雅伊随便穿着牛仔裤和松垮的球衣，还常穿黑鞋白袜子。好心的意大利队友提醒他注意衣着，雅伊不上心，他们就热情地带他去买衣服鞋帽，还教他如何搭配。雅伊说你们要送我去好莱坞啊！他们笑道，你没听说意大利就是足坛的好莱坞？雅伊说：我不在意衣着，你们会因为这个感到难堪吗？队友们说哪里会，你就是穿成叫花子，兄弟们也不在乎，何况你穿得不错，咱是要你更好，咱是不能让外队笑话。你看米兰那帮小子的傻嗨瑟劲儿，咱不能让他们比寒碜了……时装还得看意大利，法国人叫得响是因为他们长了个大嘴……雅伊从其他俱乐部的一些阿根廷老乡那里得知，意大利队友都这么热心，可惜，还是没有扭转雅伊的随性，他只是改穿黑袜子了，到了夏天，干脆光脚踩拖拉板儿。

不过，日后比拉尔多来意大利，想顺便买身西服，雅伊就推荐个队友帮着认真置办了一套，让阿根廷国家队主帅非常满意。'90 世界杯输给喀麦隆的第二天，教练就穿上了那套精美上乘的意大利西装召集开会，以崭新的风貌鼓励全队再打上 6 场决赛。

雅伊后来随队到圣保罗球场对阵那不勒斯，在球员通道里，他看到了迭戈。这是他第一次有机会单独和马拉多纳打招呼：你好迭戈，我原来是河床的。我姓卡尼吉亚，克劳迪奥·卡尼吉亚。迭戈拥抱了他：你就是那个卡尼吗？我好多次听我弟弟说起你呢……两人随后在场上合影的一刻，他忽然想，要是能和马拉多纳一起打比赛该多好。两年以后，他俩还真就在脚下的这个草坪打进了世界杯决赛。

1987 年是个值得纪念的年份，这一年，雅伊穿上了梦想的蓝天白雪球衣（3 号），在一场对阵哥伦比亚的比赛中，作为国脚首秀，就为阿根廷攻入一球。

　　1988 年也是个重要年份，雅伊在欧洲开启新的职业生涯，并且第一次和老马做队友，代表阿根廷在西德打了一场友谊赛。比赛是比拉尔多和西德教头贝肯鲍尔协调组织的，主要是让两队的新人积攒些国际比赛经验。参赛者里除了他，还有后来一同出征 '90 世界杯的德佐蒂、巴尔博、特罗格里奥，他们当时都二十出头。

34 | 亚军

El Subcampeón

阿莱芒两度攻入禁区　戈耶戈依旧险中救急

78分45秒，戈耶戈切亚球门球开向中路，过了中圈，被巴西顶回前场，蒙松抢得头球，但第二落点被中路赶上的邓加夺得，传给左路，卡雷卡突破禁区左沿，穆勒和阿莱芒奔至罚球点附近，阿队5人跟防而来。卡雷卡底线处传中，球飞到禁区另一端，奥拉蒂科查抢先胸部停球带出禁区，被阿莱芒快捷卡住身位出脚断回，引得看台上一片喝彩。

阿莱芒回身避开倒地的奥拉蒂科查，底线处再闯禁区，躲过鲁杰里的迎面阻击，打向左前方，交给罚球点处的穆勒，但球偏向盯守的阿队一侧，被门前的朱斯蒂赶在穆勒身前机敏挡了一脚，改变方向，弹落后滚向门区。

原先在门区内封堵角度的戈耶戈切亚飞跃上前，把球扑在身下。

亚军

戈耶戈：

队友们在禁区边就位，迭戈仰头注视了天空片刻。我觉得他在祈祷，祈祷我能飞跃起来，再次把球揽在身下，像半决赛对意大利那样。我们备战时研究过西德队的后卫布雷默，他擅长罚任意球，球打得比较高，越过人墙，角度刁钻，偏左或右都不一定。决赛对西德，第86分钟，他走到罚球点前。我们的抗议无效，点球的判罚无从改变。

关于这个点球的争议一直持续到今天。有采访者拿着队友森西尼被判防守犯规时的录像，问我的看法，我说我不用看录像。我从没忘记当时站在门前，近距离看到的那个瞬间——他的脚是向球踢去的，但是球无可挽回地冲了过去，德国人的腿是后来撞上的。在那个年代，FIFA的规则是这种犯规要按意图来判，没有铲人意图，犯规不成立。日后对于这个点球的讨论，也都围绕着森西尼有无铲人意图。其实，大家都忽略了一点，没有人问问裁判的意图，裁判判罚时是什么意图。

布雷默走来，我盯着目不斜视的他，意识到只有等他起跑后才能决定向哪一边扑。他起跑，到球前，我判定他会打我的右侧。我下意识地以为他会像罚任意球那样打高一些，可那是个贴地球，这个判断影响了我扑球的距离，球从离我手指几寸的地方贴门柱蹿入网内。

我们与世界杯失之交臂。

布鲁：

得了亚军，我心里很平静，很坦然。我觉得可以接受这个结果，虽然那个点球判得不公正。能进入决赛已经耗掉了我们大部分精力。我们战胜了三大夺冠热门中的两个，巴西和意大利。1/4 决赛对南斯拉夫打满 120 分钟，全队伤痕累累；意大利一仗，已是超负荷了，加时赛最后那 15 分钟，裁判居然拖到了 23 分钟。迭戈每一场都打封闭上场，中场 5 名首发不是伤员就是被罚不能出场，一共有 4 个主力丧失决赛资格。决赛对手布雷默日后多次批评阿根廷队攻势羸弱敷衍，那是因为我们的力量只够做到我们场上所做的。大家已经太疲劳了。犯规是事实，不过不是恶意伤人，是精疲力竭中的失控，是以红牌的代价瓦解对手攻势，以身搏命罢了。

比起 1986 年，迭戈的实力只有 30%，我大概有 50%。西德队实力完整，有两个首发有伤，但都能上场，也比我们打得好。只是因为我们足够顽强，才让他们一直没能得分。他们本应该赢得更体面一些，而不是靠那种方式。

我心里很平静，因为没有愧疚。我们全队拼上了每个人的全部，向阿根廷证明了我们很骄傲为国家的荣耀拼死战斗，对得起身上的国家队球衣。

> 在对阵意大利的半决赛入场前，比拉尔多乐呵呵地对全队说：小伙子们！如果你们有种，今晚就是我最容易的一场比赛！
> 决赛上场时，他则平静地说了声：小伙子们，90 分钟，有力气都使出来。进去吧。
> 决赛的上半场，阿根廷已经力不从心。
> 中场休息时，鲁杰里绝望地对教练说：换下我吧，我没法上了。

他的大腿一直有伤，但是上半场，他成功地遏制了西德队"三驾马车"之一的克林斯曼。

教练问：你跑不动了？

他说：不，我是走不动了。

队医在一旁敦促：他还有职业生涯要继续，不能让今天毁了他，换人吧。

后来，教练心痛地说过，鲁杰里哪里是在比赛，简直是在受刑。比拉尔多用蒙松换下了鲁杰里，然后看到队伍被屠戮：蒙松上场不多时，因为对克林斯曼侧铲犯规，拿到世界杯决赛史上首张红牌下场。而克林斯曼疑似夸张的摔倒翻腾，在多年后连累了年轻的内马尔——球迷们回顾这次犯规，不说别的，都说：啊，原来巴西球星的演技师承于此！对手最后几分钟拖延出球，德佐蒂情急中搂脖子将其抱摔，收到第二张红牌。

蒙松：

'90 世界杯有两件事，我会记一辈子。小组赛最后一场我对罗马尼亚的进球，帮助阿根廷出线，避免了首轮出局，我永远引以为豪。决赛替代鲁杰里打下半场，我对克林斯曼的犯规，让我一想起来就悔恨。我场上负责盯防沃勒尔和克林斯曼。当时我出脚找球，克林斯曼则巧妙地同刻传出，我无可避免地铲到他。不管他倒地的动作是否夸张，全是我的错；我太急了，其实他离禁区还有一段距离，我应该贴身跟守才对。我那时 28 岁，是老队员了，有足够的经验避免中招。我犯了不该犯的错，让阿根廷场上变成了 10 个人，我不能原谅自己。

主裁判伸直双臂吹响终场哨声之际，特罗格里奥顶着全场的欢呼冲上前似乎照他屁股踢了一脚，不知裁判有没有躲过去。电视直播的镜头在特罗格里奥扑来的一刻，心领神会地切换到别处，像回避观众嘘阿根廷国歌一样，迎合了导演的审美要求。场下观战的卡尼也径直朝主裁判冲去，马上被教练奔过来挡住了。比拉尔多和教练组全力拦阻着情绪激动的队员们，反复大喊：结束了，不能再干什么了！到此为止！到此为止啦！那时他们没注意到，迭戈垂头坐在场地上沉默了一会儿，起身时他开始流泪了。

| 特罗格里奥与裁判

（2020年6月，纪念'90世界杯30周年之际，已经是阿甲老教头的特罗格里奥接受了媒体专访。谈到当年对裁判"无礼"，他不好意思地说：我过了好些年才第一次重温那场决赛，觉得自己那时过分啦。最近我的孩子们也看了，也说爸爸那样丢人呢。这次采访的录像当天发在该媒体的新闻网站上，立即引来大批球迷评论留言，都说做得好，一点儿也不丢人。）

尽管球员们觉得主裁判不公，但最终都表现出了风度和担当，在全场持续的嘘声中接过银牌，并留在场上完成了颁奖仪式，为德国人鼓了掌。比拉尔多说：我为队员们感到骄傲。迭戈在场上无法控制，无所回避地哭了，他是小伙子们当中最狼狈的，这深深地触动了我。我意识到，和我一样，对于迭戈来说，不存在什么第二名。拥有这样的球员令我非常骄傲。

【迭戈：

我是全队唯一哭泣的人。大家都有种被算计的感觉，但都维持了一种成仁就义般的平静。足球是我生命中最重要的那部分，我当然清楚胜负无常这个常理。德国人首发满员上阵，实力对比一目了然。我哭不是因为输掉决赛，而是因为我们输掉的方式——裁判的黑手。其实这种级别的比赛，根本不需要误判，只要忽略一方的一些犯规就足以让竞技的天平倾斜。我一直认为这是迄今为止世界杯最荒唐的决赛。我哭泣是因为足球的荣誉被冠冕堂皇的堕落所伤害。

我想要金杯。那一种痴念，不仅来自 30 岁的国家队队长，也来自一个 12 岁的孩子。12 岁，我第一次面对摄像机镜头，回答记者的问题，我说，我的愿望有两个，一是打世界杯，二是拿冠军。日后这个镜头被很多媒体引用，作为我人小志高的范例。其实，那说明不了我有什么了不起；我说出的是大部分 12 岁的阿根廷孩子都会有的，而且常常是唯一的愿望。那个孩子因为被玷污的决赛在我心底伤心欲绝，使我迎着全场的欢呼泪流满面。

比拉尔多遮挡不住蜂拥而来的摄像机，于是又招呼戈耶戈站过来挡在我前面。远处的观众嘘我，近处的朝我吹口哨讥笑吆喝，他们还能怎样践踏我呢！我全不在意，任由眼泪为那个孩子痛快地宣泄。

上台领取亚军奖牌前，我平静了下来，先和西德队长马特乌斯握手，祝贺了他们。我不会不尊重对手。比赛中我被他们肘击面部，蒙头倒地时，马特乌斯主动把球踢出边线，给我机会处理伤口，这个举动成为后来足坛文明建设的范例。

我没有和阿维兰热握手，除了主教练，我们全队没有一个人和他握手。这个 FIFA 的头儿和他背后的势力让我见识到，当有权有势的一方怕输，或不愿服输时，堵路拆桥，吃相会有多难看。

回到家中，年幼的女儿问我你拿金杯回来了吗？我说没有，抱歉，给你个银牌，她把银牌丢在一边，哭道：我要金杯！于是，那个孩子又从我心底出来，陪女儿大哭了一场，哭得比在足球场上更放肆……】

赛后，《体育画报》增刊用迭戈哭丧着脸的照片做封面，大标题写着"英雄依旧"。

比拉尔多 2014 年提到，在他的执教生涯中，从没有一件事像迭戈这场决赛后的哭泣那么令他动感情。他对媒体说过，不会评论任何裁判，但是对于'90世界杯半决赛和决赛的裁判，却不能释怀，回忆录里还是重重写了一笔。

卡尼说，半决赛那张让他错失决赛的黄牌，技术上属于裁判度量范围，无可争辩，但是伦理上有缺陷。因为当时他孤身在中场，身边没有对方球员，没有攻防险情，而且他是接自己队友传球。裁判的黄牌，太过严厉。连卡尼吉亚在内，阿根廷有 4 名首发因为之前的红黄牌不能打决赛，要靠替补和伤员补充。他认为如果这 4 人中的任何两人上场，结果就可能不一样。一般舆论也认为砍掉一方多员大将有损决赛的含金量。不知 FIFA 是否修改了章程，还是众人提高了警惕，我印象里，1990 年的阿根廷应该是该规则迄今为止唯一的"受害者"。

凡一领域规则的制定者，领路人，总有这样的优势，既可以开路也可以堵路，其余的人，需要会绕路，要留后路。阿根廷在这场决赛里，开创了世界杯历史上几个第一次：第一次决赛中有 4 名主力因罚不能上场；第一次，决赛中被红牌罚下场；第一次，赛末判点球匆匆定局；第一次，裁判被舆论公认为决赛主角。

30 年后的今天，老马回忆道：德国人整装上阵，而我们则像脚上套着轮胎似的。我们其实没有什么胜算值得掠夺，但黑手依然劫掠我们。

体育作家阿隆索认为，阿根廷在决赛被"黑掉"的重要原因，不是意大利黄牛们砸在手里的门票，也不是迭戈"得罪"了欧洲，而是处于商业化转型期的 FIFA 要为下届 94 美国世界杯做"功课"。他们要吸引"客户"而不是观众，才能做大买卖。一路踉跄的阿根廷当时已成为众矢之的，肯定不如即将统一的崭新德国那么鲜亮，那么有魅力，那么能代表自由世界。阿隆索特别注意到，指导'94 世界杯筹备工作的，是该届组委会核心成员、美国前国务卿基辛格。他亲临'90 世界杯决赛现场，坐在阿维兰热身后的席位，全程观战。巧的是，'90 世界杯决赛开始前两天，东西德正式开始商谈合并事宜。杯赛结束三个月后，两德就统一了。

决赛之际，FIFA 等一众大佬都以为伤残的阿根廷肯定不堪一击。哪知赛场上，迭戈的队友们堵枪眼挡刺刀，西德队虽然狂轰滥炸却愣是老半天攻不破球门。场上无人得分，阿根廷是"不行"，德国人是"不能"，只好靠墨西哥裁判最"终"出手。这位裁判后来接受采访辩解说：决赛仪式上，观众嘘阿根廷国歌时，迭戈朝看台吐脏话他听到了，他说那时他就想到，按法规可以当即红牌驱逐迭戈出场，可他并没有这样做，还是让老马打了决赛。他还道出了当时赛场上的一个疑惑：他说看到迭戈的膝盖被踢得肿成个大球，怎么还能一直满场跑跳。

对于墨西哥裁判的那次点球执法，多数评论认为有问题。分歧在于，有人认为他受上面指使吹了"官哨"，也有人认为他纯粹出于维护某种价值观的动机，看不惯弱队利用规则漏洞，死拖赖守得利，所以才挺身变作场上主角，成就了世界杯决赛裁判拿捏胜负之举。阿根廷球迷中的简单历史主义者们相信，因为该裁判 1990 年下的蛊，墨西哥队世界杯上从未闯出十六强。最接近的一次在 2014 年，墨西哥对荷兰领先到终场前几分钟，也让一个点球给搅了局。

'90 世界杯常被称为史上最差，原因诸多。在我的印象里，它的终极一幕是德国人捧杯，也是迭戈的泪水。授奖仪式后，他再次泪水盈眶，在观众的喝倒彩和口哨声中，带着日后需要反复治疗的伤势，和阿根廷全队默默退场。

多年后，一位当时在场的少年意大利球迷马里奥·萨塔莱里（Mario Saltarelli），成了体育评论员，他向阿隆索反思道：

> 我不记得有任何体育项目的任何其他运动员遭到过大众如此的羞辱。我们那时候为什么恨马拉多纳？因为他一贯高昂着头？因为他从不请求心怀敌意的众人高抬贵手？因为他总是勇往直前地比赛，比赛，比赛？因为他无视对他故作无视的我们？因为他拒绝倒下不起？因为他的成就使我们心怀苦涩？是的，我们正是因为这些恨他。
>
> 如今，这一切都成为了历史。我们已不会去花边新闻里找他，而是在传奇里遇到他。如今，我们会告诉别人"我当年在场，亲眼看过他踢球"，而不是"我当年嘘过他"。嘘声不会入载史册。马拉多纳是足坛最终的伟大者。

35 | 冠军 / 花球

El Campeón/ El fútbol estilo libre

卡尔德隆禁区遭截　尤尔金霍单刀未果

79 分 18 秒，戈耶戈切亚球门球抛给左路，卡尔德隆带球 3 步传给前方布鲁查加，在二人夹击中；布鲁查加转身晃了个回传的假动作，打给中线处的卡尔德隆。卡尔德隆突进，迭戈和布鲁查加两侧跟随。卡尔德隆和迭戈做了个撞墙式配合，顶着三面围堵，跑动中斜传中路空当，布鲁查加接球，突前两步递向左前方的卡尔德隆。

卡尔德隆闯入禁区左角触球的刹那，戈麦斯右侧冲上，倒地将球捅出，卡尔德隆摔倒在罚球点旁，裁判未吹。巴西迅速踢出禁区，迭戈左侧阻截未果，球到左路。

阿莱芒带过中线，回给中路，尤尔金霍越过前方队友和阿队的盯防，单刀直奔空虚的阿根廷禁区。鲁杰里回防，赶到他身前，边减速边抵住对手，争取时间让球滚向守门员。纠缠中，尤尔金霍失衡摔倒。裁判哨响，判巴西犯规。观众哄闹不满。

冠军 / 花球

阿根廷决赛输给西德，支持阿根廷的同学都觉得不公。首先，防守队员脚是先去踢球的，不是铲人；其次，哪有比赛结束前 5 分钟判点球的？再者，要判点球，双方禁区犯规就都判，不能抓一个放一个。

当年电教楼里，成为阿根廷铁粉儿的老戈义愤地嚷了声：XX，这么急着结束比赛，这裁判肯定丈母娘住院了！当时同学们评论什么的都有，没人注意他的酸讽。然而 30 年后的今天，我被老戈的"先知先觉"逗笑了，因为我刚刚从阿隆索的书里读到，该裁判 '86 世界杯上表现乏善可陈，还真是多亏他丈母娘的先生——老丈人兼墨西哥足协某部的头头儿——极力向 FIFA 保荐，他才得以再次进入 '90 世界杯的裁判队伍。另外，他出生于乌拉圭，按惯例，是不应该执裁传统对手加邻居阿根廷的比赛的，也多亏了他是墨西哥丈母娘的女婿，他作为归化的墨西哥人被授予了执裁机会。我想老戈当然不会妄然揣测人家住院，而是相信，如果裁判的丈母娘需要帮助，他一定会放下手边的一切去关心的。

当年同学中支持西德的还是大多数。大家认为西德本来就比阿根廷打得好，赢是应该的。那时已经"倒向"阿根廷的几个人说，很可惜，阿根廷输就输在卡尼吉亚不能上场。而且西德运气好，这是他们历史上第二次战胜一支伤痕累累的队伍而夺冠，上一次是1974年对阵划时代巨星克鲁伊夫率领的荷兰队。当年，荷兰人惊艳世界的全攻全守打法一路所向披靡，但是到了决赛也疲惫伤残，成了强弩之末。不知道是不是我的错觉，阿根廷在那几届世界杯上，只要有卡尼吉亚整场参加的比赛都赢了。

慢动作回放确实能看到阿根廷的森西尼脚先冲向球，西德前锋沃勒尔的腿是后绊上去的，不能说他是一点没有准备摔倒的。当时的边裁奥约斯回忆说：在我看来，那次行动不是犯规，所以我立在那里没动；如果我觉得是点球我会跑向角旗方向的，但我没有动；主裁判立即坚决地判罚，并没有征求我的看法。比赛结束我们走向中圈时，他才问：你觉得那个点球成立吗？我说你现在问我吗？他说是的。我告诉他我觉得不成立。日后我还是跟着他挨了不少骂。不管怎样，裁判常会面临这种境遇：输的一方说因为有你作梗才输的，赢的一方觉得尽管有你作梗还是赢了……

这个犯规，不如被裁判无视的德国人对卡尔德隆那次禁区犯规明显。FIFA给出的补偿是裁定以后籍贯墨西哥的裁判不再执裁阿根廷的比赛。

实际上这场比赛也是那个主裁判职业生涯里执裁的最后一场比赛。他先在墨西哥裁判界，后来又去FIFA的裁判委员会，做行政领导工作，期间遭到过其他裁判的指控，包括经济问题，'90世界杯黑幕等等。有墨西哥同行指他曾私下透露，'90世界杯决赛上，他的使命其实倒不是"黑掉"阿根廷，而是不能让马拉多纳捧杯。他离职后又返回类似岗位，没吃啥亏，到现在还是杠杠的。

那时，除了两个当事国，其他媒体对决赛有两种基本看法：一，西德赢了，但不是胜了，阿根廷输了，但不是败了；二，西德赢得不干净，阿根廷输得不体面，都不咋地。

这也是西德队的最后一届世界杯，下一届开始他们就成为完整的德国队了。东西德统一后，德国政府制定了一个移民政策，就是接纳二战前原德国领土上的日耳曼人（祖辈是德国人，现属波兰或捷克）归化为德国公民。其中有从波兰回归的一家子，他们有个男孩，叫米洛斯拉夫，擅长翻空心跟头，后来成为大家熟知的，善于贯彻教练意图的前锋，又带领完整的德国队拿到了2014世界杯。

【老马：

平心而论，我是很愿意和德国队交锋的。他们的训练系统精密，球员技术和身体素质都非常好。这倒不是说他们犯规会手下留情；只是很多别的队，一说要防守我，就派出人高马大的队员，仗着块头优势，动不动就打和踹，没啥别的招数。德国盯防我的是队长马特乌斯，他确实会玩球，是个强硬的对手。他令人叹服地打了5届世界杯，我俩两次在世界杯决赛上较量，赛场下我们成了好朋友。】

2000年，世界杯五朝元老马特乌斯举行退役仪式，马拉多纳欣然应邀，参加拜仁国际队对德国队的告别赛。其时，他已经三年没打正式比赛了，身体发胖，体力和速度已经不在竞技水平，但是气场无人能比。

电视转播的记者们似乎忘了是谁的告别赛，在球员通道里就把镜头对准老马。老马昂首出场，理所当然地戴着队长袖标。当他抱着球率队走出通道，站到场边时，全场立即爆发出热烈的欢呼。老马很高兴，依照习惯先向球迷观众问候，顺便踢了几脚花球以飨众人。双方的球员们也一起向他鼓掌，德国老队员们纷纷过来握手。比赛中，国际队自然是老马组织进攻，横传纵递，争夺虽不激烈，也绝不是花架子，引得全场高潮迭起。偶尔转播记者们会心疼地问起马特乌斯在哪儿。不知是体力不支还是怕喧宾夺主，老马打了不到半场就下来了，离场时，看台上再次欢呼声四起，马特乌斯等诸多队员放下比赛跑来拥抱。老马像多年前在欧洲打比赛时那样，在场边划了十字祷告一下，然后向绿茵场献了吻。欢呼声一直随他坐回替补席也没有停息，他不得不向四面又鞠了几个躬。是啊，马特乌斯退不退的，反正就在本地，老马可是不容易见一次。或许，老马的传奇太实在了，所以球迷们见到他都会情不自禁。

顺便提一句，多年前，年轻的老马正是在拜仁的这个球场，完成了第一次现代花球（花式足球）表演，被视为世界上花球运动的起点。

如今在美洲很多国家，花球表演是足球比赛前观众必享的一道开胃菜，老少皆喜。它有两个公认的鼻祖，一个是我国宋代高俅，另一个就是当代老马。

老马刚加入阿根廷青年人俱乐部的少儿队时，是个特别瘦小的孩子。在场上龙腾虎跃，在场下基本躲在教练背后不吭气儿。教练科内霍不管这些，或许是有意的，比赛开始前，总要让他当众表演颠球，顶球。后来，他为成年队的比赛作球童，也多次受邀在赛前或中场表演，还上过电视。但真正有世界性影响力的，是他的一个偶然形成的配乐视频。

那时，那不勒斯队到慕尼黑和拜仁队比赛。热身活动中，现场放起节奏明快的歌曲，《生活就是生龙活虎》（Live Is Life），啦啦队员号召观众们跟着唱。老马没有和队友们一起压腿扳脚，而是拖拉着鞋带儿即兴在场上随着音乐节奏舞起花球，与观众同乐。他的动作流畅优雅，带着力量感和灵巧劲，摄像记者们被迷住了，用镜头跟了他一首歌的时间，不靠编排，一蹴而就。

从来没有一个天才带着如此纯粹的热情和善意，与众人分享对足球的热爱。克林斯曼回忆道：我那时看着他，被深深折服了。我心里说，他这么单纯和友善，他能一下子把客场变做主场，连自己都成为他的球迷了，那还怎么战胜他呢？这部令人惊艳的即兴花球表演，也是迄今足坛最著名的一场热身，风头盖过当日的比赛，马上传遍各地，从此启发了新式的足球玩法。克林斯曼退役后，还专门支持过低收入地区年轻人的花球运动。

三十多年过去，这段视频在网上仍然有大量点击。2017 年，伦敦的几个爱好花球的年轻人还专门一路表演着花球挣路费，横越大洋大陆，去阿根廷拜访老马，朝圣。当他们到达阿根廷首都时，偏巧老马那天要坐飞机去旅行，但是听说来者千里跋涉之不易，仗义的老马还是紧着时间在自己家里接待了他们，送了每人一件签名的球衣。这个事迹被拍成了纪录片，叫《拥抱上帝之手》。

　　现在有些年轻人觉得足球打半天进一两个球，不起劲儿，更倾心于耍花球，况且门槛低，时间场地随便，没有晋级和资金压力，不限制人数，不需黑哨，比跑酷安全……他们也组织了国际比赛，评球星，分技术等级，力量不断壮大，玩的花样比老马当年更多。FIFA 估计还没能确认这项运动是否会对大统构成威胁，或许再加上对其祖师爷老马感觉不是那么亲，所以一直没表态支持或是招安。

36 | 回顾（雅伊的故事·5）

Un repaso/ La historia de Yayi·5

久战未果巴西欲换将　出其不意卡尼终建功

80分10秒，阿根廷在自己禁区前左侧开任意球，开向中路，递给布鲁查加。布鲁查加传向中圈内的迭戈。巴西已有替补队员在场边热身。

迭戈接球先朝右拨，试图绕开正前方阻挡的阿莱芒，见阿莱芒跟进一步，他立刻左脚向外拨球，准备转左侧突破。此时巴西已有5名队员跟在中圈内外，其中3人在向迭戈靠拢，阿莱芒在前面，巴尔多在其左后，邓加在右后方。

迭戈发起了进攻。

……

比赛结束前10分钟的这次攻势成功了，由卡尼吉亚打进一球。

惯性作用下，打门后的卡尼吉亚向前冲了两步，注视着球从大门中央凌空入网。未等球落地，他转身高举右拳，仰面大笑，向后面欢呼而来的队友奔去。同样由于惯性作用，奋力追击的两名巴西球员扑入网中。

【老马：

我们按照比拉尔多的规矩，就近庆祝。我跑到右边线外和替补席上跑来的队友拥抱，另外三个进了前场的队员在左边线处抱住卡尼，在后场的人都奔跑至接近中线，没有横穿场地的行为。门将戈耶戈振臂欢呼着奔出禁区未到中圈就返回了，站在门区继续挥拳庆祝，又低头对着藏在球衫下的幸运盾徽送了一吻。教练的指示是对的，我们基本的阵势没有因为进球而打乱。唯一"犯规"的是助理教练帕切梅，他狂喜地跃入场内，被意大利场务赶了回去。

庆祝了不到20秒钟，离终场还有10分钟，我和卡尼回到中圈。大家各就各位。比赛最白热化的战斗就此开启。观众席上有一阵比以前安静了。】

回顾

我忘了最开始为什么要回顾这场比赛。我一直觉得它似乎比我后来看的那些比赛有意思。互联网上很久之前就有这场比赛的片段，图像十分模糊。2020 年 3 月底，国际足联在新冠病毒肆虐之际，发起了"在家看世界杯"的网上活动，让球迷们票选历届世界杯里自己最想看的比赛，然后按得票数，先后上线。1990 年阿根廷对巴西，是最先被选中的三场比赛之一，所以 FIFA 在官网上放了一个图像清晰的免费视频，方便了我们回顾。

这个视频下面，最近留言的大多是比我年轻的人，诸如：

——马拉多纳真是传奇。靠一只脚踝打进决赛。那时候的进攻队员可真难啊。

——这才是历史性的比赛，经典。别老放巴萨和皇马啦。

——我来自伊拉克，8 岁时看的这场比赛实况。那是我迷恋足球的开始。我喜欢阿根廷队。

——明白巴萨梅西的一些攻势了，原来是在这儿发明的……

也有让我看了不痛快的评论，比如有人说：相比之下，最近几年的那个阿根廷队应该叫 Agenchina 队。这听上去不像有什么好意。

我忽然意识到，当年看马拉多纳的比赛，体验实况，对不谙世事，自以为是的我算是一种宝贵的经历。足球大概和青春有关。那种感触在多年后，会让我，也许还有其他人——兴致勃勃地 / 得意地 / 惬意地 / 坦然地 / 豁然开朗地，而不是失落怅惘地 / 侥幸地 / 漠然地 / 心虚地 / 幽怨愤恨地，或是根本不会——想起自己年轻过。

当然，这不算是老马球迷中的至高境界。

我看到在老马不同视频下的评论区里，有一位拉美球迷的宣示，不管视频内容是老马比赛，访谈，做公益，还是别的，这老兄从来就只写一句话：自混沌初开到宇宙终结，选戈都是最伟大的球员。

他的批评者在下面回复：你这是废话，克隆马拉多纳才是当务之急，刻不容缓！

我当然知道这是玩笑话，西方人的幽默嘛。然而，最近看到几个欧美国家传过来的新闻视频，一大群抗议居家隔离的人，拿到警方正式的游行集会许可后，举着标语，严肃认真，不戴口罩，群情激昂地在市政府前的大马路上，拉开大喇叭号召大家：

——不要怕！新冠不是萨斯，是重感冒！

——不用洗手，看我！随便摸任何东西，这样就百毒不侵啦！

——来来来！向我开炮——不，向我咳嗽！

——疫苗？让比尔·盖茨打去吧！

——取消隔离！还我生路！

……

幽默其实也可以很悲惨。

'90 世界杯 30 周年之际，国内大家最关切的疫情看似基本平息。英勇抗疫，付出巨大牺牲，历劫重生的武汉完成了对全体居民的核酸检测，效果理想。只是偶尔有其他地方传来消息，发现了零星输入的或本地的确诊病例。但是突然地，北京著名的新发地菜品批发市场爆出感染病例，北京多个小区被封，再次引得大家紧张。幸而，相关小区封闭月余，齐心合力，总算传来好消息，控制住了。接下来，新疆病例又陡然增多，还有辽宁，然后是香港、云南，还有数目不多却一直不断的境外输入病例……有人说局部抗疫要成为常态了。

从国外新闻里看，疫情依然汹涌。在欧美，尽管死亡人数不断上升，依然有人认为这是个骗局。后来，对居家隔离的抗议又被满街抗议种族歧视，抗议警察暴力，打砸抢烧，宵禁，国民卫队进驻……取代了。再往前几天，伊隆·马斯克的太空 X（SpaceX）成功发射了一箭 60 的星链，并于海上平台回收了一级火箭；后来他又发布"三只小猪"版脑机接口新突破，人类再造社会——不需要社会性的人或不需要人性的社会——会不会也不远了？人们在等着看，科技狂人们会把世界领向哪里。此时，英美宣布要封卡华为，制裁一些企业和个人，关闭中方领事馆，禁抖音微信，给理工科留学生设限……而疫情依旧没有减缓的势头，人们聚焦大选，死人不会投票……目不暇接间，不经意看到阿根廷的主要媒体群起为 '90 世界杯做回顾性报道，它满 30 周年了。它曾经被认为是最差的一届世界杯，现在，成了最难忘的一届。

沉寂了几周的马拉多纳则在社交媒体上发出近照感谢众多球迷询问他的近况。他说：谢谢大家的关心，我很好，我每天都在向上帝祷告，让疫情快点结束吧。

遥想当年，当老马在意甲首获冠军时，我们一帮同学正在校园里随着卡带录音机里的歌肆意吼着"不是我不明白，这世界变化快……"并不觉得这歌词其实唱的也是无奈。

这世界变化快。足球对于我来说，其实只和青春有关。

【老马：

我看老的比赛是想靠有意思的东西消磨点居家隔离的时间。我的比赛永远都是真实的，也是真诚的。我愿意回顾当年给人们带去快乐的时光，那些曾经让我感觉豪气万丈，世界属于我的时光。

'90 世界杯 30 周年了。戈耶戈切亚昨天在一个节目上还说，那年他刚结婚，而现在已经当了爷爷。我在社交媒体上按当年比赛的日期给大家回顾我们的每一场比赛，并附上我的团队为比赛剪辑的视频，他们配的音乐非常棒。

当他们制作对巴西这场的视频时，我告诉他们，不要在比赛 30 周年当天发，而要推后到 6 月 25 号，因为这一天是国家队当年的体能教练埃切维利亚老师去世一周年的纪念日。他服务了多届世界杯，对待球员们就像一个慈父。在对巴西比赛视频的结尾，我们特意加上了他的影像，表达怀念。】

【雅伊的故事·5】

'90 世界杯，对巴西比赛的前一天，球队驻地宾馆有场婚宴。教练比拉尔多说意大利有句俗话叫新娘来福佑到。后卫鲁杰里也兴奋地招呼大家去看新人，说那可是好兆头，好运气。他推开卡尼的房门，看到卡尼在玩电游。他惊讶地问，

——你玩什么？
——超级马里奥。
——我说你玩什么，你知道明天和谁打吗？

卡尼听出鲁杰里的意思，放下游戏机：和谁打都一样，一样打趴他。

鲁杰里告诉他婚宴的事，卡尼无动于衷地说：我自己半年前刚办过订婚，不好奇。鲁杰里悻悻然退了出去。后来他说，就卡尼这小子没有急的时候。比拉尔多半夜过后睡不着，就去查房，结果发现有的老队员翻来覆去也睡不着，卡尼和特罗格里奥则睡得呼呼的。卡尼睡到第二天接近中午才起床。

第二天午饭吃的是番茄酱汁拌粗面、烤肉加水果沙拉。下午全队上车奔赴赛场。迭戈照旧被球迷们围着，坐进车里也不得闲，不断签名。晚起的卡尼最后出来，朝车门走去，外面等候的几个球迷赶上前拥抱，被他推挡闪过，闷头径直上车。现场报道的记者打圆场说：卡尼吉亚多专注！他是昨天唯一没去婚宴联欢的人，他只专注球赛，上场就精神百倍。

……

和巴西的比赛从一开始，阿根廷后防线就顾此失彼。几乎整个上半场，卡尼都感觉孤立无援，像条失意而不甘的狗，独自忠实地"叮"着锋线，苦待良机。

巴西攻势猛的时候，阿根廷后场频频告急，他也一对一追着对手回防后场。他不敢贸然铲球，因为对苏联的比赛他有一张黄牌，教练告诫他，一定不要急，不能再拿黄牌，那会让他停赛一场的。

比赛第 80 分钟，阿根廷队后场开出任意球。卡尼在前场右路迂回跑动，戈麦斯就守在身后，因而他必须提防着巴西队长，免得被造越位。当看到迭戈带球过来，中路巴西几人同时向自己这一侧靠拢，他就知道这样不行，这又会是一场寡不敌众的混战。于是他立即向左斜插，沿着一道隐形的对角线冲向禁区正前方，离开正在聚拢的这一群。他凭着自己冲刺的速度，几步就突出包围，然后放缓了脚步，还回头看了眼迭戈上来的方向。

多年后，他对采访者回忆，巴西队当时其实很疲惫。他们已经不是上半场的巴西了。多番打门不入，内心还能保持沉着吗？全力进攻了这么久，体力没有透支吗？更要紧的是，头脑里还有"鲜活劲儿"吗？那时正是最容易出错的时候。

卡尼边跑边留心别引起戈麦斯的注意，免得被造越位。戈麦斯扭头看过来的时候，卡尼就在离他不远处放缓了脚步提防，于是一直盯守卡尼的他又回身去堵迭戈，这时卡尼就向中路再跑出一步，只此一步之间，迭戈的传球就过来了……

采访者问：那你跑位时怎么确定迭戈看到你了呢？卡尼说：我不需要确定，迭戈总是把场上的一切看得一清二楚，别人没看到的他也会看到。而且，他是一边运球，一边和对手拼，一边维持平衡，一边看到的。没人能像他那样维持平衡，你放不倒他，所以他是马拉多纳。第 80 分钟那趟攻势，他做了不可能完成的任务，等我接上时，一切已经很容易了。跑位时我就看到，巴西另一半后场没有一个人，完全失防。

采访者又问：我看你进球后没有大肆庆祝，你特别沉稳，输赢都一样泰然处之啊。卡尼回答：输赢都感觉一样是不可能的，要是那样的话我还踢球干吗？就是表达方式不一样。我不喜欢满场跑，挨个儿和队友撞胸，上看台拥抱老爸……等回来对手灌你两球怎么办？进球了当然高兴坏了，可那是打巴西啊，你能预感到接下来会是什么。队友们也一样，都马上各就各位。我重新走向中圈的时候，全身的弦儿又绷紧了，场外替补席全在朝我欢呼，我就冲他们挥了下拳头……

这场比赛结束后，阿根廷足协主席带着个十几岁的孩子来到更衣室，让队员们向这个超级球迷致意。这孩子一直在竭力为球队呐喊助威，卡尼打入一球后，他极度兴奋，又怕巴西追平，紧张中竟一头晕倒在看台上。10 分钟后比赛结束，他在体育场医疗室醒来，身边的意大利护士怜悯地安慰他，得知比赛结果，他大哭，上气不接下气。足协主席恰好在场，怕他再晕过去，就说要是他表现好就带他去球队更衣室。

这个孩子后来回忆，当更衣室的门在面前打开，迪士尼乐园的魅力在他眼里顿时渺若尘埃。国脚们纷纷上前拥抱亲吻孩子。孩子最后抱着卡尼，连声说谢谢你，所有阿根廷人都谢谢你！本已收好包的卡尼被孩子死去活来的经历深深感动，当即拉开包链，翻出自己进球时穿的、被汗水湿透的球衣送给他。孩子激动得小脸儿通红，把球衣捂在胸口，几乎再次晕倒。

卡尼的馈赠引发了那个叫马塞洛的孩子对体育收藏的兴趣，他今天已成为全球最大的足球旧物收藏家，还建立了一个名为"传奇"的私家博物馆，光球衣就有 5000 件，全部是浸透过球员汗水的赛场原件。卡尼的球衫作为该馆首件和最具历史意义的藏品，被收在一个立柜里，柜门是个屏幕，按下按钮，屏幕会先播放这件球衣的"功勋"，然后才缓缓滑开，露出柔和灯光笼罩下的镇馆之宝。

2015 年，这件被珍藏已久的 8 号球衣在卡尼参加的一次电视节目里展出。25 年后第一次和这件球衣重逢，轮到卡尼激动了。年近五旬依然"甩酷"的他，那时目光潮润，不由自主地伸手，有些情怯地抚摸了球衣袖子。后来电视节目采访卡尼，也找当年那个孩子

借来球衣用作背景。卡尼开玩笑说：每次来都带着支票想把它再买回去。当年回国后，卡尼的哥哥和弟弟曾分别责怪他没把这件球衣留给自己。

半决赛对阵意大利，开场 17 分钟，大门就被斯基拉奇攻破。顶着满场欢呼，迭戈坚定地告诉卡尼：没事儿，咱照常打。卡尼波澜不惊：同感。下半场开场十几分钟，他果然头球得分，结束了意大利队那届杯赛长达 517 分钟的球门不失纪录。为他传出关键助攻的奥拉蒂兴奋地抱住他，两人一同滚翻在地。巧的是，他们两人后来也一同因为受罚未能参加决赛，只能眼巴巴场外观战。

对意大利赛后的更衣室里，队友们欢欣鼓舞，唯有痛失决赛资格的卡尼气鼓鼓的，他叫嚷着想杀了那个法国裁判。迭戈接受完采访最后一个走回更衣室，一进来就和卡尼急了，差点出手推搡他：我倒想杀了你！谁叫你上手的！迭戈是真的急了，卡尼以前从没见过哪个队友如此急眼。卡尼说那个时候自己沮丧不堪，也明白，要痛恨的是自己的大意轻敌。

'90 世界杯，卡尼对巴西、对意大利这两粒入球也是阿根廷挺进决赛的关键。中国网友"赤色龙"评论说："卡尼吉亚是阿根廷足球史上的传奇人物，'90 世界杯正是他的'天外两剑'刺伤了两位巨人：巴西和意大利，或许他不是最伟大的前锋，但那一霎的风情却足以永铭于世"。这个评价和卡尼的教练看法一致。比拉尔多说：总有些在俱乐部很出色的球员，到了世界大赛掉链子，可有一种好球员，不是技巧花样儿惊人，而是总能在关键时刻强势出现在需要他的地方。卡尼正是这样的球员。

世界杯结束后，卡尼回到亨镇老家，人们为他办了次热闹的庆功会，全镇比庆祝上一届杯赛夺冠还热闹。昔日一起踢球的伙伴们都记得 1986 年在雪地上摞人垒时冲他喊的话：雅伊！我们以前跟你说什么来着！

37 | 影片

Dos películas

戈麦斯情急红牌下场　老马未老任意球险中

81 分 23 秒，巴西中场开球。

裁判哨响，巴西球员迅速带球攻入前场，在中路遭三名对手围抢。阿队一人从左侧铲球，球打在后方围堵的队友腿上弹出，被另一队友大脚踢到左路中线附近，卡尔德隆和跟至的朱斯蒂互相传递，晃倒了巴西抢断者。卡尔德隆趁机沿左边线冲入中场，遭到二人围攻，在边线处被绊倒。阿队获得任意球。

巴西此时准备换人，10 号西拉斯和 17 号雷纳托在场边等候。

82 分 19 秒，卡尔德隆任意球打向后场，鲁杰里趟回禁区。戈耶戈切亚收球抛左路，交给前场返回的卡尔德隆。他顶住巴西的夹击，传向中场的布鲁查加，再传前场迭戈。迭戈沿边线送回后场，延缓节奏。阿队传到中路，朱斯蒂从中圈向外跑空当，接左路传球，打给中圈中央的巴苏阿尔多。

巴西此时攻防队员位置交错，6 人几乎呈一字散开在中线处。巴苏阿尔多见状右脚停球一顿，随即向前，假动作左闪右挡一下，纵身跃过戈麦斯的扫堂腿，又突破另一防守者，直冲禁区，单刀形成对守门员一打一之势。追击的戈麦斯迫不得已，在背后飞身钩脚，踢中他的左腿。巴苏阿尔多在半月弧前倒地翻滚，卡尼吉亚跟上，举手抗议。

83 分整，裁判向戈麦斯亮出红牌，因为他废了对手一个必进球。阿队队医上场给巴苏阿尔多治疗。

84 分 02 秒，阿队罚球弧外准备罚任意球，巴西队 10 号西拉斯和 17 号雷纳托换下了阿莱芒和加尔旺。

迭戈主罚任意球，球划出一道弧线越过人墙飞向大门右上角。这是迭戈本届世界杯的

第一次射门。塔法雷尔纵身急跃，将球击出底线。迭戈遗憾地双手捂头，接着为守门员鼓了掌。

这个任意球，和 1985 年 11 月意甲迭戈首次代表那不勒斯对阵尤文图斯主罚的那次很像，从主罚点到球路都很像，只是质量稍有差别。那一次"香蕉球"拉的弧度更大，弧线末端更贴近大门的右上角，基本就是打入死角。而这次毕竟是在赛末，伤痛加疲乏，力不从心了。

影片

2008 年，由意大利法国联合制片，塞尔维亚导演库斯图里卡执导的纪录影片《马拉多纳》在戛纳电影节首映。老马还随这个剧组参加了电影节上的首映仪式。走红毯时，依旧观者云集，声势不凡。老马照例为迷众们踢了几脚花球，众皆欢喜。

这部纪录片以老马的足球生涯为背景，讲述他成为左翼政治支持者和戒毒的心路历程，也介绍了世界各地球迷为他创办的"马拉多纳教堂"。该教堂模仿天主教仪式流程，尊老马为上帝，以足球为圣像，把他的自传当圣经，把"上帝之手"宣为神迹。但是里面的热闹劲儿，其实就是个年轻人的俱乐部。

导演显然是老马的球迷，而且也和老马一样，持左派政治观点。拍片过程中，他走访了好几个国家，当年的拉美左翼领导中坚——古巴的卡斯特罗，委内瑞拉的查韦斯，玻利维亚的莫拉雷斯，悉数出镜，和迭戈交流的同时，也展示了社会主义在拉美的力量。

【老马：

2005 年，塞尔维亚导演库斯图里卡采访了我，我的很多观点，他认为都来自于切的影响，所以在决定为我拍纪录片时，他说如果你没有成为足球运动员，那你一定会像切那样成为一个革命者，而现代派影像大师安迪·沃霍会被吸引，给你拍一套像玛丽莲·梦露那样的抽象装饰照。】

库斯图里卡的影片也有可笑的地方，比如，为了表现老马对球迷的吸引力，他居然跑到布宜诺斯艾利斯一间色情酒吧去采访，让酒吧主带着几个着装暴露的表演女郎在镜头前作见证，说只要店里的电视上放有迭戈的球赛，客人们就会被吸引过去，从而忽视店里的女主角。那意思好像是说，不管你卖什么都卖不过马拉多纳。不知这算是谁拱谁的牌子。

2019 年，英国导演卡帕地亚拍摄了一部名为《迭戈·马拉多纳》的纪录片，作为重头戏参加了当年的法国戛纳电影节。这是关于马拉多纳的纪录片里最新的一部。老马本来一直是和导演合作的，还接受了摄制组近 10 个小时的采访，影片也用了一些他的声音和角度来叙事。但是突然地，他拒绝出席影片首映，并且号召球迷们不要去看。为什么呢？只因为他看到了影片发行海报上的宣传语："迭戈·马拉多纳：反叛者，英雄，骗子，上帝"。"骗子"一词惹恼了影片的主人公。当时在墨西哥执教的马拉多纳声明：

> 我一辈子踢球为生，我的钱都是靠追着球跑挣得的，我从来没有骗过任何人。如果导演以为用这个词可以吸引观众去看他的影片，那他是搞错了思路。

导演还是力争让他看过全片再下结论，并且告诉他影片中有一些记录他和家人日常生活的老镜头，是他本人可能从来都没看过的，他看了会很感动的。但是球王主意已定：要是我不喜欢你的标题，我肯定不会喜欢你的电影。他这回没有参加戛纳电影节，让剧组失分了。

老马聪明。对于这部影片，他的直觉是正确的。我没有响应他的号召，还是去看了。

影片的叙事重点是他在那不勒斯的故事，而其中的重点，是他的私生活，他的沉沦。他和黑帮交朋友，有私生子，球场风光的背后，是个心有悸怵，不知所措的年轻人。我看后觉得导演确实很老到，组织起那么多故事材料，游刃有余，叙事很流畅。不过也确实，影片中有不少情节取悦票房的成分要多于对老马本人的同情。

【老马：

卡帕地亚这家伙的确会拍电影。我一开始答应和他合作，就是因为他拍过一部关于巴西车王塞纳的片子，我非常喜欢。但是后来我觉得，对于我，他的猎奇心要多于诚意。

有一天他来采访，在地上摆弄些录音设备，麦克风，一边夸我大腿粗壮，然后他居然冷不丁攥住我的左脚踝问：当年被戈伊科踢骨折的就是这里吧？我让这个无礼的举动惊到了，我的脚本能地要踢开他，但是直觉告诉我他可能经不住我这一脚，所以我的手赶紧出面推开了他。他一下子仰坐在地上，带倒了他的设备，然后他赶紧向我道了歉，说他昏了头。下意识地，我感觉他不是那么诚恳，他是为了完成作品来猎奇的。大概是我为人的本性吧，我无法进行不受尊重的合作。】

该片导演以前拍过几部获奖的纪录片，主题都是艺术界名流的沉沦悲剧。会不会是为了拍这个主题，他才相中老马的？不过，这部片子的确也道出了老马在自传里透露过的人生感悟：

　　一、我所有的生命经历都是我自己造就和造成的，没有假手他人，因此我是唯一要为我所做的一切负责的人。
　　二、那些恨我的人总想彻彻底底击垮我。

这两点感悟也暗示了，在很多事情上，老马最终获胜。

卡帕地亚的影片总体上还算成功，"烂番茄"影评的得分至今在 8 分以上，这在纪录片里算很高的了。影片中还有一个场景令我印象深刻，是早年迭戈在巴萨和毕尔巴鄂比赛时，被踢得踝骨骨折送往医院，痛苦不堪的他经过急诊处理，即将被推入手术室。跟随而来的摄影师先是拍了他满是血污的脚，然后可能对他关心地问候了几声（画面没有声音），疲惫躺着的迭戈闻听，转头仰脸应了一句，对他们笑了一下。这个并非特意编排的特写镜头里，他的目光清澈坦然，无怨无怒，不忧不惧，那真是照出了天使般的一个镜头。这个镜头让人感到，身为球星的他，本质上是个对他人没有恶意的人。

另外，有一个镜头，影片结尾处的一个补充镜头，可能会变得很珍贵。那是 2019 年初的某个傍晚，盛夏季节，迭戈在一个灯光下的小球场上和几个孩子踢球。他动作已经不大灵敏，跑动也不快，基本上玩不过那几个孩子。之后不久，他就做了膝部手术。

2019 年底，卡帕地亚的片子发行德语版，封面的宣传语已经删去"骗子"，剩下了"反叛者，英雄，上帝"。

38 | 回顾（二）【雅伊的故事·6】

Otro repaso/ La historia de Yayi · 6

开远球巴西队急攻　拖时间戈耶戈染黄

85分17秒，阿队开角球。他们全场角球数只有巴西队的一半。

迭戈推给面前的卡尔德隆，二人互传一脚，迭戈沉到底线处，球被巴尔多铲出界，阿根廷再次获得角球。卡尔德隆接回迭戈的开球，巴西二人围堵，卡尔德隆被包夹，靠近底线时趟出边线。

85分40秒，巴西界外球掷给守门员。塔法雷尔冲到禁区前沿，示意队友就位，准备开大脚直接找前锋。

比赛前5分钟，阿根廷曾频开大脚，最后5分钟，轮到巴西了。

85分46秒，塔法雷尔大脚开球，落在阿队半场中央。巴西3人和4名防守者一拥而上，无人抢到，球弹起，阿队在禁区前沿两度头球向外阻挡，罗查得球，挑向禁区内17号雷纳托，球飞过远，被阿队顶回禁区前沿，巴苏阿尔多闪身让过，球弹向右前方，布鲁查加传到左路，卡尼吉亚头球接下，身后的对手倒地捅球到边线，雷纳托追近角球区把球抢回。鲁杰里倒地侧铲未果，雷纳托转身带球，鲁杰里跟上推挡出底线。裁判示意门球。

86分27秒，戈耶戈切亚拿球走回禁区，和队友在后场互传了一次球，再缓慢推给右侧后卫，然后又接回球，明显是在拖延时间。裁判判戈耶戈切亚犯规，亮出黄牌。

回顾（二）

球场上观众的噪音少了一些。电教室里，支持阿队的同学都不吱声，等着比赛结束呢。不少人开始叫喊，为巴西被阿根廷偷了一球感到不平。我的心情和他们一样，一边盼望拼杀多时、优势占尽的巴西能进一球，一边揪心地告诉自己可能很难了。

这种感受以前有过，最难忘的是 1981 年，容志行的中国队差点儿冲出亚洲的时候。记得他们 3∶0 战胜亚洲冠军科威特的第二天，同学们在班里兴奋地议论着：嗨，昨晚在工体一大堆人喊"容志行万岁！容志行万岁！"还喊了"李富胜万岁"，因为他扑出了科威特的点球。古广明和沈祥福也进了球，不知道喊没喊他们万岁……后来沙特 0∶5 放水新西兰，中国队跟新西兰队重赛一场，遗憾出局。那种着急又失望的滋味……当年苏永舜教练率领的中国队其实表现挺好的。那时，容志行已经 34 岁了。

当然，还有一次比赛更为遗憾。有人记得《五·一九长镜头》这篇报告文学吗？那是著名作家刘心武的大作，后来，作家理由也写了一篇《倾斜的足球场》，都是关于 1985 年世界杯预选赛国家队输香港队的故事。沙特可以放水澳大利亚，但几年后的我们不会放水，没有默契，平局就能小组出线，但我们输了，又一次没能冲出亚洲。在北京工体现场的球迷们不干了，动手破坏了一些主场设施，掀了汽车警车，在国外这叫球迷闹事，司空见惯，国内以前从没有过，警方也没有充分准备，所以搞得举国皆惊。

这之后，赛场上出现了"文明观看赛事，理性对待输赢"的标语，一个文明，一个理性，把足球场这个很多外人心目中的化外之地染上了东方气息，国情不同嘛。阿根廷和西班牙的朋友说，他们的赛场主办方一般不挂什么横幅，因为球迷们很可能会扯下来，在反面写上自个儿的口号作妖。现在，正规俱乐部经常上电视的球场，都有政策，杜绝"政治不正确"的标语，所以，今天的那不勒斯队去意大利北方比赛，已经看不到带有简单历史主义性质的横幅了，只剩喊打喊杀而已。

我们当时在上高中，一帮同学还是挺同情曾雪麟教练的，特别是传看了《五·一九长镜头》以后。如果他有机会在失败后重整河山，也许后来会不一样？

我后来才知道，那个年代在不少足球大国，球队输了关键比赛还真比犯罪严重。'90 世界杯半决赛意大利负于阿根廷，塞雷纳因为最后一个点球被扑住，球迷们觉得他比第一个罚失点球的多纳多尼罪过更大，以至于他对走出家门都心生障碍，不得不接受心理辅导，一做 10 年……有时候球迷们宁可自己犯罪，也不想让自己的球队输球。马拉多纳有次去委内瑞拉比赛，刚下飞机就被前去"立功"的对方球迷一脚踢在膝盖上，直接送医。那时的赛场外警方都准备了装甲运输车，为足球流氓备着，也给需要保护的球员或裁判留着。

【雅伊的故事·6】

很多人都听说过卡尼因为拒绝剪长发，未能参加 '98 世界杯。老马等朋友捍卫他，一致谴责主教练帕萨雷拉不顾国家利益。而同样地，也有不少人谴责卡尼，说他为了头发不顾大局。唯有卡尼自己知道个中缘由。

1997 年，卡尼随博卡青年队去外省打比赛，独自在旅馆房间里休息的时候，接到了一位经纪人的电话。这位经纪人自称是新任国家队主教练帕萨雷拉的朋友。他知道卡尼吉亚没有经纪人，卡尼 27 年职业生涯中从没有用过经纪人。他向卡尼自荐，说可以帮卡尼打理好一切事务，包括国家队的。卡尼谢绝了，说一直习惯自己代理自己。卡尼是个随性的人，在财务上也没有什么野心，作为甲级队的主力球员，收入足以让家人富足地生活，像大多数队友一样。经纪人暗示事情不会那么简单，他当时没明白。不久后，他接到了帕萨雷拉的电话。

国家队主帅电话里告诫他要严明风纪，要剪头发。卡尼问要怎么剪，帕萨雷拉说剪短一英寸半吧。卡尼愣了一下，直觉主教练意不在此，自己似乎在被戏弄，顿时，他没了严肃认真的心情，就问：我愿意剪掉一厘米半好吗？这离主教练的要求差了两个半厘米。帕萨雷拉动气地说不行，国家队绝不要留长发的，戴耳环的，和同性恋。卡尼心想这他妈是你我之间该有的对话吗？过了一段时间，主教练已不再提头发的事，而是指责他的其他毛病。其时，卡尼已经为国家队出战了南美洲资格赛阶段的所有比赛，只等去世界杯了。他拿定主意，不管剪不剪头发，不管进不进国家队，反正不在你手下打球了！卡尼没有感到难过，他觉得荒唐，不明白为什么事情会发展成这样。周围人的议论让他也曾经犹豫过，但是直觉告诉他不用再啰唆。他是个按直觉办事儿的球员。

当时，国家队有 3 名球星被要求剪发，除了卡尼，还有巴蒂斯图塔和皇家马德里的后腰雷东多。

巴蒂剪了。他承认自己不迷恋足球，认为那就是工作。他从不把跟足球有关的东西带回家，家里连他穿球衣的照片都不摆。他说工作不需要迷恋，需要负责任。这个得分王在佛罗伦萨队多年，踢完就下场，任凭球迷怎么呼唤，连名也不怎么签，觉得那都是虚的——这点比老马差远了。曾经有队友说上赛场很享受，巴蒂反驳：你上场是要玩儿命的，怎么享受？你拿着丰厚的报酬，上场就要工作，就要对得起你的酬劳，你享受了，能保证球队和观众一样享受吗？巴蒂说只要工作需要，咋样都可以。帕萨雷拉看来也没为难他，他那时弄的发型和清末民初刚剪了辫子的中国人差不多，不能说长，也不算短。

雷东多则认为发型和责任没关系，觉得以改变形象作为留在国家队的条件过于荒唐。当年媒体一致送他雅号"皇马王子"，他的长发在众多球迷心目中是王子的象征。阿根廷足协主席曾公开发声，认为雷东多应该入选世界杯阵容，雷东多跟着也表态不会离队，看起来事情有回旋余地，但帕萨雷拉对记者称雷东多的问题主要不是头发，是因为他拒绝按教练的意图打中场左翼，而且他两度邀请，都被"王子"以不同借口搪塞。雷东多怒不可遏，说无法忍受主教练的撒谎，公开宣布退队。卡尼没有参加 98 世界杯，对阿根廷锋线来说是缺憾，倒还没什么致命影响，因为有巴蒂斯图塔和已打了两届世界杯的巴尔博，实力还是不错的。倒是雷东多的缺席，影响了中场实力。已有一届世界杯经验的雷东多是当时世界上最优秀的防守型中场。1998 年，阿根廷还是栽在了防守上。

卡尼过后得知，至少有一名他认识的球员用了自称主教练朋友的那个经纪人作代理，入选国家队后，虽然世界杯没真正上场，也身价倍增。那个经纪人已着手准备，在世界杯后把人签到欧洲去。幕后是否还有其他的事情，其他的人，他就不清楚了。

1998 年，卡尼离开阿根廷，先是回到了意大利特兰大队，后来又去英国，在苏格兰一个乙级队邓迪队踢了一年球，有过多次精彩的射门得分，接着被苏格兰甲级队签走。邓迪后来一直把他奉为球队的传奇。为此，他提前一年终止了和博卡青年的合同，引发法律纠纷。

那是一份什么样的合同？和博卡的合同很简单，他拿"计件工资"，即打一次比赛拿一次报酬，加上每年须出场若干友谊赛。当初签这份合同的时候，博卡队的代表告诉他，这样比拿固定年薪要高。卡尼对自己的实力有信心，觉得没有人可以取代自己的主力位置，就选择了这个合同。而进入 97-98 赛季，不知缘由地，教练停止让他上场。教练顾左右而言他的态度，使"球财两失"的他没兴趣弄清为什么，直接告诉球队老板放我走人。老板让他再挺半年，下一季就好了。卡尼说不，这不公平。

外面纷纷传闻卡尼吉亚毁约之际，卡尼依着自己的性情，没有出面啰唆争理，他认为反正我没有欺诈，又没有金钱要求，我只是要自由。他打不起官司就申请仲裁，赢了，那时他已离开了阿根廷。

一直以来，每当有人问起卡尼对帕萨雷拉的评价，卡尼都笼统地说：作为国脚，他很棒，但作国家队教练不那么出色。2018 年，阿根廷体坛资格最老的记者，著名的《体育画报》前主编比亚罗（E·C·Bialo）面对面采访了卡尼。比亚罗说：允许我们回顾以往的生活，解开一些谜团，承认错误，褒扬美德，对事实进行重温，为的是让现在的年轻人了解，受益。你是一些谜团的中心人物。告诉我，1998 年是怎么回事？我一直疑惑，在那种级别的球队，那种级别的球星，真的因为留长发不打世界杯吗？

面对白发苍苍的记者，卡尼第一次把以上的过往和盘托出。他有些伤心地说，他早就听说过不少这样的事，但都是在俱乐部或更低一级的队。无论如何，在国家队这种级别不应该出这样的事。

卡尼不是没有被教练剪过头发。'90 世界杯集训之初，比拉尔多通过"偷录"的录像发现卡尼额前的头发有两次垂下挡住眼睛，拿手拨，于是找来个理发师，给卡尼剪了剪，保证踢球时头发不会分散他的注意力。卡尼像从前老家潘帕斯草原的牧人一样，喜欢让头发自然垂长，不喜欢别的造型，因此后来头发又长了，他就用以前的办法，找根橡皮筋绷在头上。

回想起来，卡尼觉得自己也应该忏悔，如果当时顺从些，剪掉一寸半头发，让帕萨雷拉没话说，兴许能打世界杯，那还是不一样的。比亚罗于是告诉他：其实，之前博卡青年的老板曾邀请某个教练来俱乐部执教，人家当即就提了两个条件，一是要多少多少经费，二是坚决不要马拉多纳和卡尼吉亚。你知道这事吗？卡尼回答：不，我不知道。面对老记者当场抖出的内幕，他一点没有显得惊讶。这类事情对于退役近 10 年的他已经无所谓了，只不过证明他那时的直觉是准确的。

那次采访中，从小镇草场一路踢到世界之巅的风之子，唯一表达遗憾的，是没有能够为国家队打 2010 世界杯。当时，比拉尔多作为国家队主管打电话来问他的意向，他犹豫了，对老教练说：你知道，我虽然去年才退役，但过去几年只打过些慈善义赛。我需要恢复体能，不知行不行。比拉尔多就没有再来问他。卡尼遗憾地说：当时是替教练着想，说大实话。如果比拉尔多早一点问他，他肯定会马上答应的，多一些时间，他有信心完成归队所需的训练。或者，在他犹豫时，比拉尔多鼓励一下，他也会答应的。但最主要的是怪自己没有痛快答应。他说：我职业生涯里从没受过什么重伤，竞技状态一直不错，体重自 25 岁以来也没大的变化。当时,哪怕没有强化训练,上场打 30 分钟肯定没问题。比亚罗接过话头说:知道吗,如果那时你上了,你就是唯一在世界杯上和马拉多纳和梅西都做过队友的球员啊。卡尼闻听,抬眼望着老记者:那只是一点,主要是我真的想打世界杯,那是莫大的光荣,是无可弥补的。我年轻时是体会不深啊,运动生涯有限,是一去不复返的,不像作家、画家,能干一辈子;错过了世界杯,怎么都无可弥补。他脸上不加掩饰的遗憾的样子,让对面坐着的比亚罗不忍地移开了视线,随之沉默了片刻。

随即,可能是为了换个气氛,比亚罗问他对 '90 世界杯印象最深刻的是什么,大概和多数人一样,他以为卡尼会说起对巴西的那个进球,谁知卡尼无奈又淡然地说:我拿第二张黄牌的时候,意识到自己打不了决赛了。比亚罗一听,又沉默了。

也许透过沉默,卡尼能想起三十多年前 6 月末的那一天,为阿根廷捧得世界杯而狂欢的亨镇的少年们,把刚进入国家队候补集训的 19 岁的他,扑倒在铺雪的草场上,高叫着:雅伊!下一届就看你啦……

39 | 教练日

El Día de D.T.

不松懈卡尼禁区反击　拼悬命穆勒门前劲射

87分整，戈耶戈切亚大脚开球过中圈，巴西队后防在卡尼吉亚身后争到第一落点，顶向中圈。卡尔德隆抢得第二落点，头球又回过中圈。巴西中路再次头球顶回,本方球员未得到,朱斯蒂从其左后方冲上拿球，向右两步，在两名对手疾速合围前传给卡尼吉亚。

卡尼吉亚未停球，左脚飞捅给中圈跟上的迭戈，自己沿中路偏右部冲击巴西禁区。迭戈起脚长传向禁区右侧外沿，找到卡尼吉亚，球落在布兰科身前，卡尼吉亚从左侧冲刺追上，两人同入禁区。布兰科倒地从卡尼吉亚脚下铲掉球，卡尼吉亚摔倒。迭戈向裁判示意犯规，但未获理会。

87分21秒,塔法雷尔顺势开球到前场左路,朱斯蒂赶到落点,在巴西两人冲入禁区之际,斜传回给戈耶戈切亚。

87分40秒，戈耶戈切亚开球到前场中圈外沿，落在卡尼吉亚身后，邓加接球长传冲吊，巴西人再斜推右路，继而吊球至禁区前方。阿队两人跟防冲回，在半月弧内头球回给守门员，但两人不巧相撞，球未顶远，落在门区线和罚球点之间向左弹起。戈耶戈切亚未及冲出，左路穆勒已杀到，戈耶戈切亚立即抢封角度。穆勒不及停球凌空打门，却只在球的底部蹭到一下。震耳的惊呼中，球打到地面改变方向，从门柱左侧飞出底线。

穆勒捂脸背向大门跪倒在地。他离门只有三五米。戈耶戈切亚后来说：当时穆勒的位置占据优势，胜算超75%。因为角度的关系，面对门将迎面封堵，穆勒其实打远门柱更有利，但他匆忙中打了近门柱，不由地刻意偏左，避开门将，结果失利。电教室里一片惋惜之声。老戈同学环顾四周安慰道：瞧，这都不进，巴西是天注定输的。我和大部分人都深深同情巴西队，穆勒，卡雷卡，巴尔多，阿莱芒，邓加，布兰科……轮番进攻了一整场，技术精湛，配合熟练如水银泻地，任何一个与梁柱稍错的小机会都可能改变他们的命运，而不是被带入这样戏剧性的、绝望的最后 10 分钟。

巴西队主教练拉扎罗尼早已离席，站到了场边注视着战况。这是最后的关头，年轻的教练站在场边静静地观望，神情严肃。

教练日

2019 年 11 月 13 日，全国"足球教练日"这天，我在社交媒体上发了一张我年轻时受教于梅诺蒂的照片——他在阿根廷国家队和巴萨都当过我的教练，同时，我列出了从少年时代的小洋葱头队直到历届俱乐部和国家队所有带过我的 14 名教练的名单，向他们致敬。

（注：阿根廷体育教练日是 5 月 8 日，运动员日是 11 月 16 日。足球节日则单列，包括足球教练日——11 月 13 日，女足日——8 月 21 日，男足日——曾经是 5 月 14 日，现在改为 6 月 22 日，就是 '86 世界杯马拉多纳"世纪进球"的日子。）

主教练在阿根廷又被称为技术指导（DT），是一份辛苦的职业，相对于所付出的努力，荣耀和喜悦都是短暂的。比拉尔多回忆说：

'90 世界杯决赛是我带国家队的最后一次比赛。我带队 7 年，每一天都在工作，但无可抱怨，我们拿了一届世界杯冠军，一届亚军，很满足了。不过我真的旅行够了，也厌倦和媒体交锋了。7 年里，我熟悉众多大都市的换乘列车和国际航班，而不是名胜或博物馆，我没有机会看什么景色，看到的只有体育场馆、旅馆和球员们的家，也无法陪伴我的女儿和太太……我之前说过不管 '90 世界杯结果如何，我都会结束任期。后来总统和家人都劝我留任，我女儿也说爸爸接着干吧，只是别那么投入了。我知道这是不可能的，要么全力以赴，要么全身退出。

……退休多年，很多最近的事情都记不太清了，而带国家队的不少情形还历历在目。前些年我精力尚可，有中国的俱乐部邀我去执教，开出的薪酬非常高，可我一想，这把年纪赚这些钱说不定都来不及花吧，所以就没去……

阿根廷足球有个长处，就是那些优秀的、一流的球员退役后，很多都走执教之路，包括世界杯上进球夺冠的那些队友，并且很多都从带少年队起步，这让所有的人都受益匪浅。巴西两亿多人口，阿根廷四千五百万，没有从小教育的基础，怎么能和他们抗衡呢？更何况今天阿根廷的年轻人参加的体育运动花样繁多，已经没有那么多孩子专注于足球了。

我所有的教练们有一个共同点，那就是比赛时，他们肯放手让我决定怎么打。他们给我自由，也让我参与选择搭档。我在巴萨时，有次比赛结束，梅诺蒂问队友桑切斯他们，为什么不传球给我，他们回答因为看到我被对方盯防，不方便。梅诺蒂就说，你们见过迭戈不被盯防的时候吗？只管把球给他。只要接近禁区他就是致命的。

就像我的老队友们发现的那样，过去，赛场上，球员可以说了算；训练的时候，赛季间，教练说了算，决定要谁，整顿谁。而如今，赛季时教练说了算，怎么打，让谁上；赛季间，业务经理们说了算，搞什么活动，赚什么花样钱，使得天才成长为猛将和统帅的空间越来越窄。

明星队有满足商业广告合同的需求，不得不做很多让球员分心的事。罗纳尔多在一次中日韩泰的友谊赛（商业赛）之旅中，在日本有过一夜情，得了个孩子。后来他气呼呼地说，这日本孩子应该由皇马来养，因为都是他们拉着队伍去那鬼地方闹的。皇马经理们深感同情地对他说，看来那年的活动是多了点，搞得你老罗这么个聪明人都累丢了思维逻辑。如今明星和英雄都部分地职员化了，都知道那些活动保障了自己的天价薪金，抱怨的不多。

在这类商业性运作中，教练无足轻重。如果一个不成熟的队伍这些活动搞多了，教练还能有话语权吗？我一直坚持，球员比老板重要，教练也比总经理重要。

现在，大大小小的球队都容易在一点上迷失，就是"个性"。输了球换教练，没进决赛换教练，新赛季换新教练，有了钱换有名气的教练……风吹草动就换主意，哪能保持什么个性？

我想起了李海教练。大二时，我有时会跟着同学到学校第二体育馆玩。那几个同学在校队踢球，天热的时候在二体里面做技巧训练。有一次我在馆里跟着练习，也追着球跑，速度和灵活度应该都有，只是没什么技巧。那时脚法最厉害的是个金姓同学，也是从小爱在野地里踢球的那类人。我们要走的时候，李教练叫住我说：哎，你来参加吧。我一直记得当时的惊喜，也记得在九操场上，脚下沙土被碾的嚓嚓声和拼抢争夺时那种紧张而不可名状的气息，记得盯住球而忘记日常一切的状态。我表现不出色，但真的挺兴奋。

李教练带我们很辛苦，每周三次训练全勤的大概只有一半的人，或曰主力。另外那些，今天这个要去辩论赛，明天那个要考研，教练都支持加照顾。我就属于另外那些。

由于个人原因，我在一个学期后退出了。退出后有一年，我校男足喜从天降，得到了连马拉多纳都梦想不到的一次机会，吸睛了全校所有真球迷、伪球迷及非球迷——和国家女足打友谊赛。这场比赛，教练事先规定，不许下铲——那是自然。女足最后 2：1 获胜。我校名将杨忠进了个点球——他要单刀，让女足守门员钟红莲抱摔在禁区内，令大家都高兴，纷纷说：嗯，咱校男足还行。老将陈谷争抢时和女国脚撞到了一起，为了避免人家姑娘跌倒摔伤，老谷一个扭身把她拦腰抱住，却被裁判鸣着笛跑来亮了红牌，老谷冤得几十年后还在校友回忆录里喊冤。比赛临近结束时，一个女足姑娘在边线处跌倒，毕竟是女孩儿家，和男生撞上还是吃亏，撞她的那哥们儿当时惊傻，我校老后卫郑文赶紧伸出友好之手想拉一把，场边观战的我系同学老丁也上前几步似要相助，但人家姑娘已经以国脚的反应速度，自行麻利起身继续比赛了。

我后来一直闹不清她们当中有没有大名鼎鼎的孙雯等一众铿锵玫瑰，是否是以后拿了世界杯亚军的那一批玫瑰。当场未能及时去扶国脚姑娘而心留遗憾的老丁，日后服务了2008 北京奥运会的语言服务部和知识管理部，亲眼看到了里克尔梅和梅西打头阵的阿根廷队在鸟巢成功卫冕。

（注：最新确认的当年来访的中国女足名单：领队：张俊秀，教练员：（主）商瑞华、蔺新江、李必，运动员：陈霞、顾平娟、李飒、李秀馥、刘爱玲、马利、牛丽杰、孙庆梅、唐坤媛、韦海英、温莉蓉、吴伟英、张岩、郑茂梅、钟红莲、周华、周阳、朱涛）

如果那个时候我知道要过三十多年才能再次入队踢球，在一个 9 人杂牌儿队里，在小公园踢朋友的太太拉赞助的"盛世美颜"杯，却再也找不回当年那种感觉，我一定不会退出的。对不起，李海教练。

另外，我国也应该有教练员日。

【老马:

我必须严肃地告诉你,我从来不管别人的私生活,更别提像老罗这样的朋友。我根本不知道他去日本那档子事,所以你不能写是我说的。我怎么会对这类事感兴趣!我就是知道也不会说。你一定是从巴尔达诺那里看来的,他从小会摇笔杆子,字写得也漂亮,退役后在好几家报纸开专栏,成了很多故事和传闻的来源。对了,他当过皇马的主教练和总经理,说老罗丢了逻辑的,八成就是他吧?别听他的!

另外,我在退役仪式上说过,退役赛是向足球的致敬赛,不是告别赛。我不会告别足球。我后来做教练,包括 2010 年带国家队,不太成功。总有人期待我能像当球员时那样创造什么奇迹。但是我不能。

我还是当球员时最快乐,因为只需要把自己的一切打理好就行了。而当了教练,你要为 25 个小伙子操心,今天这个体重有问题,明天那个需要加强某种训练……我一直是个心慈手软的人,容易动感情。从小对兄弟,后来对队友,从来都是友善的。有时我让他们急得要犯病,但是,当训练或比赛结束,他们,还有对方球队的小伙子们,纷纷上前拥抱我时,我的心又会软下来。

"慈不掌兵"?你说这是个中国的教训?这也是我的教训。但我真的喜欢依然在球场上,为足球工作,看到成千上万的人们因为足球而快乐。我职业生涯里就从来没有中断过去球场。两次被国际足联罚停赛的时候,也还是去打室内足球赛和各种慈善义赛。】

【老马 2:

有重要的一点我要纠正,我当教练是有原则的,不努力的、期限内达不到我的要求的,都是要有记录的,下次训练我还是会盯着他们的。怎么可能来几个拥抱就让我忘事儿呢?……我只不过是态度缓和下来而已。】

【老马 3:

说玄了,我跟球队里的小伙子们没有那么紧张的关系。大家都是为的一个目的,都不是小孩子,都是认真工作的人,有问题大家一起解决,不是说谁要盯着谁。你来看几次我们的训练就知道了。不多说了，有个小伙子还等我给他理发呢。

（注：这不是玩笑，迭戈教练闲暇时，真的拿电动推子帮他的队员理发。人们问他怎么学的，他说这有什么难的，又不是要专精，上上手就熟了。）】

【迭戈：

都请打住吧，教练是一种职业，一种专业，不是几句话能说明白的。接着看我们那场比赛吧。】

40 | 歌声 / 返乡

Los cantos/ El regreso

任意球加远射交替攻防　布兰科对迭戈再度重创

88 分 17 秒，戈耶戈切亚从门区再开大脚到中圈。巴西队员在卡尼吉亚身后争得第一落点，将球顶回阿队后场。巴尔多顺势再次顶向前，但第三落点被阿队抢到，传到右路。迭戈在中线娴熟抬脚停球，从盯守的布兰科身边用脚背敲向巴西禁区，但他的速度明显跟不上了。

布兰科轻易追过，把球打给迭戈身后的尤尔金霍，后者见迭戈跟至，又回磕，但力量不大，落在迭戈身后。迭戈转身得球，被尤尔金霍抓住肩头拖住。迭戈挣脱，把球向禁区捅出的一刻，遭布兰科迎面飞脚踢中右腿。迭戈腾空摔落，不由得扭头望向犯规者，他极少这样做，这一脚太过分了。卡尼吉亚跑来与裁判交涉，未获理会。

> 布兰科这一脚很重，不像犯规，像攻击。电教室里迭戈的几个忠粉疼得哎哟了几声，惹得周围同学窃笑。
>
> 电视转播的背景声音里，能听到场外比拉尔多教练愤怒的叫喊：罚他下场！ XXX 的！罚他下场！
>
> 电教室里巴西阵营的同学，则看着迭戈蜷伏在电视屏幕里喘息，嘲弄地说：好吧，趴那儿吧，尽量再拖点儿时间。
>
> 迭戈倒地时间共 12 秒。他皱着眉缓慢起身。

89 分 02 秒，迭戈前场右路任意球开给禁区内的卡尼吉亚。

> 这是他全场最后一次传球卡尼吉亚。从比赛第一分钟到现在，尽管拿球机会不多，可他始终都在寻找帮助卡尼吉亚进行致命攻击的机会。

卡尼吉亚在一人盯守下趟到边线，回身传中，球掠过防守者，沿底线滚向禁区右侧。布鲁查加抢到巴西身前拦截未果，球出底线。

89分20秒，巴西门球抛给右路的巴尔多，他再回给守门员，塔法雷尔大脚开过中场，雷纳托争顶时肘击防守者背部，阿队后场获得任意球。

90分整，鲁杰里在球前拖延了几秒，主裁判敲手表警告。鲁杰里开到左路禁区前沿，卡尼吉亚跃起头球，迭戈停球后冲向禁区，在禁区左角外被迎面绊倒。

赛场计时钟指向90的时候，阿根廷替补席上的队员都按捺不住，起身涌向场边。教练和意大利场务也没有阻拦。观众席上嘈杂声稍稍减弱，隐隐传来人数不多的阿根廷球迷的歌声，他们在唱那首广为人知的"欧嘞——欧嘞——欧嘞——欧嘞——迭戈——迭戈……"

相对于比赛一开始对迭戈的那阵巨大的嘘声，相对于贯穿全场的对他的起哄和口哨，这隐隐的歌声显得来之不易。大家对这次比赛难以忘怀，不一定是因为他们是阿根廷队的球迷，而是感觉比赛带来一种真实的"浪漫"，有多少真实故事能这样真实地开始于劈头盖脸的嘘声，而在自豪而轻松的歌声中迎来结局呢？

歌声

迭戈在那不勒斯踢球的7年中，这个以罗曼斯民歌发祥地著称的地方，产生了不少流行于赛场的马拉多纳球迷歌。"欧嘞"歌是其中最著名的一支，只有一句话：Olé——Olé Olé Olé——Diego——Diego。这个调门后来被各国球迷采为己用，广为流传。

有旋律不太突出的吼歌，比如：

> 迭戈比贝利强多啦！
> 我们死活要留住他！
> ……

还有一首人所尽知，赛事必唱的，叫作"我看到了马拉多纳"，情形像很多古代的言情诗，基本以女性口吻写，大都是男的在吟：

哦妈妈，妈妈，妈妈

哦妈妈，妈妈，妈妈

知道，为啥

我心跳在加快

我看到了马拉多纳

我看到了马拉多纳

嗨！妈妈！

我感觉在恋爱！

　　看当年那不勒斯在圣保罗体育场的比赛，会听到北方时尚大城来的球迷的狂喊乱叫：那不勒斯，下水道！遭霍乱的！没个准词儿。而坐在球场 B 区的那不勒斯球迷们则韵律鲜明地，昂扬地唱着：……我心跳在加快！我看到了马拉多纳……，艺术水准高下立见。拿到意甲冠军后，球队在更衣室开香槟庆祝，年轻的老马也兴高采烈地跟着队友们边跳边唱：嗨！妈妈！我感觉在恋爱！

　　迭戈 1991 年失意逃离那不勒斯后，当地还唱了风格更抒情的感伤小调：

人们的冷漠

比毒品和暴力更可憎

体育场里的赛事

不是你的全部生命

我看到你身体中的热情

不要隐藏，释放出来

马拉多纳

请再次带领我们获胜

马拉多纳

请再次让我拥有美梦

在老马到来之前，那不勒斯队的球迷歌是那首著名的、创作于 1915 年一战期间的民歌"恋爱中的士兵"。它是前世界三大男高音的音乐会保留曲目，也深受包括安德烈·波切利在内的当代歌唱家们的钟爱。1984 年当地人就是唱着这首歌，在圣保罗体育场欢迎迭戈的到来。日后在不同的场合，老马也唱过此歌，表达他对那不勒斯的热爱：

> ……
> 请相信这份爱
> 正如我相信你
> 哦，生命，我的生命
> 哦，我心中的心
> 你是我的初恋
> 我最初和最终的爱人
> ……

最近几年最为知名的歌曲，应该是 2014 巴西世界杯上，阿根廷球迷大肆传唱的"说出你的感觉，巴西"：

> 说出你的感觉，巴西
> 当老爸来到你家里
> 虽然多年已过去
> 我发誓从没忘记
> 迭戈过了你
> 卡尼扎了你
> 从意大利到今天你一直哭泣
> 你将看到梅西
> 他会带世界杯回家
> 马拉多纳比贝利伟大

| 迭戈过了你　卡尼扎了你

2020 年 4 月，"在家看世界杯"的抗疫活动开始后，FIFA 把 1990 年的这场南美经典对决发上官网，有年少的球迷表示，看了才恍然大悟，明白了这歌里唱的迭戈和卡尼怎么合伙"扎"的巴西。不过歌的曲调和最后一句不是原创，是来自于博卡青年俱乐部的老歌。

返乡

决赛后的第二天，全队在驻地刚吃罢早餐，队务突然赶来叫所有人立即去拿行李，说有架飞机几小时内会载他们回国。大家匆匆上车往机场奔。一办好登机手续过了海关，队务就催大伙儿说：快跑，快往登机口跑！飞机等我们好几个钟头啦！那时还没有"安检"一说，大伙赶鸭子似的从候机大厅飞掠而过，一路不少人在他们跑过去好远后，才回过神惊呼起来：是阿根廷！

据体育作家阿隆索记录，当时这架阿根廷航空 161 航班本来是从法兰克福直飞布宜诺斯艾利斯的，经足协协调，临时决定经停罗马机场，对乘客讲是临时故障检测。在罗马停了 3 个小时后，乘客们开始骂娘了。又过了两个小时，等球队一登机，机舱里顿时一片惊喜欢腾，几个骂娘的又骂起来：XX，怎么不早说明白，害得我们骂娘！

旅途中，几乎每个机上的人都来找队员合影。兴奋的乘客让队员们头几个小时无法好好休息，唯有多日来几度失眠的主教练先睡着了，比拉尔多后来说：早知道在飞机上能睡得这么好，应该绕道日本再回国。

我们到达国内已是 7 月 9 号下午两点多（意大利和布宜诺斯艾利斯有 7 个小时时差），飞机停稳后，我透过舷窗看到外面有不少人朝我们跑来，双手举过头顶鼓掌。那是机场的地勤人员，他们放下手边的工作朝我们欢呼。当时我想，有人这样迎接真是太好了，真让人满足。

在同机乘客的掌声中，我们从舷梯下来直接上了大巴，警车给我们开路。然后，一出机场，我们就被震惊了。沿途路边，过街桥上，全是等待的人们。他们拉着横幅，摇旗向我们欢呼，开路的警车艰难地保持着队形不被冲散，无数车子鸣笛想靠近我们，无数只手臂从四面八方向我们挥舞，还有花束掷来。车子迟缓地走走停停，有人攀到车顶铺上国旗。两边建筑的阳台上也都是欢呼的人们，从孩子到耄耋老人……不少队友泪眼婆娑，连卡尼这样对什么都无所谓的家伙也被感动得用双手使劲搓着额头，抑制着泪水。他进球都没这么激动过。

大家开始都非常激动，但是一段时间后，纷纷相互打听起来：喂，还有饼干吗？谁也没想到从机场开往总统府的一个多小时车程，我们会走上 6 个钟头。飞机上带下来的小零食全吃光了，一帮能吃的家伙都饿得发慌。最终我们打开车门递出去钞票，求两个挥着国旗挤过来的小伙子到前边店里买些小吃送上来。"箪食壶浆"？没听说过。那时车行龟速，等他们扛着几大盒吃的赶回来，车只前行出了几百米。

我们到达总统府玫瑰宫时，天已黑了，听说前面的五月广场，从飞机降落的新闻播出后就涌入大批等待欢迎的人群。在总统府阳台上，我们受到了大批民众比 1986 年更狂热的欢呼。比拉尔多是个本性沉静的人，4 年前夺冠他并没有十分激动，但是那一晚，他带领大家忘我地竭力高呼"阿根廷"！身边的记者惊讶地问：您以前从没这样啊？他回答：是为了这里的人民，我要对得起他们。大伙儿都非常感激阿根廷人认可了我们的努力。人民为你自豪！你知道那是一种什么感觉吗？

回国的第一天就这样过去了。随后，我回绝了一切庆祝活动的邀请。我从来不庆祝得亚军。生平唯一一次庆祝亚军还是在 17 岁那年，在进入一队不久时，我所在的阿根廷青年人俱乐部取得了队史上的最好成绩。

几十年了，大家现在都知道赢得世界杯多么不容易，而我们差一点儿连拿两次。

| 阿根廷《民族日报》La Nación 报道1990年7月9日民众迎
接球队的盛况："一场从停机坪到总统府的庆祝游行"。

终场

El final del juego

留尊严巴西战至最后　亮气度英雄惺惺相惜

90 分 14 秒，迭戈倒地，裁判未吹罚。巴西吊球到前场禁区前沿。西蒙跃起争顶不得，球落地后，他在半月弧外胸部一挡，抢进攻者之先，大脚传至巴西后场右侧。卡尔德隆未及跟上，巴西迅速带过中线，再斜吊到右路。穆勒在禁区内试图接应，鲁杰里抢先顶出禁区，队友大脚踢过中圈。

90 分 34 秒，布兰科再度斜吊前场右路，队友接球，传给从禁区内赶来的穆勒。穆勒停球力量稍大，球向前弹出，被阿根廷队截到。阿队 3 人围拢，向外传球，鲁杰里抢在穆勒之前打向边线。穆勒推人犯规。

90 分 40 秒，阿队禁区外，奥拉蒂科查腿部痉挛倒地，但他制止队友叫停，挣扎着自己起身。

91 分 09 秒，阿队后场任意球开出，沿左边线冲击巴西禁区。卡尼吉亚接球，抵住推撞回带，起脚横敲中路，卡尔德隆右脚挡下，顺推给迭戈。迭戈冲至罚球弧前，面对三人围堵，长传向左前方，准确找到冲入禁区左角的卡尔德隆。卡尔德隆随即被踢中右胁倒地，塔法雷尔收球。裁判再放巴西一马，示意卡尔德隆起身，巴西队开任意球。

这一明显误判，让直播解说者帕里咕哝了声"怪哉"就语结了。卡尔德隆在法国踢球，和这位法国裁判认识。赛后，卡尔德隆问他为什么不正确判罚这次犯规，裁判说因为比赛马上要结束了，你们反正要赢了，还想再来个点球咋的？别计较了。卡尔德隆对此表达了坚决反对。

赛场外，阿根廷队的替补队员们全部挤在球场和服务区界限的边缘，纷纷叫着，打着手势，说时间超了，希望裁判结束比赛。

91分56秒，塔法雷尔手抛球给左路，中场接球，斜吊向禁区右路。阿队两人与穆勒争顶，球出禁区前方。邓加迎上顶回。鲁杰里头球解围到右路边线处。巴尔多截住，斜线长传禁区。卡雷卡在禁区中央跃起冲顶，全场最后一次发出拯救的呼声，但来球过高，落向门区左下角，阿队抢得，沿底线带向禁区外。巴西队员冲上挡住，欲再传中时，裁判长哨响起。

92分17秒，比赛结束。

体育场转播席上，巴西电视台的解说激动地大叫：多少进球机会被错过啦！这是自1966年英格兰世界杯小组未出线以来，巴西队最大的败绩！这之前最差的也都进了1/4决赛！

【老马：

看台上口哨阵阵——意大利球迷擅长这个，盖不住阿根廷人的欢呼。替补席上的人们全都涌了过来。我的体能训练师西诺里尼也是卡雷卡的朋友，他穿过相互拥抱的队友们，拉住卡雷卡安慰着。我没有先和队友拥抱，而是上前拥抱了卡雷卡。卡雷卡说：祝贺你迭戈，明天开始，我就为你们加油了。我听了几乎要涌出泪水，兄弟自然还是兄弟。穆勒走过来，说：迭戈，我们交换球衣吧。我马上脱下球衣交给他。和穆勒握手时我对他说：兄弟，我知道你们打得好。我原本在场上想和卡雷卡交换球衣来着，但我俩的球衣都让别人换走了，后来我们各自回到更衣室，找出自己上半场换下的那件，在过道里做了交换。

那天下场时，我一改把对方球衣搭在肩头的习惯，把穆勒的球衣穿在了身上，因为我从心底认为巴西队打得好，更有资格赢得这场比赛。然而如此的结果，恰恰说明足球是一项多么美妙的运动，你不能指定赢家，它不会听从任何人安排命运。】

下了通道走向更衣室，队员们刚开始跳跃欢呼，就被随后跟来的迭戈制止了。他说：哎哎，放尊重些，如果是我们输了，巴西在旁边跳桑巴呢？全队立刻安静了下来。迭戈后来回忆这场比赛最特别的地方，是大家离开赛场后就没再多么兴高采烈，尽管心里知道这场胜利意味着什么。出了更衣室上大巴时，有大批记者相随提问拍照，人声嘈杂，但全队都没有吱声，闷头上车，不像以前赢球那样有说有笑，因为巴西队的大巴就在旁边。大家都知道要尊重对手，况且对手非常值得尊重。

迭戈没有马上随队友上车，而是上巴西的大巴停留了片刻。10 号西拉斯对记者莫里内罗和特纳回忆说：迭戈上来后低声和大家一一打着招呼，像个兄弟一样。我们车上当时很安静，他和阿莱芒、卡雷卡等周围的人小声交谈了几句，下车前拥抱了他们。他是我的偶像，我那时感觉更加敬佩他。

车驶出体育场，阿根廷队气氛才活跃起来，大家还唱了 1986 年的队歌"这是大鼻子（教练）的队伍"。

回到驻地，有记者简短采访了迭戈，问他这次胜利是否是对起哄者和尖刻的媒体最好的报复。迭戈说我有很多重要的事要考虑，不会去想那些，那些不值得记住，不值得报复。

赛后 FIFA 公布统计数据，全场比赛巴西队控球时间 61%，阿根廷队 39%；巴西队 13 次射门，阿根廷队 6 次；巴西队角球 11 次，阿根廷队 6 次；巴西队完成 350 次传球，阿根廷队 217 次；巴西队赢得 55% 的个人对抗，阿根廷队赢得 44%。比拉尔多说巴西队绝对更强，但这次比赛命运少有地偏袒了阿根廷。拉扎罗尼教练难过地说：这是个令人伤心的不公平的结果，巴西有很多机会都没抓住，而阿根廷只有一次机会却抓住了。

比赛结果令巴西上下悲痛欲绝，也让意大利都灵的人民愤恨不已，因为当地餐厅酒吧夜总会礼品店等诸多第三产业，多日前就开始为不断涌入的巴西人准备胜利庆典，进货可观——据说城里当天大约有三万巴西球迷。结果赛后，无人恋栈伤心地，满街空余黄绿旗。除了赛前就卖光泡沫塑料大巴掌的洛伦索工艺作坊等少数商家，当地商业损失惨重。有人看到地上扔的绿色塑料大巴掌上印着"Ciao 阿根廷"，恍然大悟：掌上标语写错啦！"再见"——Ciao，在意大利语里也是"你好"的意思，应该写"古德白阿根廷"才对！

这场比赛，令巴西痛定思痛，随后也时来运转。布兰科在 1994 年如愿捧起了世界杯，老泪纵横，不知是否想到前一届的"药"水也算没白喝。2002 年，大罗纳尔多如日中天时，巴西再次揽杯入怀，成就了迄今举世无双的五星巴西。而当年未能阻止迭戈突击的 4 号邓加，也荣任国家队主帅。

心中释然以后，著名的败仗也就成了流行文化里面的"梗"。2014 巴西世界杯，不管对手是哪个队，阿根廷球迷必然高唱"迭戈过了你，卡尼扎了你"，他们身边的巴西球迷

| 终场

们也若无其事地跟着节拍舞动，其乐融融。

　　卡尼吉亚 2019 年应邀为巴西一款啤酒拍摄广告，故事是他披着标志性的长发走进里约一间酒吧，点名要这款啤酒。店老板是老球迷，正要招待，却猛然喝问：哎，你不是那个坑过俺们的卡尼吉亚吧！在葡萄牙本菲卡踢过球的卡尼忙操着流利的葡语说不不，啥卡尼吉亚，俺是热爱巴西的巴西人。老板于是和他多说了几句，卡尼最终露出了西语口音。他正高兴地去拿啤酒，被老板劈手夺下："还当俺不知你是谁！"然后画面打出标语：巴西 XX 啤酒，效力国家队，只有内销，绝不出口。

有人说阿根廷近年表现不佳是因为他们还躺在 1990 年的这场胜利上。其实恰恰相反，也许正是因为阿根廷前几年表现不尽如人意——人家要求高，2014 年亚军都没太算数的——所以当年那支"弱旅"的成功才更显卓著。

比拉尔多在回忆录里提到，1990 年对巴西的这场胜利在他心目中抵得上一尊世界杯。他的感觉有道理，如今人们可能需要努力回忆才会记起历届世界杯的决赛双方，但是对这场比赛的记忆在各地球迷心里一直如日中天。

比赛的唯一进球，被媒体称为最让阿根廷人惊呼和惊喜的进球，程度甚至超过了迭戈的那个世纪进球。阿根廷电视直播解说阿洛豪（Araujo）现场惊叹：

> 这是上帝也未能梦想到的一次攻势！多么伟大的创造！我多少年报道生涯里从未见过的，天才的配合！它会让未来无数比赛失色！

芸芸球星当中，马拉多纳真是独得天选般幸运，不仅打出了那个前所未有的世纪进球，还创造了这个后无来者的绝地助攻。

对于作为球迷的我来说，这场比赛的魅力只在于它本身。怎么说呢，当年观赛之后，我其实想到了一个不算十分恰当的类比——我们历史课上读到的，那场摧枯拉朽的世界大战中，一次不太著名的战役。那次战役不足以改变历史走向，但如果解读战争的艺术，它会显得惊世骇俗，而惊世骇俗的开端，是一个领导者在多路大军辗转腾挪，攻防交错，以寡敌众之际，捕捉到了可能转瞬即逝的一次胜利的机遇。这是不是过于抬举老马了？球迷嘛。一个球迷能乖乖满足自己的，就是在嘈杂的历史中着眼纯粹的艺术，而不是想法儿在艺术中碰上历史。

这个进球也让当年电教楼里的我们都愣了一下——XX！进啦？！（30 年后的今天再看，依然感觉超凡脱俗）某种抽象的，可以荣归成语的韬略，在短暂的一瞬被透彻地演绎。进球的过程被慢镜头多角度重放时，同学们才纷纷叫喊点评起来。我坐在那里没有出声，但心里一下子兴奋了：足球原来可以这样！马拉多纳竟然可以这样！

来看看这场大战奉献给我的终极艺术吧。

终极艺术

36【……】

80分16秒，几名巴西队员在中圈内外对迭戈形成围堵之势。

接到布鲁的传球，我先向右轻晃一下，阿莱芒迎面赶上，于是我把球盘到左边，酝酿突破，而左侧的巴尔多随即跟来，和阿莱芒准备夹击。在即将启动带球穿过两人之间的刹那，一种徒劳的预感突然狠敲我的大脑。直觉撞击我霎时急转，左脚尖把球大幅横拨到了右前方。刚挪到我左前方的阿莱芒猝不及防，才欲侧身抬腿阻拦又收住，我一步跳出他们的合围，左脚推球，开启全速，奔向前场。

我的眼前亮起一盏灯，照向一条通途。后来回想，这情形和1986年对英格兰那个"世纪进球"的开端很像：我刚刚左闪右打晃过两人，即将沿右路突破从中场到禁区，几乎呈一条直线分布的四个防守者，然后打门。所不同的是，卡尼现在就站在他们中间。

行动的本能与面前滚动的球融成了一体，我冲上前去。

跑出两步，刚才堵在我身后的邓加追至，伸右脚在我右侧下铲，我右脚趄前一步抵住，身体前倾，随后左脚再次推球，躲开羁绊。邓加继而想出左脚阻挡，但他身体已失衡跪倒，左膝撞到我的左脚跟，使我摇晃了一下，却没有停步。邓加被甩在身后，我第三次推球，跃进前场。

罗查从中路赶到我的左前方，试图抢断。我右脚立即向外横抹一下（第四次触球），收紧步伐，朝旁边闪避，接着左脚猛然把球向前敲出（第五次触球）。我全力加速想从他身边掠过，但他的右手藉全身重量迅猛压住我的颈部，我本能地伸直左臂意图推挡，同时扛着他的追顶之势，奋力挣扎追球。我前方的视野里，一道白色影子向左一闪而过。

另外几个防守者逼近，兜起一张网，向我收紧。

一步，我的身体在重压下倾斜；两步，我的左脚没有了知觉；三步，我的左膝屈下触地……罗查的羁绊下我只向前跑出三步。加尔旺和布兰科左右夹击到位，而在我目光所及的正前方，巴西后场的最后一名后卫——队长戈麦斯，正疾步上前堵住去路。想复制那个"世纪进球"吗？他已经把最后一丝可能重重地踩在脚下。

我无法再以惯用的左脚行动了。1/10 秒内，在身体失衡的一瞬，我抬伸右脚，拼余力把球朝左前方空当打出（第六次触球），右膝随即也触地，我忙用手臂撑住倒下去的身躯。

加尔旺正沿着我的左前方加速靠拢，此刻恰好能封上空当，但球从他飞快交替的两腿间一闪而过，在地面轻微颠簸了一次，直奔无人盯防的卡尼而去。

俗称"弱脚"的右脚，完成了我平生的最佳传递。

> 80 分 23 秒，刚从右路斜穿到禁区正前方的卡尼及时跟上，随球闯入禁区，他面向大门，步伐稍顿，左脚将球一垫（第七次触球），右脚跟来，似乎要抽射。
>
> 周围看台上霍然响彻惊恐的叫声。随着越来越多的人反应过来，声浪急剧扩大。

我面前的 3 个巴西人，两个都已转身，开始抄最近的路线狂奔向他们的大门。只有戈麦斯背冲大门站在那里举起手，向裁判示意卡尼越位，加尔旺一头撞上了他，罗查则放开我从他身边掠过，紧随布兰科继续朝大门飞奔。

我伏在地上，盯着卡尼的背影。中路上来的布鲁也缓下跟援的步伐，停止奔跑。双方大批人马原本还在我们中后场，巴西队员们几乎下意识地开始向卡尼的方向移动脚步，而阿根廷整个替补席都不由地起身，涌向场边，大家全在注视着，期待着。

打门！打门！打门！

我发出的呐喊完全淹没在巨浪般掀翻全场、到达音量顶峰的万众惊呼之下。

> 卡尼没有打门。在迭戈被淹没的喊打声中，这个年轻人带着优雅而纯朴的自信，注定要成为传奇的一部分。迭戈从来没有在赛场上感受过自己的心跳，除了这漫

长的，忘乎一切的，3 秒钟伏地期待：

80 分 24 秒，塔法雷尔弃门而出，拉开弓步，大展双臂做拦防之势，冲到离阿根廷前锋两米处。面对孤身而来的门将，此时射门似乎势在必行，简单易行。但是，塔法雷尔身后瞬时腾出的巨大空当让卡尼同刻反应，本欲打门的右脚迅捷向左横拨（第八次触球），背靠巴西空旷无人的另一半后场，他从容绕过守门员的来路。塔法雷尔猝不及防，右腿本能伸出阻挡，把处于拦截姿势的身体带倾斜，向卡尼的方向倒去。

80 分 25 秒，卡尼猛一躬身冲刺，疾风般逐球杀向门区，失去平衡的塔法雷尔顺势倒地翻滚过来，手臂划过草皮试图拦阻。

球在卡尼面前滚动，从守门员指尖外一掠而过，直达门区边沿，斜对着空荡的大门。

卡尼随至，左脚推射。

80 分 26 秒，球凌空划出一道果断的上行弧线。

巴西队员在奔跑，我伏在他们身后狂喊打门。惊见卡尼没有射门而向左盘去，我近乎绝望地闭了下眼睛……巴西队员还在奔跑，紧接着我看到，前方大门上原本漠然垂落的球网突然向后张起，如同被一只隐形巨手猛烈拽动。于是我忘记伤痛，一跃而起。

回顾这场比赛，我用了将近两千字来讲述这次助攻和进球。和迭戈 1986 年那个"世纪进球"一样，这次攻势也是神奇的 9 次触球，9 次机动，九九归一，功德圆满。实际上电视转播的现场解说帕里，只来得及匆匆说出以下几句话，来覆盖这个时刻：

马拉多纳为阿根廷运球，

马拉多纳跑得不错，

他在继续前进，

卡尼吉亚！

卡尼吉亚可能得分！

阿根廷 1！巴西 0！

杂记

　　训练结束了。这个胖墩墩的小老头儿，坐在靠近更衣室入口的一张塑料硬椅上，左脚踩着一只球，身体放松地朝后靠着，眯起眼像是在休息。门卫进来，匆匆朝里走去，路过老头儿身边，没有停步，只是点了一点头。老头儿抬眼看他的一瞬间，脚下一弹，球窜地蹿出，准确地从门卫两脚之间穿过。老头儿大笑起来。门卫顿足仰头，夸张地叹了口气：您老又来了。老头儿眯眯笑着说：不是我又要来，是这家伙。他指着门廊另一侧举着手机录像的我，随即朗声笑着站起身。他缓慢地走过来，膝盖微微弯曲，满脸堆笑，像个慈祥的洋版的弥勒佛。很难想象他年轻时曾经是运动员，而且还是万人迷的、顶尖无双的运动员。不能否认，虽然退役二十多年，他依然是万人迷。他的主要社交媒体粉丝超过千万，来自世界各地，还不包括中国球迷，不包括不懂网络媒体的老一代球迷。这种现象只能用魅力来解释。对很多人来说，如果看到过马拉多纳的球技和赛风，就很少会对后辈球员的精彩表现觉得不可思议。

　　2019年末，做完膝部手术刚恢复不久的他，乘着球车来到赛场，参加第一次客场比赛。面对排山倒海般的当地观众的欢呼，他鼻子一酸，热泪盈眶。开赛前，先是一众不同时期的老队友赶来问候，排队上前拥抱致意。而后，客队为他献上早已准备好的一个"王座"，一个专门定制的，印有王冠图案的高背皮沙发椅，放在教练席旁。老头儿高兴地上前在椅背上签下名字，然后理所当然地坐了上去。然后，比赛开始，他喊叫，激动，起身，摇晃，摔到椅子边，目不转睛地盯着赛场，一边手摸着椅子沿儿重新攀进座位……他完全沉浸到场上的拼搏之中，不管多少人的目光不在球赛而是在他身上。

迭戈"任性"，他一直在按自己的本性对待生活，他的"任性"昭显人性。而且，在经历了所经历的一切之后，他对这个世界还是满怀率直的善意，并像个孩子般地期待得到善意的回应。

最后，他说，赛场和人生都是胜负无常。我一直在追逐着球跑。球场上，我不是常胜将军，不是救世主，我也不是什么典范。唯一能保证的是我的全力以赴，坦诚以待。我赢得的最重要的东西，不是胜利，是光荣，是球员们的尊重。我和足球嘛……你看见我奔跑，我竭尽全力要得分，其实，我做得最多的还是和球进行对话；每一次对话都让我确信，我是为足球而生的。

本书中的阿根廷队——2020

主教练	比拉尔多	退休
守门员	12 戈耶戈切亚	电视节目主持人、评论员
后卫	15 蒙松	教练，基尔梅斯阿根廷人俱乐部
	16 奥拉蒂科查	离任教练，现开办体育咨询公司 （与卡尔德隆合作）
	19 鲁杰里	福克斯电视体育评论员
	20 西蒙	离任教练，现 ESPN 体育评论员
中场	4 巴苏阿尔多	教练，卡比亚塔体育俱乐部，巴拉圭
	7 布鲁查加	教练，阿根廷独立俱乐部
	14 朱斯蒂	球员经纪人，视界体育公司
	10（队长）马拉多纳	教练，拉普拉塔体操击剑俱乐部
	21 特罗格里奥	教练，奥林匹亚俱乐部，洪都拉斯
前锋	8 卡尼吉亚	商业公司合伙人

2020 年 8 月末的一天，迭戈和卡尼以及曾解说这场比赛的电视记者莫拉雷斯，合作了一个抗击新冠疫情的公益短片，分别展示在各自的社交媒体上，并鼓励大家转出去。阿根廷媒体和众多球迷都进行了转载。短片以 1990 世界杯卡尼对巴西的这个进球为背景，希望阿根廷人保重自己，坚持居家隔离，坚持就是胜利。同时也向同在抗疫战场的巴西人民致以问候。

马拉多纳戴上了专门为他定制的口罩，上面印有他年轻时和父母的合影。卡尼吉亚特意把头发扎了起来，仍按当球员时的习惯，把项链塞在 T 恤衫里。

他们在社交媒体上说：

> 那是场漫长而艰难的比赛，当时看起来是无法对付的，但我们用智慧，团结，力量和耐心取胜了。
> 我们暂停了播放进球的时刻，是为了告诉大家现在"暂停"（有风险的活动），是解决问题的对策之一。
> 我们也鼓励大家去梦想，即将来临的明天会满载着我们今天所失去的一切。

最后，卡尼说："坚持，让我们共同赢得这场比赛"。
迭戈说："进球之后会有拥抱"。
拥抱！

2020. 08. 29

从未想写的后记

这张照片摄于 1994 年世界杯，迭戈对希腊进球之后。那是他为阿根廷国家队打入的最后一球。这不是本书两位英雄最后一次拥抱，却代表着他们的"终极拥抱"。

2020 年 11 月 25 日，迭戈·阿尔曼多·马拉多纳因突发心力衰竭离去，举世震惊。

卡尼吉亚在社交媒体放入这张照片，包含了他全部的悲恸和不舍。他一连几天回绝媒体的采访要求。他说：我不知道说什么，我只有悲痛。

迭戈的老队友巴尔达诺闻讯时正在参与西甲比赛转播，记者请他回忆一点迭戈的往事，震惊中他说了句"回想迭戈的往事，常常让我微笑"，就泣不成声。戈耶戈切亚当时在电视台做节目，也掩面痛哭，使临时采访难以为继。媒体联系 '90 世界杯的另一位主角比拉尔多，他的女儿悲伤地说：父亲手术后健康状况一直不佳，现在家里电话电视都拔了电源。2019 年年底，他钟爱的老徒弟布朗去世都没敢告诉他，要是让他知道迭戈走了，会要了他的命。

哀讯传出，阿根廷各地和意大利的那不勒斯，人们自发涌上街头悼念。一位头发花白的球迷和同伴抱头哭泣，看到记者们靠近拍摄，他身旁的女士轻抚他的后背说道：真正的男子汉一般是不哭的，但是今天流泪的，都是真正的男子汉。

……

11 月 26 日，布宜诺斯艾利斯，设在总统府的迭戈灵堂向前来送别的公众开放。人们彻夜排队。清晨时分，玫瑰宫前的广场像阿根廷队 1986 年捧杯，1990 年获亚军时一样，挤满了等候的人群。阿根廷足协（AFA）当天刊发的这段悼文可以说明一切：

> 迭戈，我想告诉你，今天是我生命里最糟糕的日子之一。我经历过很多坏消息，但是从没有经历过这一种。我无数次地试图跳闪过这则消息，就像你带球连续过人一样……我不能相信这是真的。我的家庭的一部分随你离去了，每个阿根廷家庭都是这样。当然，那些没有出生在这片土地上的人不一定理解，因为他们从未经

| 终极拥抱

历过国歌被嘘，双腿被斩，或者要靠史上最佳进球来抚慰一场战败的创伤。也许，迪戈，你感觉我夸张了，但是今天真的是我生命里最糟糕的日子之一，因为，你曾让我经历过最好的日子，最荣耀的，最浪漫的，最神奇的，最快乐的，最难忘的日子！

与此同时，世界各地的球员、球迷和运动场地都开始以各自的方式纪念迪戈，怀着难舍之情，将他的生命标记为无限长（1960——∞）。

······

从首都去往墓园二十几公里的路上，重现了迪戈 '90 世界杯后返乡的情形：人们聚在道路两旁，摇旗呼喊，鼓掌致敬，路边还有乐手高唱着歌曲"上帝之手"。护卫的警车和摩托警队小心翼翼地保持队形穿过人群，无数只手臂从四面八方向他挥舞，还有花束掷上车顶。车队驶上高速公路，人们依然涌上前去。大批车辆跟随在后，反向车道的车流完全凝滞，人们跳下车穿过绿化带跑上来，过街天桥上也全是人，挥动着国旗，最后一次向他致敬和道别……车队到达墓园，警笛声息，覆盖灵柩的国旗，和足坛的旗帜——他的 10 号球衣，伴着 D10S 走完世间最后一程，安息在深爱他的父母身旁。

百年前，一位拉美独立运动先驱，曾在战场写下他心目中属于英雄的光荣，那也正是迭戈得到的：

> 如果有一天
> 从这个世界离去
> 我希望带走
> 一朵花和
> 一面旗
> ……

本书起笔于社区居家隔离期间，FIFA "在家看世界杯" 活动伊始，写的是迭戈胜利的一役，是历经艰难后的喜悦和骄傲。而如今，故事的主人公突然离世，未能等到他在抗疫短片里期待的 "进球后拥抱" 的一刻，让人扼腕！痛惜！

迭戈是足坛历史上最引人注目和令人难忘的球员，也是最优秀的球员。我们这一代步入中年的球迷，有幸目睹他的比赛实况，有幸体验了他的时代。迭戈的传奇会一直在足球的行星上延续，人们会重温他那些与青春做伴的经典之作，特别是后无来者的那一种。

> 马拉多纳为阿根廷运球，
> 马拉多纳跑得不错，
> 他在继续前进！
> ……

2020.12.20

致谢与说明

本书得以顺利完成，完全依靠家人和朋友们赐予的大力支持。

江西师范大学商学院周海燕教授多次给予作者周详的建议和热忱的帮助。

以下机构及负责人热心为作者提供了独家图片和相关咨询。

阿根廷《体育画报》杂志档案馆（El Archivo de la Revista El Gráfico）包范德主任及其同仁。

阿根廷《民族报》体育部（Sector de Deportes del Diario La Nación），安德烈斯·费尔南德斯主任（Dr. Andrés Martín Fernández），及其档案部同仁（Sector de Archivo, Dr. Juan Manuel Trenado）。

阿根廷亨德森青春联盟俱乐部（C. A. Juventud Unida, Henderson, B.A）及费尔南多·乌尔基萨主教练（Fernando Urquiza, D.T.）。

武汉大学文学院涂险峰教授，北京交通大学唱宇教授，山东省社科院文化研究所张伟所长研究员对本书提出了宝贵意见和推荐。

卡罗·米切尔（Carol Denise Mitchell），李昕教练，索菲亚·格隆（Sofia Gellon），张驰，迪安尼拉·桑切斯（Deyanira Sanchez），伊兹吉尔（Ezequiel Calleros），John Liu，周泓，丁翔，杨柯楠，孟天仁，给予了作者诸多帮助和鼓励。

心系足球的覃白浪、正忠、豫刚·王、郑文、姚昕、Marvin、聂上游等前北大校足队员为本书第 39 节提供了部分珍贵的素材。

在此一并表达深深的感谢！

本书的参考资料主要来自以下媒体的文字报道或音像资料：

阿根廷的《体育画报》，《民族日报》，《人民》杂志，TN 电视台，《12 页》报，Ole 足球网，《号角报》，C5N 电视台，TyC 体育电视台，迅百传媒，ESPN 阿根廷，TVP 电视台，AP 电视台，Football Retro，Canchallena.com，NPP 流行报刊摘要，以及巴西环球网络电视台，绿城广播电台，《442》杂志，《卫报》，BBC，FIFA 官网及电视台等，还有书中提及的纪录影片和电视片。